마흔과 예순 사이

행복한 잡테크

2만 명 퇴직 예정자에게서 찾아낸
인생 2막 직업설계 노하우

마흔과 예순 사이

행복한 잡테크

JOBTECH

이제, 재테크가 아닌 잡테크를 해라

김명자

민음인

Special Thanks

이 책이 나오기까지 도움을 주신 분들께 깊은 감사를 드립니다.

언제나 응원을 아끼지 않는 윤종만 대표님,

창업 영역에 큰 도움을 준 인상주 본부장님,

재정 영역을 지원한 손우철 키움에셋프레너(주) 삼성지점장님,

센터의 장경희 위원님과 고성인 위원님,

특히 수많은 사례를 만들어 주고 희망찬 미래로

뜨겁게 출발한 분들께 진심으로 고마운 마음을 전합니다.

직장에서 살아남는 것이 과연 해결 방법일까

"퇴직 후에 무엇을 하면 좋을까요?"

"무엇을 하고 싶으세요?"

"글쎄요…… 여긴 시골이라서 딱히 할 만한 일도 없고, 아직 젊은데 일 없이 지낼 생각을 하니 벌써 걱정이 됩니다."

경북 봉화 출신으로 퇴직을 앞두고 있는 공무원 김중호 씨. 그는 앞으로 무엇을 해야 할지, 어떻게 살아야 할지 걱정이 많았다. 나는 우선 그가 가진 조건과 상황에 적합한 가능성 있는 일자리 몇 가지를 제시했다. 첫 번째, 행정사(행정사는 2013년 처음으로 일반인에게도 취득 기회가 주어진 자격증으로, 외국인 체류 관련 서류 및 행정처분 해명 등 5032가지의 업무를 볼 수 있고 공무원은 1차 시험이 면제됨) 자격증을 활용해 보는 것. 두 번째, 농사일을 해 보는 것. 세 번째, 마을의 역사를 연구해 보는 것. 네 번째, 마을의 역사와 관련된 이야기를 만들어 학교나 유치원에서 방과후 교사로 활동해 보는 것. 다섯 번째, 지역에 관련된 이야기를 만들어 도시민들을 위한 관광상품을 만들고 민박을 운영해 보는 것. 여섯 번째, 지역 상황에 맞는 귀농과 귀촌을 위한 프로그램을 담당 부서에 제안하고 그 일을 해 보는 것 등이었다. 그리고 시골이라 할 일이 없다는 고정관념에서 벗어나 시골이기 때문에 할 수 있는 일, 즉 '말벗전문가'로 활동해 보는 일. 시골에는 노인들이 많다. 농번기 때는 바쁘지만 겨울에는 참새가 날아와도 반갑다고 한다. 이런 노인들에게 말벗이 되어 긍정적인 희망을 주고 앞으로 다가올 삶의 마지막에 대한 준비를 할 수 있도록 서비스를 해 주는 것도 필요한 일일 것이다. 그래서 시간을 두고 천천히 고민해 보라는 조언을 덧붙였다.

은퇴 후(혹은 조기 퇴직 후) 중·장년에게 제공되는 일자리는 대부분 공급이 수요를 따라가지 못한다. 따라서 현재 처한 상황이나 환경을 고려하여 염두에 둔 분야를 찾아 거기에 적합한 직업을 만드는 데 관심을 가져야 한다. 또한 흔히들 '은퇴'라고 하면 자금이 얼마나 준비되어 있는지를 먼저 떠올리는데, 은퇴는 수입 중단뿐 아니라 일과 습관이나 사고 등 심리적 문제까지 포함해 생각해야 한다.

이 책 안에 녹아 있는 은퇴 노하우들은 규모와 역사 면에서 최고로 불리는 커리어 컨설팅 업체가 지난 10여 년 동안 2만여 명의 퇴직 예정자들과 함께하면서 찾아낸, 은퇴를 준비하는 실질적 방법과 그것을 실행한 결과물이다. 기존의 은퇴 관련 책들과는 달리 50세 이후에 새로운 일을 찾는 데 충실한 길라잡이 역할을 수행하도록 실제 사례들에서 구체적인 대안을 뽑아 정리해 두었다. 뿐만 아니라 인생 후반부의 행복한 삶을 사는 데 꼭 필요한 인생 영역인 재정, 직업, 인간관계 등에 대한 실질적인 탐색을 통해 50대 이후 맞닥뜨리게 될 인생의 다양한 변화와 만족스러운 미래 설계를 위한 전문적인 솔루션을 제공하고자 노력했다.

퇴직, 인생 제2막의 시작점

얼마 전 30년간 다니던 직장을 그만두게 된 베이비부머가 그 회사의 지하 주차장에서 생을 마감했다는 가슴 아픈 기사를 보았다. 젊음을 바쳐 일한 직장을 벗어나 앞으로 무엇을 해야 할지 알 수 없는 암담한 상황에서 30~40년의 '남아 있는 인생'이 버거운 숙제처럼 느껴졌으리라. 요즘 들어 이런 사건들이 자주 회자되는 이유는 '직장에서 살아남기'가 더는 궁극적인 해결책이 될 수 없기 때문이다. 즉 사회적 안전망이 구축되어 있지 않은 우리 사회에서 50대 이후의 만족스러운 삶을 살고 싶다면, 앞으로 다가올 후반기 인생에 대한 마음의 준비와 구체적인 대책을 강구해야 한다는 뜻이다.

이 책에서는 2가지 질문을 던진다.

"어떻게 살고 싶은가?"

"무엇을 하고 싶은가?"

이는 젊은 사람들만을 위한 질문이 아니다. 바로 지금, 제2의 인생을 앞두고 있는 당신에게 다시 한 번 물어봐야 할 질문인 것이다. 퇴직은 직장생활을 하는 사람이라면 누구에게나 닥칠 일이기 때문이다. 퇴직이 인생 제2막의 시작점으로 불리게 된 것은 불과 얼마 되지 않는다. 또한 퇴직 후의 인생을 어떻게 준비하고 맞이할까 하는 것도 개인마다 차이가 크다. 나는 현재까지 2만여 명의 퇴직자를 만났는데, 그중 퇴직 후를 미리 준비해 놓은 사람은 1~1.2퍼센트에 불과했다.

퇴직은 인생을 송두리째 바꿔 놓을 만큼 큰 사건으로, 그에 따른 환경 변화는 한 가정에 걱정과 두려움을 안겨 줄 수 있다. 하지만 달리 생각해 보면 은퇴 후의 인생이 어쩌면 내 의지에 따라 살 수 있는 진짜 삶인지도 모른다. 그동안 먹고 살기 위해 최선을 다했다면 이제는 자신이 하고 싶은 일을 하면서 자기를 완성해 가는 시기일 수 있지 않을까? 물론 그러려면 스스로에 대한 올바른 이해와 체계적인 준비가 필요하다.

최근 인생의 절반을 넘어 곧 퇴직할 때가 된 김호섭 씨가 다녀갔다. 의료 기술이 좋아져 평균 수명 100세 시대가 되었음에도 자신은 퇴직 이후를 전혀 준비하지 못했다고 하면서 은퇴 시기가 다가올수록 그저 막막하고 답답할 뿐이라고 토로했다. 게다가 미디어에서 베이비부머들의 은퇴 준비가 턱없이 부족하다고 떠들어 대니 초조하기 짝이 없다고 걱정 섞인 푸념을 늘어놓았다.

대부분의 사람들은 김호섭 씨처럼 퇴직을 앞둔 시점이나 퇴직을 하고 나서야 미래를 준비하게 되는데, 50대 중·후반 퇴직자들의 가장 큰 고민은 은퇴자금과 퇴직한 이후의 직업이다. 여기에 덧붙여 매일 얼굴을 보고 살았지만 소홀했던 배우자와의 대화 방법, 여가활동, 자신이 무엇을 할 때 행복을 느끼는지 이해하는 자기진단과 자아탐구, 평균 수명이 100세까지 늘어난 데 따른 건강관리 등에 관심을 가져야 한다.

그러나 나는 고민에 빠져 있던 김호섭 씨를 비롯해 이 책을 읽고 있을 수많은 퇴직 예정자 또는 퇴직자들에게 너무 걱정할 필요가 없다고 말하고 싶다. 직장생활을 하면서 자신의 퇴직 후까지 완벽하게 준비하는 사람은 거의 없다. 또한 우리네 삶이란 완벽하게 준비한 뒤 살아가는 것이 아니지 않은가. 결혼이나 출산 같은 큰일도 결국 살아가면서 그때그때 일어나는 상황에 맞춰 준비하고 대안을 마련하곤 한다. 나이를 먹고 어른이 되면 뭔가 달라져 미리 모든 것을 착착 준비할 것 같지만 꼭 그렇지만도 않다. 그저 여러 가지 일을 겪으면서 서서히 세상에 대해 알아가고 조금씩 성장해 나갈 뿐이다.

'다가오는 시간'은 언제나 '새로운 시간'이기에 변수가 존재한다. 하지만 좀 더 수월하게 나아갈 방법은 항상 존재하기 마련이다. 지금이라도 결코 늦지 않았다. 모두 "파이팅!" 하길 바란다.

실용편
은퇴 후 뭘 할까

정서편

은퇴 후 어떻게 살까

실용편

은퇴 후 뭘 할까

1장

미래를 위한 선택

늦은 시간에 이대환 씨로부터 전화가 왔다.

"대학 강단에 서고 싶은데 아내가 이민 신청을 해 뒀다고 하네요.

썩 내키진 않지만 이민을 가야 할 것 같습니다."

그래서 그의 진짜 속마음이 뭔지 물었더니 이렇게 대답했다.

"아는 사람도 없는 먼 나라에 가서 살 생각을 하니

도살장에 끌려가는 소처럼 죽을 맛입니다."

이 대답을 듣고 나서 평생직업 선택의 기준을 3가지로 요약해 설명해 주었다.

직업의 정체성을 재정립하라

퇴직 후에는 직업에 대해 지금까지 우리가 갖고 있던 것과는 완전히 다른 새로운 시각으로 접근할 필요가 있다. 직업을 찾기 위해 30～40대처럼 이력서를 쓰고 바로 지원하는 것은 당연히 무리가 따른다. 지원할 곳도, 설사 지원을 한다 해도 받아 주는 곳이 별로 없다. 젊은 친구들과 경쟁하기에는 어떤 면에서 생산성과 순발력이 떨어지는 것이 사실이기 때문이다. 특히 우리나라는 '연공서열' 때문에 나이 많은 사람을 직원으로 채용하는 기업이 흔치 않다.

이런저런 이유로 나이 든 사람들 가운데 상당수가 재취업하는 게 너무 어렵다고 말한다. 여기서 우리가 알아 두어야 할 것은 중·장년층을 선호하는 일자리가 따로 있다는 점이다. 그러므로 퇴직 시점에서는 자기 직업에 대한 정체성을 완전히 내려놓고 다른 관점에서 재정립해야 한다.

우리 사회는 '어느 회사에 다니느냐?', '연봉을 얼마 받느냐?'로 사람을 판단하는 경우가 많다. 그렇다 보니 지나치게 남을 의식할 뿐 아니라 직업에 대해서도 잘못된 이미지를 갖고 있다. 직장이나 직업을 선택하는 데 있어 중요한 것은 '진짜 좋아하는 일을 하고 있느냐?'임에도 불구하고 어느 직장에 다니고 연봉을 얼마나 받느냐로 자신을 평가한다고 여기는 것이다.

그러나 퇴직 이후에는 남들을 의식하지 말고 오로지 자신을 중심에 두고 결정을 내릴 필요가 있다. 또한 조직이 제공하는 명예나 권위, 인정, 돈, 자긍심, 성취 등에 얽매이지 말아야 한다. 소속감이나 공동체라는 온실 속에서 느끼는 안락함에도 더는 기대지 말아야 한다. 이전 직장 생활처럼 아침 9시 출근, 저녁 6시 퇴근이라는 고정된 직장인 상에서도 탈피하는 것이 좋다.

또한 타인의 시선이나 고정관념에 얽매여 직업을 설계하는 것을 당연하게 여겨서는 안 된다. '이 일을 하면 세상 사람들이 나를 어떻게 볼까?'라는 고리타분한 사고방식을 버려야 한다는 말이다. 이 때는 오로지 자신의 내면에 집중하고 나서 직업을 갖는 것이 중요한데, 가족이나 주변의 시선에서 벗어나 조금 이기적으로 자신을 우선시하는 것도 도움이 된다.

평생직업 선택의 기준

평생직업을 선택할 때는 다음 3가지를 그 기준으로 삼아야 한다.

첫 번째는 행복에 기초해야 한다. 즉 그 일을 할 때 정말 행복한가를 우선적으로 고려하라는 뜻이다.

사람들은 자신이 좋아하는 일, 재미있는 일을 할 때 행복하다고 느낀다. 또한 일을 하면서 자신의 가치를 인정받았다고 느낄때. 일이 좀 힘들더라도 누군가에게 도움이 되거나 사회적으로 가치 있는 일이라는 생각이 들 때도 행복감을 느낀다. 이 말은 해야만 하는 일보다 '하고 싶은 일'을 하면서 살아야 한다는 뜻이다.

교육인적자원부(현 교육과학기술부)와 한국직업능력개발원이 내놓은 '미래의 직업세계 2007'에 따르면 하고 있는 일에 대한 만족도로 1위가 포토그래퍼였고 2위가 작가였으며 169위가 의사, 170위가 모델이었다. 여기서 포토그래퍼나 작가는 자신의 생각과 의지에 따라 그 결과가 달라지는 직업이다. 즉 자신을 가장 잘 표현할 수 있는 직업이라고 말할 수 있다. 반면 모델은 자신이 입고 싶은 옷보다 다른 사람들이 원하는 옷을 입고 그들의 요구를 가장 잘 표현해야 하는, 타인의 시선을 가장 많이 의식해야 하는 직업이다. 이런 결과를 통해 우리는 스스로 결정하고, 온전히 나 자신일 때 가장 큰 만족감을 느낀다는 것을 알 수 있다.

두 번째는 현실적인 상황을 고려해야 한다.

한석준 씨는 귀농을 통해 남은 인생을 보내고 싶다고 했지만 "지금까지 한 번도 시골생활을 해 본 적이 없는 데다가 아이가 둘 다 아직 학생이라 결정이 쉽지 않군요"라며 고민하고 있었다.

이때는 자녀가 대학교를 졸업할 때까지(한석준 씨의 경우 3년) 직업을 갖고 학비를 지원하는 것이 일반적이다. 우리나라 부모들은 대학 졸업까지는 자신들의 책임이라고 생각하기 때문이다. 이런 경우 일단 직장을 구한 뒤 퇴직 전의 생활을 유지하면서 귀농에 대한 준비도 차근차근 해 나가는 것이 좋다. 그리고 3년 뒤에는 바로 귀농하기보다 주거지를 단계적으로 옮겨 보고 신중하게 최종 결정을 내려야 한다.

세 번째는 현실적인 재정 상태를 고려해야 한다.

스스로 재정 진단을 해 보는 것이 가장 좋다. 그런데 진단을 해 보라고 하면 대부분은 수입이 뻔한데 굳이 할 필요가 있겠느냐고 반문한다. 재정적으로 여유로운 사람은 굳이 재정 진단을 하지 않아도 크게 문제될 게 없지만, 그런 경우가 아니라면 재정 진단은 필수다. 진단을 해 보고 미래를 설계하는 것과 그렇지 않은 것에는 큰 차이가 난다.

재정 진단을 하게 되면 퇴직 후 어느 정도의 자금이 필요한지 정확히 알 수 있다. 또한 부족하면 부족한 대로 여유가 있으면 여유가 있는 대로 그에 따른 대안을 마련할 수 있다. 재정 진단의 결과는 자신이 어떤 일을 평생직업으로 삼을 것인지 선택하는 기준이 되기도 한다.

재정 진단의 결과 은퇴자금이 부족하면, 부족한 금액 이상으로 벌 수 있는 직업을 살펴보게 된다. 만약 월 60만 원씩 부족하다면 월 60만 원 이상의 급여를 받을 수 있는 직업을 선택해야 하는 것이다. 만약 부족하지 않다면 사회공헌 일자리까지 포함해 여러 직업을 생각해 볼 수 있다.

늦은 시간에 상담을 신청했던 이대환 씨로부터 전화가 왔다.

"대학 강단에 서고 싶은데 아내가 이민 신청을 해 뒀다고 하네요. 썩 내키진 않지만 이민을 가야 할 것 같습니다."

그래서 그의 진짜 속마음이 뭔지 물었더니 이렇게 대답했다.

"아는 사람도 없는 먼 나라에 가서 살 생각을 하니 도살장에 끌려가는 소처럼 죽을 맛입니다."

이 대답을 듣고 나서 평생직업 선택의 기준을 3가지로 요약해 설명해 주었다. 이런 관점에서 본다면 이대환 씨는 먼저 어디서 살 것인지 고민해야 한다. 가족도 중요하지만 그 자신이 남은 인생을 어떻게 살고 싶은지가 가장 중요하다. (나는 그에게 아직 늦지 않았으니 지금부터라도 아내와 진솔한 대화를 통해 타협점을 찾아볼 것을 권했다.)

당장 취업을 원한다면 경력을, 새로운 직업을 원한다면 시간을!

문재희 씨는 당장 취업하기를 원했다. 빨리 취업하고자 한다면 보통은 자신의 경력을 활용해야 하지만, 그의 경우 그게 쉽지 않았다. 왜냐하면 그는 대기업 기술개발지원 부서에서의 경력을 갖고 있었다. 그러나 중소기업에서는 대부분 지원부서를 따로 두지 않는다. 그럼 어떻게 해야 할까?

문재희 씨의 경력을 조금 확장시켜 보니 과거의 경력에 꼭 들어맞지는 않지만 그가 관리부서의 책임자로 취업이 가능하리라는 판단이 섰다. 다만 회계나 세무에 대한 기본 지식을 갖춰야 했다. 관리 책임자라면 적어도 회사의 재무 흐름 정도는 파악할 줄 알아야 하고, 그와 관련된 서류를 보며 합리적인 판단을 내릴 정도는 되어야 했기 때문이다. 만약 그가 그 정도의 수준이 되지 못한다면 지금부터라도 세무나 회계에 대한 능력을 갖춘 뒤 재취업을 하거나 전혀 다른 직종을 찾아보는 것이 낫다.

'1만 시간의 법칙'을 아는가? 한 분야의 전문가가 되기 위해서는 1만 시간의 노력이 필요하다는 이론으로, 새로운 직업을 선택할 때도 이 법칙이 적용된다. 말콤 글래드웰의 『아웃라이어』에 소개된 '성공한 사람들'도 1만 시간의 법칙에서 예외가 될 수 없었고, 우리가 잘 알고 있는 피겨 여왕 김연아와 스티브 잡스도 재능을 넘어선 1만 시간의 피나는 노력을 통해 그 자리에 오를 수 있었다는 걸 잊어선 안 된다. 심지어 타고난 천재로 알려져 있는 모차르트도 실은 1만 시간의 연습을 통해 그 재능을 인정받았다고 하니, 무언가를 이루려면 그만큼의 대가가 필요하다는 점에서는 예외가 없는 듯하다.

앞서 사례로 든 문재희 씨처럼 당장 취업을 희망하는 경우라면 경력을 활용해야 하지만, 그 경력이 경쟁력이 없다면 새로운 직업을 찾아야 한다. 하지만 이런 경우 당장 취업하기가 어렵다는 게 문제다. 따라서 다른 직업과 비교했을 때 경쟁력이 떨어진다는 판단이 서면 미리부터 준비해야 한다. 만약 직장생활을 병행하면서 7~10년 정도 세컨드잡^{Second} ^{Job}을 갖기 위한 준비를 해 왔다면 그 직업의 전문가로서 당장 취업할 가능성이 높아진다. 물론 직장생활을 하면서 무언가를 준비한다는 게 말처럼 쉽지 않지만, 안정적인 미래를 원한다면 지금부터라도 현실을 인정한 뒤 마음을 다잡고 준비해야 한다. 새로운 전문 기술을 익히려면 짧게 잡아도 6개월에서 1년 이상의 시간, 즉 5천 시간 이상의 시간이 꼭 필요하다.

새 직장을 구하기 위해 상담하러 찾아오는 50대 중년들은 꼭 이런 질문을 던진다.

"괜찮은 회사가 있을까요?"

그리고 나서 약간 뜸을 들이다가 이렇게 말한다.

"이제는 머리 아프고 복잡한 일보다 단순한 일을 하면 좋겠어요."

상담하면서 희망급여에 대해 물으면 확실한 액수를 말하는 대신 그건 그리 중요한 문제가 아니라고 대답한다.

"자존심을 지킬 만큼이면 만족합니다."

그런데 문제는 그 자존심이란 것이 개인마다 차이가 꽤 크다는 점이다.

문재희 씨의 경우 당장 취업하길 희망했기 때문에 중소기업 관리직으로 지원할 것과 새로운 직업으로의 취업은 준비되지 않은 상태이므로 신입으로 입사할 수밖에 없음을 조언했다. 그런데 중·장년을 신입으로 채용하는 회사는 거의 없다. 사정이 이렇다 보니 새로운 직업은 적어도 6개월에서 2년 동안 준비해야 한다는 현실적인 조언을 해 줄 수밖에 없었다.

1만 시간의 법칙에 따르면, 하루 12시간씩(눈떠 있는 시간 대부분) 26개월간 준비해야 하므로 거의 2년(통상적으로 3년 정도 준비 필요)에 가까운 시간을 준비해야 남들이 인정할 만한 실력을 갖출 수 있다. 하지만 우리는 최고의 경지에 오르려는 것이 아니라 경력직에 지원할 만한 실력을 갖추고자 하는 것이기 때문에 1년 6개월 정도 집중적으로 준비하면 그 분야로 진입할 수도 있다.

여기서 하나를 덧붙이자면, 당장 필요한 생활비 때문에 준비 기간 없이 취업을 서두르는 사람들이 있는데, 이런 경우 마음만 초조할 뿐 사실 제대로 된 직장을 구하기가 어렵다.

"그러면 어떻게 해야 합니까? 당장 가족들이 굶을 수밖에 없는데 말입니다."

이렇게 얘기하는 사람도 종종 있다. 그러나 분명한 건 이런 때일수록 가족들과 상의해 어려움을 함께 나눠야 한다는 것이다. 가족들에게 지금의 상황을 솔직하게 털어놓은 뒤 머리를 맞대고 이 시기를 극복할 수 있는 방법을 강구해야 한다. 진솔한 대화가 없으면 서로 자신의 입장만 고집하게 되고 원망스러운 마음에 모든 일을 상대의 탓으로 돌리기가 쉽다. 하지만 이 상황은 누구의 잘못도 아니고 누구에게나 닥칠 수 있는 일이므로 슬기롭게 극복하려면 의견을 모아야 한다. 가장으로서의 책임감에 짓눌려 계속 고민한다고 해서 문제가 해결되지는 않는다. 더구나 그 상태로는 제2의 인생을 장기적으로 설계할 수도 없다.

만약 새로운 경력을 갖기 위해 오랜 시간이 필요하다면 그것을 갖추기까지 징검다리 직업을 갖는 것도 한 가지 방법이다. 징검다리 직업은 장년인턴제도 등을 이용하는 것도 좋은데, 이 제도에 대해서는 뒤쪽에 나오는 정부지원제도 활용(장년인턴제, 해외파견사업 등)을 참고하기 바란다.

평생직업, 11가지 유형에 대한 탐색과 선택

퇴직자들 대부분은 취업과 함께 가능성만 있다면 비용이 적게 들고 위험부담도 적은 1인 창업도 함께 고려한다. 직업을 선택할 때 자신이 가장 잘하고 좋아하는 일을 고르라고 하지만, 이는 현실적으로 절대 쉬운 일이 아니다. 특히 대부분의 중·장년층은 자신이 무엇에 능숙한지는 알아도 어떤 걸 좋아하는지 모르는 경우가 대다수다. 게다가 나이 제한까지 걸려 선택의 폭이 좁다.

자, 그러면 어떤 식으로 평생직업을 선택해야 할까? 우선 평생직업에 대한 탐색은 일반적으로 11가지 유형으로 요약해 설명할 수 있다.

첫 번째, 경력을 활용한 직업

두 번째, 1인 창업 가능성 탐색

세 번째, 경력과 상관없는 새로운 직업

네 번째, 평소 꿈꾸어 오던 직업

다섯 번째, 시니어 비즈니스 산업에 속한 직업

여섯 번째, 단순 직업과 징검다리 직업

일곱 번째, 여가나 취미를 활용한 직업

여덟 번째, 봉사와 사회공헌 일자리

아홉 번째, 사회적 기업 만들기

열 번째, 협동조합 만들기

열한 번째, 마을기업 만들기

앞으로 30년 이상 인생을 꾸려갈 직업이므로 11가지 유형에 대해 충분히 탐색해 본 뒤 신중하게 고민하는 시간을 가진다. 그러고 나서 그 직업을 얻기 위한 구체적인 목표와 계획을 세운다. 만약 11가지 유형의 직업을 살펴본 뒤에도 어떤 방향으로 가면 좋겠다는 판단이 서질 않는다면 다음과 같은 방법을 활용해 보는 건 어떨까?

우선 자신의 관심 분야가 사람People과 관련된 것인지, 데이터Data 혹은 정보인지, 물건Thing, 그것도 아니라면 아이디어Idea를 통한 어떤 활동인지를 생각해 본다. 이들 영역 가운데 하나 또는 그 이상을 선택해도 좋다. 만약 모든 분야에 관심이 있다면 그중 관심이 가장 덜한 분야부터 제외시키고 2가지 정도의 방향으로 정리한다.

ACT의 세계 직업 지도

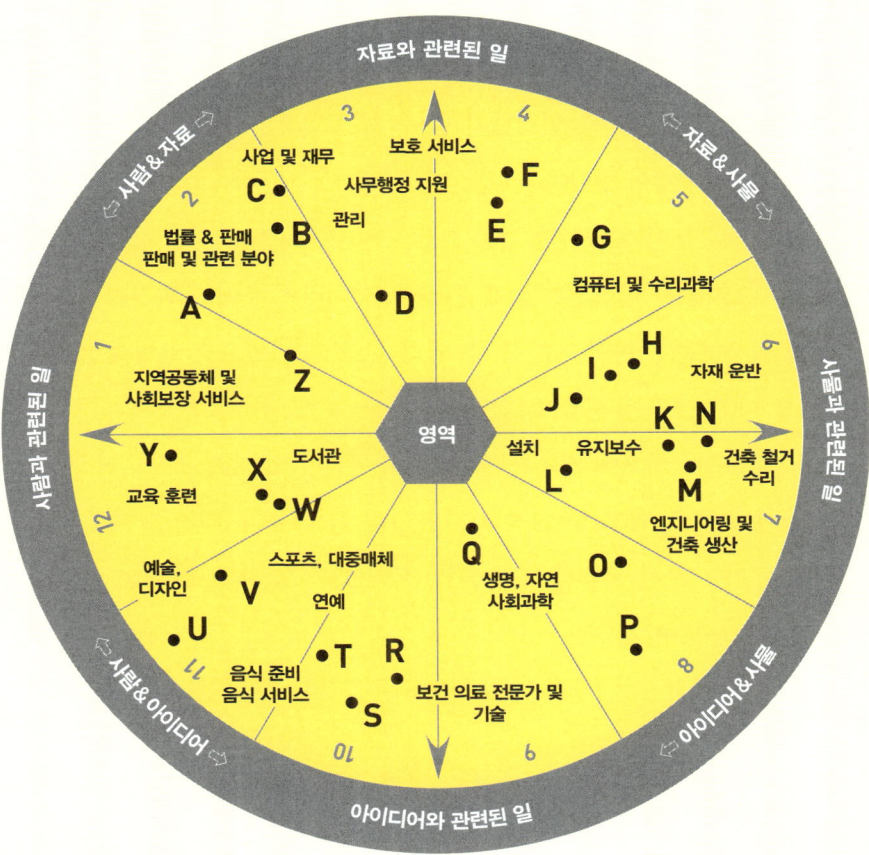

A. 고용 관련 서비스
B. 마케팅
C. 경영
D. 규정 & 보호
E. 통신 & 기록
F. 금융거래
G. 배달과 발송

H. 운송 관련
I. 농업/임업 관련
J. 컴퓨터/정보 전공
K. 공사 & 보수
L. 수공예
M. 제조 & 공정
N. 기계 & 전기 전공

O. 공학 & 기술
P. 자연과학 & 기술
Q. 의학 기술
R. 의료 진단 & 치료
S. 사회과학
T. 응용미술(시각)
U. 창작 & 공연예술

V. 응용미술(서면 & 구두)
W. 건강관리
X. 교육
Y. 지역 봉사
Z. 인력 서비스(노무 제공)

앞에 나온 표를 통해 자신의 관심 분야^Industry가 어디에 위치해 있는지, 그 분야에 어떤 종류의 업종과 직업이 분포되어 있는지를 대략적으로 살펴본다. 만약 관심 직업이 젊은 사람들과 경쟁해야 하는 것이라면 같은 업종이라도 중년의 연령대가 할 수 있는 쪽으로 관심을 확장해 방향을 설정하는 것이 좋다.

만약 관심 분야가 없다면 업종 트렌드를 파악하면서 직업 방향을 설정한다. 오랫동안 직장생활을 해 온 중·장년이라면 주어진 환경에 비교적 잘 적응하는 사람이라고 볼 수 있다. 그러므로 앞으로 유망해질 트렌드를 따라 시니어 시장(요양, 용품, 건강, 문화, 여가, 주거 등), 공유경제(AIRBNB), 사회적 경제(사회적 기업, 마을 기업, 협동조합), 평생교육, 아시아(중국, 인도 등)에서의 기회, 1인 가구 증가, 디지털 시장, 환경 분야, 기후 문제, SNS의 가상 공간, 핀테크 등 에 따른 산업에도 관심을 가져 보는 것이 좋다.

경력으로 제2의 인생을 연다

나이 제한에 걸려 어려울 거라고 미리 포기하지 마라. 일반적으로 중소기업들은 조직을 제대로 이끌어 갈 수 있는 리더를 원하기 때문에 그에 적합한 경력과 노하우를 가졌다면 중소기업 관리자에 도전해 볼 수도 있다.

퇴직 후 시니어들이 가장 쉽게 취업할 수 있는 방법은 당연히 자신의 경력을 활용하는 것이다. 관리 총괄, 영업 총괄, 생산 현장 총괄(공장장이나 제조 임원), 연구소 관리 총괄, 전문 영역 등 총괄 분야와 전문직은 시니어가 경력을 활용하기에 여러모로 유리하다. 전문 영역이라고 하면 전문 강사, 택시 운전, 감리 분야, 주택관리, 건물관리, 간호사, 요양보호사 등 수없이 많은데, 이는 경력이나 자격증이 필요한 전문 직종을 말한다. 또한 경력과 노하우를 필요로 하는 멘토링이나 컨설턴트 영역도 가능하다.

　제2의 직업을 찾겠다는 결심이 서면 먼저 개인의 커리어 창^{Career} ^{Window}을 작성해 본다. 자신이 어떤 직무를 경험했고, 어떤 분야의 전문

커리어 창 _ 영업직군의 조현수씨 사례

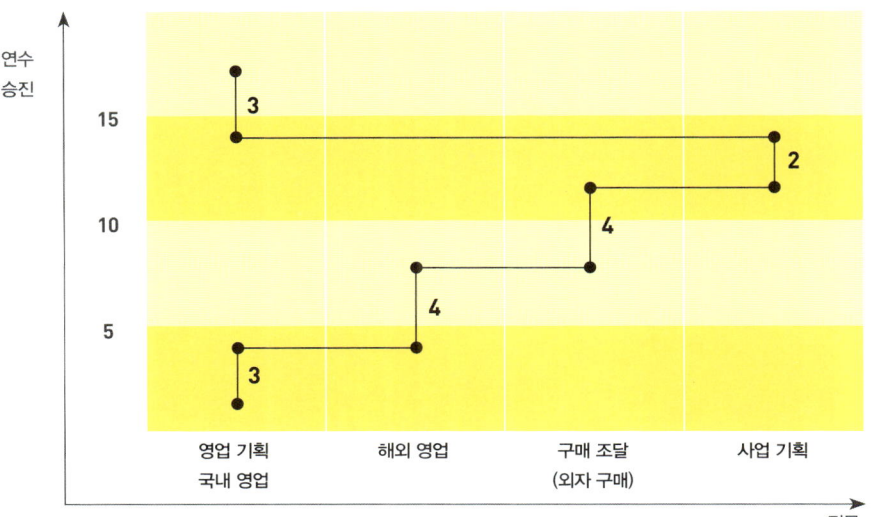

성을 갖고 있으며, 또 앞으로 어떤 직업이 어울리는지를 한눈에 파악할 수 있다.

영업직군에서 오랫동안 경력을 쌓았던 조현수 씨의 커리어 창을 살펴보면 사업 기획의 직무를 통해 관리직군의 역량도 갖췄음을 알 수 있다. 이런 경우 영업 총괄 자리에 지원해도 좋고 관리 총괄의 직무로 옮겨 가도 큰 무리는 없다. 커리어 창을 통해 경력 확장 직군까지 살펴보면 그동안 쌓은 노하우와 경륜으로 멘토, 지도자, 컨설턴트 등 전문성을 필요로 하는 직무로 옮겨 가는 것도 가능하다. 만약 그가 관리자라는 직책을 버릴 수 있다면 영업인으로서 성과급을 베이스로 한 독립된 일자리를 갖는 기회를 노려 볼 수도 있다.

2장

잡테크,
커리어를
활용하는 법

김일유 씨는 퇴직에 대비해 3년 전에 '공인중개사' 자격증을 취득했다.

"막상 퇴직하고 이 자격증을 활용할 때가 되니 부동산 경기가 침체기에 접어들었지 뭡니까.

게다가 어렵게 자격증을 따긴 했는데, 제 성격과도 잘 맞지 않아서 고민입니다.

공인중개사 자격증을 활용할 다른 방법이 있을까요?"

많은 사람이 퇴직 후가 걱정스러워 자격증 취득에 관심을 갖는데,

본격적으로 공부를 시작하기 전에 취득하려는 자격증이

어느 정도 비전이 있는지 신중하게 살펴봐야 한다.

이때는 무엇보다 자신이 하고 싶은 것,

관심이 가는 분야의 자격증을 취득하는 것이 바람직하다.

경력을 활용한 취업, 그 첫 번째 노하우

재취업을 원한다면 경쟁력을 갖춘 이력서부터 만들어야 한다. 과거에 사용했던 문구점에서 파는 이력서가 아닌 최근 트렌드를 반영한 이력서를 작성할 줄 알아야 한다. 과거 이력서를 고집한다면 변화에 둔감한 뒤처진 사람이라는 인상을 심어 줄 수 있다.

어느 날 이장호 씨가 출근시간에 맞춰 사무실을 찾아왔다.

"친구한테 모기업에서 시설관리 총괄 자리를 소개받았는데, 이력서를 보내 달라는 연락을 받았어요. 그러고 나서 밤새 어떻게 해야 할지 몰라 망설였지 뭡니까. 요즘 시대에 맞는 이력서가 어떤 것인지 알긴 하지만 작성하기 만만치 않아서요. 예전에 사용하던 이력서를 그냥 제출할까 한참 고민했습니다. 그러다가 요즘 시대에 맞는 이력서를 작성하려고 컴퓨터 앞에 앉았는데 어디서부터 어떻게 써야 할지 막막해 도움을 받고 싶어서 이렇게 염치 불고하고 찾아왔습니다."

사정 설명을 한 이장호 씨는 컨설턴트의 도움을 받아 이력서를 작성하기 시작해 오후 5시쯤 작업을 끝마쳤다.

그리고 다음 날 이력서를 제출했더니 곧바로 면접 날짜가 정해졌다는 연락을 받았다. 면접을 볼 때 면접관이 이력서를 정말 잘 썼다고 하면서 한눈에 지원자의 능력을 파악할 수 있었다고 말했단다. 게다가 추천해 준 지인에게 전화를 걸어 능력 있는 사람을 소개시켜 줘서 고맙다는 인사까지 했다고 한다.

사람에게 호감을 줄 수 있는 이력서를 작성하고 싶다면 노동시장에서 자신의 가치를 객관적으로 파악하는 것이 우선이다. 그다음에는 자신의 핵심 역량이 무엇인지 정확히 알아야 한다. 그런 뒤 자신의 능력이 충분히 표현된 이력서로 첫 단추를 잘 꿰야 한다.

이력서와 자기소개서 작성 시 주의사항

▶ 이력서 작성할 때 주의사항

· 최근 경력과 전문성을 우선적으로 기재한다.

· 숫자를 포함시켜 업적에 대한 증명을 표현한다.

· 첫 페이지에 경력 요약 부분을 포함시킨다.

마흔과 예순 사이
행복한 잡테크

· 내용은 간결하게 쓰고, 현재 시제를 사용한다.

· 필요하면 근무했던 회사에 대한 간략한 정보를 기재한다.

· 지원하는 분야를 고려해 전문용어는 신중하게 선택하고, 고용주가 선호하는 경력사항을 부각시켜 기술한다.

· 이력서 2쪽, 자기소개서 1쪽, 경력기술서는 2쪽 정도면 좋다. 그리고 연락처를 꼭 명시한다.

· 전문용어는 가능한 한 사용하지 않는 것이 좋은데, 부득이한 경우에는 주석을 달아 준다.

· 면접으로 이어질 경우를 염두에 두고 예상 질문이 가능하도록 작성한다.

· 회사 양식이 따로 있는 경우가 아니라면 가급적 희망 급여와 참고인은 명시하지 않는다.

· 하나의 파일로 묶는다(이력서+자기소개서+경력기술서).

▶ **자기소개서 작성할 때 주의사항**

· 업무 경력의 전문성이 드러나도록 업적 중심으로 기술한다.

· 2~3가지 핵심 역량을 중심으로 기술한다.

· 지원하는 회사의 업무 능력 요구에 본인이 적절하다고 생각하는 사유를 구체적으로 밝힌다.

· 1/5, 3/5, 1/5 법칙을 적용한다.

 : 1/5은 경력 역량에 대한 장점을 부각하고, 3/5은 경력과 성취 업적(역량을 구체적으로 서술), 1/5은 현재의 상황과 지원 이유를 밝힌다.

구직활동, 전략이 필요하다

경력을 활용한다고 해도 현실적으로는 나이 제한에 걸려 취업이 쉽지 않다. 그러므로 젊은 층의 취업 준비와는 차별을 두어야 하는데, 가장 좋은 방법은 인맥을 통해 기업과 연결되는 것이다.

이 연령대의 사람들은 다른 회사에 입사하더라도 대부분 관리자급이다. 그러므로 회사에서는 팀이나 본부를 책임지는 신임 관리자에게 기대하는 부분과 우려되는 부분을 가지고 있기 마련이다. 기업 입장에서는 신임 관리자가 나이가 많더라도 직원들과의 의사소통을 원활하게 하고 직원들을 이끌어 나갈 수 있는 역량과 인품을 갖췄기를 원한다. 이런 바람 때문에 관리직은 능력이 검증되지 않으면 채용하기를 꺼린다. 따라서 인맥을 통해 추천받으면 채용이 성사될 가능성이 높다. 지인이 소개하는 경우 능력과 인품이 1차적으로 검증된 것이나 다를 바 없다고 생각하기 때문이다. 따라서 당신의 경쟁력이 충분하다고 판단되면 먼저 이력서를 작성한 후 지인들에게 도움을 요청해 적극적으로 구직활동에 나서는 편이 좋다. 동시에 목표로 삼은 기업을 직접 찾아가는 구직 전략을 병행할 것을 권한다. 이렇게 경력을 활용한 구직활동은 1년 6개월 안에 대부분 결정이 난다.

중년의 구직활동은 더 많은 인내심을 요구한다. 사회 초년생들보다 취업이 늦어지는 것은 당연하고, 때로는 나이와 경력을 떠나 자존심을 죽이고 면접을 봐야 하는 경우도 있다. 다른 기업으로 이직을 확정하고 퇴직한 경우가 아니라면 누구나 이런 과정을 겪을 수밖에 없다.

육군 중령으로 전역을 앞둔 유영준 씨는 전문 강사나 일반기업의 관리 총괄직을 희망했다. 전역하기 전 그는 기회가 있을 때마다 취업에 필요한 교육을 받았으며, 그 과정을 통해 사회의 흐름을 읽고 새로운 변화에 적응하기 위해 노력했다. 무엇보다 아랫사람을 지휘하며 몸에 밴 권위적인 태도를 내려놓는 등 마인드 변화에 가장 많은 시간을 투자하고 집중했다.

유영준 씨는 군에서 부하들을 통솔하며 작전을 지시하는 등 관리자로서 리더십을 갖추고 있었으며 군사 작전, 교육 훈련, 평가 등의 업무를 해서 관리직 업무를 수행하는 데 큰 무리가 없어 보였다. 다만 입사한 후에 '군 출신에 대한 선입견'을 어떻게 극복하고 기업에 적응할 것인지에 대한 해결책이 필요했다.

사람들은 일반적으로 '출신'에 대한 선입견을 가지고 있다. 즉 군 출신은 일반기업에 대한 이해가 부족하고 업무 스타일도 다소 딱딱하며 독선적일 거라고 생각하기 쉽다. 뿐만 아니라 대기업 출신은 대기업 출신대로 공기업 출신은 공기업 출신대로 그에 따른 선입견이 존재한다. 유영준 씨에게는 군 출신이라는 선입견부터 깨야 하는 우선 전략이 필요했다. 따라서 가장 먼저 군대생활에서 입에 밴 말투를 고치고 일반기업에서 사용하는 핵심 용어나 어휘가 입에 붙을 때까지 반복하도록 조언했다. 또한 틈 나는 대로 기업 분석 방법 등도 배울 것을 권했다.

유영준 씨는 전역한 뒤 적극적으로 구직활동에 나섰다. 과거 상사였던 이미 퇴역한 대령을 찾아가서 자신의 현재 상황과 희망 취업 분야에 대해 의견을 나누었고, 그동안 소홀했던 선후배 등 지인들을 만나 자신의 근황을 전했다.

그로부터 며칠 뒤 예전 상사로부터 ○○기업에 채용공고가 있다며 지원해 보라는 연락을 받았다. ○○기업에서 마침 관리 총괄을 맡을 책임자를 찾는 중이었다. 그는 오랫동안 자신이 준비해 온 것을 어필할 수 있도록 준비했다. 군 조직은 시스템이 갖추어져 있기 때문에 그에게는 시스템에 따른 조직관리가 익숙했다. 마침 ○○기업은 시스템이 완벽하게 구축되어 있지 않았고 아직은 준비 단계에 있었다. 그는 이런 점들을 언급했고, 그 기업의 상황에 맞춰 자신의 장점을 부각시켜 비교적 쉽게 입사할 수 있었다.

재취업이 결정되고 막상 업무를 시작해 보니 세무와 회계 업무에 대한 이해가 부족했다. 그래서 일주일에 두 번씩 회사의 양해를 얻어 직업훈련기관에서 교육을 받았다.

"관리 총괄직이라도 제가 세무·회계 업무까지 자세하게 모두를 맡아하는 건 아니지만, 적어도 회사의 비용이나 재정 부분에 대한 서류 정도는 볼 줄 알아야 올바른 의사결정을 내릴 수 있겠더라고요. 대략적인 지식만으로는 뭔가 부족하다는 생각이 들더라고요. 만약 관리 총괄직을 희망하는 사람이라면 구직활동을 하면서 전산 회계나 전산 세무 부분을 익혀 두라고 말해 주고 싶어요."

경력을 활용한 취업을 희망한다면 중소기업에서 관리자로서 자신의 능력을 발휘할 가능성이 높기 때문에 '중소기업에 대한 이해'나 '중소기업의 임원 역량'에 대한 능력을 키우고 익혀 둘 필요가 있다.

눈높이 조절만이 능사는 아니다

커리어 컨설턴트들은 재취업을 희망하는 중·장년층에게 전반적으로 눈높이를 조절할 필요가 있다고 조언한다. 그러나 이는 무조건 눈높이를 낮추라는 뜻이 아니라 희망하는 분야에서 자신의 경쟁력이 높지 않을 경우에 해당하는 말이다. 자신의 경력을 활용해 높은 부가가치를 창출할 수 있다면 굳이 눈높이를 조절할 필요가 없다.

물론 스스로 경쟁력이 낮다고 판단되면 '연봉을 좀 낮춰도 크게 문제 될 것이 없다'는 마인드를 가져야 한다. 회사 입장에서는 같은 경력이라면 당연히 연봉이 낮은 사람을 선호한다. 이런 경우 연봉에 대한 눈높이를 조절할 필요가 있음에도 장년층들은 이런 사실을 쉽게 받아들이지 못한다. 낮아진 연봉을 받아들여야 한다는 게 자존심 상할 수도 있지만 일단 눈높이를 낮추면 못 넘을 산이 없다.

이 시기는 연봉으로 자신의 사회적 존재가치를 증명하는 것이 아니라 또 다른 나의 가치, 즉 '노하우 전수를 통한 후진 양성과 자아실현'을 포함한 직업인으로서 성숙한 모습이 필요하다. 조직 구성원들에게 자신의 노하우를 가르쳐 줌으로써 성장하는 조직을 통해 성취감을 맛보며,

더욱 만족스러운 직장생활을 할 수 있다면 이것 역시 성공한 인생이 아닐까.

재취업에 성공한 최경환 씨의 경우에는 입사할 때 연봉을 60퍼센트 정도로 낮췄지만, 입사 1년 만에 예전 회사보다 더 많은 연봉을 받게 되었다. 새로운 조직에서 많은 성과를 냈고, 조직 발전에 크게 기여했기 때문이다.

입사 초기 유영준 씨에게 주어진 업무는 회사에서 필요로 하는 시스템을 구축하고, 적자에서 흑자로 전환시키기 위해 조직 구성원들에게 동기부여를 하는 것이었다. 그의 경우 연봉은 그리 높지 않았지만 이직한 후 자신의 업무 목표가 하나씩 달성되자 그전에 느껴 보지 못한 성취감과 흥분을 느꼈다. 연말(입사 8개월 후)에 그가 인사하러 찾아왔을 때 이젠 직장생활에 여유가 생기지 않았느냐고 물었다.

"혹시 연차 휴가는 쓰셨어요? 다 쓰지 못했으면 지금이라도 휴가를 다녀오시죠."

그런데 그는 휴가에 대해 별로 신경 쓰지 않는 듯했다.

"회사가 조금씩 시스템을 갖추어 가고, 제가 관리만 제대로 하면 비용을 절감할 수 있다는 생각에 일하는 게 정말 재미있어요."

직장생활에 보람을 느끼는 그를 보며 직업을 선택하는 데 있어 급여의 많고 적음이 전부가 아니라는 사실을 새삼 깨달았다.

나이가 많다는 이유로 몸을 사리고, 힘들고 어려운 일을 피하려 하며, 장시간 집중해야 하는 일이나 실타래처럼 복잡하게 얽힌 일을 다른 사람들에게 미룬다면 재취업을 하더라도 머지않아 다시 구직활동을 해야 하는 상황에 처할지 모른다. 하고 싶은 일과 하기 싫은 일을 나누고 눈치 봐 가며 일하는 직원을 긍정적으로 바라볼 사람은 아무도 없다.

새로운 직업에 도전하기

이력서 작성 후 잡사이트에 등록하고 취업과 네트워킹 활용을 통해 집중적인 구직활동을 했음에도 불구하고(1년 6개월 정도) 어디에서도 연락이 없다면 '새로운 도전 직업'을 고려해 봐야 한다. 나이가 많아서 경쟁력이 떨어지는 분야도 있지만 오히려 경쟁력이 높아지는 분야도 의외로 많다.

핀란드 국립직업건강연구소가 조사한 바에 따르면 시니어들은 현명함, 신중한 협의 능력, 판단력, 전체를 꿰뚫어보는 통찰력, 의사소통 능력, 생활을 관리하는 능력, 일에 대한 강한 책임감, 고용주에 대한 성실성, 풍부한 업무 경험, 배움에 대한 열의 등이 높다는 연구 결과가 나왔다.

새로운 직업을 찾을 때 미래 산업 트렌드와 맥을 같이하는 업·직종을 선택한다면 좀 더 많은 기회를 얻을 수 있다. 뿐만 아니라 인간의 욕구와 맞물려 있는 영역도 고려해 보는 것이 좋다. 집, 보호, 가족, 일과 직업, 사회적 관계, 건강한 삶, 재무 안정성, 배움, 학습, 이동과 여행, 환경과 안전, 지역 사회, 쉼과 즐거움, 영성 추구 등이다. 이 영역들 중에서 진입하기에 적합한 영역을 찾아 취업에 도전하면 여러모로 유리하다.

50세 나이에 SNS 강의를 하는 김계순 씨의 경우 절박함과 고정관념의 탈피가 성공을 가져다주었다. 누구나 궁금해하고 필요로 하는 시장을 젊은 사람들과 경쟁하면서 진로를 개척한 것이다. 그녀는 디지털보다는 아날로그에 익숙한 시니어들의 눈높이에 맞춘 교육을 함으로써 인기 강사가 되었다.

김계순 씨는 삼청동에서 조그만 보석가게를 운영하는데 매장을 방문하는 손님이 하루에 2~3명밖에 없었다. 그러자 한 지인이 페이스북을 활용한 광고를 해 보라고 권유했다. 이 얘기를 듣고 반신반의하면서 페이스북을 시작했다. SNS에 익숙해지자 가을에는 노란 은행나무와 함께 보석을 표현하고, 겨울이면 눈과 함께 희고 깨끗함을 강조한 보석을, 때로는 시적인 감성과 함께 보석을 홍보했다. 그 후 젊은 방문자가 늘자 매장의 보석들을 젊은 사람들 취향으로 바꿔 디스플레이를 다시했다. 그리고 지금은 누구나 부러워할 만한 수익을 창출하는 보석가게 주인이 되었다.

이 일이 계기가 되어 김계순 씨는 자신의 경험을 바탕으로 'SNS 제대로 활용하기'라는 주제로 강의까지 하게 되었다. 지인들에게 SNS를 활용하는 방법을 알려 주다가 소문이 나면서 강의 요청이 들어오더니 이제는 아예 강사로 활동하고 있다. 그녀는 강의할 때 항상 생각의 틀에서 벗어나라고 강조한다.

"디지털 관련 직종은 20, 30대가 대세라고 생각하기 쉬운데 그렇지 않아요. 저도 그런 고정관념을 깨니 더 많은 기회가 주어졌어요."

중소기업에 적응하는 방법

중소기업에서 일하는 임원들은 40대 중반인 경우가 많아서 장년층
이 중소기업에 입사해 적응하는 것이 만만치 않다. 그래서 재취업을 하
고자 한다면 열린 마인드가 필요하다. 비록 임원으로 입사했다고 하더라
도 새 회사에서는 신입이나 마찬가지다. 그러므로 의욕에 넘쳐 주변을
고려하지 않고 일을 추진하기보다는 조심스럽게 회사 분위기를 파악하
며 적응해 나가는 것이 우선이다.

또한 입사하자마자 과거에 근무했던 회사와 연관 지어 의견을 제시
하는 것은 결코 바람직하지 않다. 예전에 다니던 회사는 과거로 묻어 두
는 것이 좋다. 그리고 입사한 후에는 지금 회사에 대해 섣불리 아는 척
을 해선 안 된다. 새 회사의 기술적인 측면과 조직관계를 익히는 것을
우선순위에 둔다.

입사 후 가장 먼저 해야 할 일은 직속 부하직원과 대화를 시도해 보
는 것이다. 그때 그 직원에게 회사의 전반적인 사항을 구체적으로 물어
보는 것이 좋다. 즉 회사의 주력 상품이 무엇이고, 회사의 레드오션과
블루오션이 무엇이며, 어떤 회사와 경쟁관계에 있는지, 경쟁관계인 회
사는 어떤 마케팅을 펼치고 있는지, 우리 회사와는 어떤 차별점이 있는

지, 우리 회사의 미래 전략이 무엇인지, 부하직원의 꿈이 무엇인지 등을 물어본다.

가능하면 한 달 내로 전 부서의 직원들과 대화를 나누어 볼 기회를 가진다. 그래야만 새 회사가 어떤 상황인지 제대로 파악할 수 있고, 겉으로 잘 드러나지 않은 내재된 갈등이나 회사의 미래 전략이 보일 것이다. 궁극적으로 이런 정보들은 회사에 대한 업무나 조직관계를 빨리 파악하도록 만들고 적응을 도와준다.

회사의 전반적인 사항을 파악했다면 SWOT(강점·약점·기회·위협) 분석으로 모두 정리해 둔다. 그러면 자신의 능력을 발휘할 기회가 머지않아 찾아온다.

대기업 부장 출신인 이화륜 씨는 중소기업인 K사로 이직했다. 영업 부문의 총괄 임원으로 입사하자마자 가장 먼저 한 일은 큰 종이에다 영업 실적을 막대그래프로 표시하고 벽에다 붙이는 일이었다. K사에서는 그동안 영업 실적을 한눈에 볼 수 있는 현황판이 없었다.

이화륜 씨는 영업부서라면 영업에 총력을 기울일 수 있는 시각적 효과가 큰 그래프가 꼭 필요하다고 생각했다. 그래서 부하직원인 김 대리에게 다음 달 실적부터는 막대그래프를 직접 표시하도록 지시했다. 하지만 의욕적으로 움직이는 그를 대기업 출신이라는 선입견 때문인지 다른 직원들은 냉소적으로 대했다. 나중에 알게 된 일이지만, K사 직원들 대부분이 '대기업 출신인데 오죽 잘하랴. 얼마나 잘하는지 어디 두고 보자.'라는 생각을 갖고 있었다고 한다.

이런 선입견을 어떻게 지울까 고민하던 이화률 씨는 회사 대표를 찾아가 한 가지 제안을 했다.

"대표님! 지금 제가 맡은 일은 2개월 정도 지나면 성과를 낼 수 있을 것 같습니다. 그런데 한 달의 시간을 더 주십시오. 직원들과 친해지려면 반드시 시간이 필요합니다."

그러고 나서 직속 부하직원들부터 터놓고 대화를 나누기 시작했다. 자신이 다녔던 예전 회사는 이랬다 저랬다는 식으로 자기 경험을 늘어놓는 것이 아니라 부하직원들이 무슨 생각을 하는지, 맡은 업무에 대해 어떤 마인드로 일을 하고 있는지 알고 싶었던 것이다. 한 달 안에 이화률 씨는 다른 부서 직원들까지 모두 대화를 나누었다. 그랬더니 K사가 한눈에 보이기 시작했고, 자신이 무엇부터 해야 하는지 상황이 파악되었다.

1년 만에 이화률 씨는 K사의 현재 상황과 전 직장의 대기업 시스템을 접목한 전략으로 두 배의 매출을 기록했다. 물론 급여도 두 배로 뛰었다. 1년 전에 자신을 포함해 임원 3명이 함께 입사했지만 지금은 그 혼자만 남아 있다.

퇴직 후 중소기업 출신은 중소기업 출신대로, 대기업 출신은 대기업 출신대로, 공기업 출신은 공기업 출신대로, 공무원은 공무원 출신대로 중소기업에 적응하는 것이 쉽지만은 않다. 기존 직원들이 각각의 출신에 대한 선입견을 가지고 있어 동화되기가 어렵기 때문이다. 그래서 중소기업에 적응하기 위해선 어떻게 성과를 낼까 고민하기 전에 직원들과 어떻게 소통할까를 먼저 고민해야 한다.

또한 임원으로 입사했더라도 중소기업에서는 직접 현장 업무를 챙겨야 한다. 필요한 서류도 직접 만들고 브리핑을 위한 파워포인트 슬라이드도 직접 작성해야 한다.

강의를 나가면 장년층 참가자들한테 자주 하는 질문이 있다.

"컴퓨터를 사용할 때 독수리 타법을 사용하는 분 손들어 보세요."

그러면 참가자들 중 70퍼센트 정도가 손을 든다.

장년층 가운데 상당수가 컴퓨터 프로그램이나 최신 기기를 제대로 활용할 줄 모른다. 하지만 이런 프로그램이나 기기들을 제대로 사용하지 못하면 그만큼 생산성이 떨어진다. 직원 1명의 업무가 다른 직원 17명에게 영향을 미친다고 하는데, 관리자인 경우 이보다 더 많은 영향을 미칠 수밖에 없다.

중소기업의 임원들은 비서를 두기도 어렵고, 그렇다고 부하직원들에게 자신의 일을 일일이 부탁하는 것도 쉽지 않다. 대부분 여러 가지 일을 책임지고 있어 늘 정신 없이 바쁘다 보니 필요할 때마다 도움을 요청하기가 쉽지 않은 것이다.

그래서 이화률 씨는 사회 초년생일 때 배웠던 엑셀을 K사로 옮긴 후에 다시 배웠다.

"예전에는 부하직원들이 자료를 작성해 줘서 엑셀을 쓸 일이 없었어요. 그러다 보니 어느새 잊어버렸더라고요. 그래서 화요일과 수요일 저녁 구청에서 운영하는 프로그램이 있어 엑셀을 다시 배웠죠. 하하."

필요한 자격증 취득하기

새로운 진로를 모색할 때 어떤 분야에서 경쟁력을 가지려면 그 분야에 경력이 있으면 좋다. 만약 경력이 없다면 국가 자격증이나 민간 자격증이라도 있으면 유리하다. 이것이 어렵다면 그 분야에 대한 교육을 받아 수료증이라도 있으면 다른 사람보다 경쟁우위를 가지게 된다. 특히 지금까지 자신이 쌓은 경력과는 무관한 다른 분야로 진입하고자 할 때는 자격증을 취득해 놓으면 유용하게 쓰일 때가 있다.

김일유 씨는 퇴직에 대비해 3년 전에 '공인중개사' 자격증을 취득했다.

"퇴직하고 이 자격증을 활용할 때가 되니 부동산 경기가 침체기에 접어들었지 뭡니까. 게다가 어렵게 자격증을 따긴 했는데, 제 성격과도 잘 맞지 않는 것 같아서 고민입니다. 공인중개사 자격증을 활용할 다른 방법이 있을까요?"

많은 사람이 퇴직 후가 걱정스러워 자격증 취득에 관심을 갖는데, 본격적으로 공부를 시작하기 전에 취득하려는 자격증이 어느 정도 비전이 있는지 신중하게 살펴봐야 한다. 이때는 무엇보다 자신이 하고 싶은 것, 관심이 가는 분야의 자격증을 취득하는 것이 바람직하다.

정대성 씨의 경우 평소 한문과 관련된 역사 이야기나 한자에 얽힌 이야기를 해석하는 것을 좋아했다. 그래서 한문 관련 자격증을 추천했고, 그해 1급 자격증을 취득하게 되었다. 한문 자격증으로 무엇을 하느냐고 하겠지만 찾아보면 의외로 많다.

"자격증을 취득해 문화센터에서 '역사 이야기' 강사로 일하고 있어요. 누군가를 가르치는 게 꿈이었는데 드디어 그 꿈을 이룬 거죠."

꼭 관심 분야가 아니더라도 사회 트렌드에 적합한 자격증을 취득하는 것도 도움이 된다. 자격증은 국가적으로 수요가 많은 분야가 있고, 오히려 자격증 수를 좀 줄여야 하는 분야도 있다. 관심 자격증을 취득했을 때 활용 가능한지 충분히 검토해 보고 도전하라.

최근에는 자격증을 취득하면서 자신의 고민거리도 함께 해결하는 추세다. 예를 들어 'Outplacement Expert(전직지원전문가)' 자격증(민간)을 취득하면서 자신의 미래 직업을 찾아가는 경우다. 이 과정에 참여한 사람들은 자격증도 취득하고 자신의 평생직업도 찾을 수 있다.

국가 자격증 취득은 산업인력공단에서 주관하고 있으며 인터넷(www.q-net.or.kr)을 통해서 확인할 수 있고, 민간 자격증은 인터넷(www.pqi.or.kr)을 통해서 확인할 수 있다. 각 부처별로 주관하는 자격증을 모두 볼 수 있고, 일목요연하게 정리되어 살펴보기에도 편하다.

재취업과 창업에 대한 선택

반도체 부품을 만드는 회사의 기술지원부서 부장으로 퇴직한 홍수범 씨는 퇴직 직후 매우 초조해했다. 개발이나 직접 연구를 하는 경력이 아닌 지원부서 경력이라서 중소기업에서 선호하지 않을 거라고 미리부터 걱정을 하고 있었던 것이다. 사실 그의 생각이 틀린 건 아니었다. 그래서 그와 함께 3개월간 적합한 일자리 정보가 나오지 않으면 창업 쪽으로 기회를 찾아보기로 했다. 홍수범 씨는 퇴직 후의 변화관리가 우선적으로 필요했지만 서둘러 재취업하기를 원해 경쟁력 있는 이력서 작성을 최우선시했다. 그래서 개인의 핵심 역량을 먼저 도출해 내고, 그의 강점을 충분히 드러낼 수 있는 취업을 위한 준비 서류 작성을 했다.

홍수범 씨는 아침부터 컨설팅 사무실에 나와 자신의 성과를 중심으로 역량분석을 하고 강점을 알게 되기까지 꼬박 일주일이 걸렸다. 직무 분석, 성과 분석, 역량 분석, 핵심 역량 도출, 강점 표현 순으로 컨설팅을 진행했다. 이력서를 완성한 뒤 그는 만족해했다. 지원할 수 있는 일자리 정보를 찾기도 했지만 그의 이력서를 보고 기업에서 연락을 해 오도록 잡사이트에 이력서를 올렸다. 아니나 다를까 우선 다단계 업체에서 먼저 연락이 왔고, 보험회사에서도 관심을 보였다. 홍수범 씨는 일반 기업을 원했으므로 다른 회사에서 연락이 오면 취업했다고 대답한 뒤 전화를 끊곤 했다. 이후 기술지원 경력을 채용하고 싶어하는 기업이 빨리 나타나지 않자 그는 창업에도 관심을 가져 보기로 했다.

특별한 아이템이 없던 홍수범 씨는 '프랜차이즈'에 관심을 보였는데, 금액이 비교적 큰 5억 원 이상의 프랜차이즈 업종을 눈여겨보기 시작했다. 그래서 비교적 금액이 적은 1억 원 내외의 아이템을 찾아보길 권했다. 생필품처럼 반드시 우리가 활용하지 않으면 안 되는 '편의점'이나 '세탁소' 등이 여러모로 적합하다는 생각이 들었다. 처음 사업을 시작하는 그가 잘못되더라도 회복이 가능한 금액대의 창업을 하길 바랐던 것이다. 그렇게 아이템 선정을 위해 고군분투하던 그는 5개월이 흘렀을 무렵 이렇게 말했다.

"적당한 아이템을 선정했어요. 아무래도 생필품이 좋을 것 같아서 세탁소를 해 보려고 합니다."

금액이 그리 크지 않아 일단 안도의 한숨을 내쉬었다. 창업 컨설턴트는 세탁소를 경영한 경험이 없는 그에게 바로 창업하지 말고 세탁소에 목적취업을 해서 자신감이 생긴 뒤 창업하는 것이 좋겠다고 조언했다.

이 조언에 따라 홍수범 씨는 목적취업을 하기로 결정을 내렸다. 세탁소를 하려면 수선도 해야 하므로 그의 아내한테 도움을 줄 수 있는지 타진해 보았더니 흔쾌히 돕겠다고 나섰다. 그래서 종로에 있는 세탁소로 목적취업을 했고, "난생 처음 부부가 함께하는 출근길이 즐겁습니다"라고 하며 희망적인 메시지를 보내왔다. 목적취업을 통해 실전 감각을 익힌 지 20여 일이 지났을 무렵, 적합한 위치에 세탁소가 매물로 나왔다. 그곳은 주인이 직접 운영하지 않고 모두 외부인을 고용해 운영했는데, 급여를 주고 나면 금융비용만 겨우 손에 쥘 수 있다는 것이다. 그곳의 위치는 홍수범 씨도 아주 잘 알고 있는 곳이라서 비교적 쉽게 결정을 내렸다. 3000세대가 거주하는 아파트 단지에 세탁소가 하나밖에 없어 크게 걱정하지 않아도 될 듯했다. 계약하고 잔금을 치르는 기간에 갑자기 홍수범 씨가 세탁소 일을 해 보니 너무 힘들다고 했다. 그러나 이미 계약을 했으니 되돌리기에도 늦은 상태였다. 그는 그렇게 세탁소를 인수하고 열심히 가게를 운영해 갔다. 세탁소를 방문해 보니 그는 정말 눈코 뜰새 없이 바빴다. 지인이 호텔의 세탁물을 주겠다며 일감을 몰아 줘도 감당하기 어렵다고 거절해야 할 정도였다.

그렇게 7개월이 지났을 무렵 홍수범 씨가 우리 사무실을 방문했다. 다시 원점으로 돌아간 것 같아서 머릿속이 하얘졌다. 아니나 다를까 어제 가게를 처분했다는 것이다.

"너무 힘들더라고요. 아침 10시에 출근하면 새벽 2시나 되어서야 일이 끝나요. 생전 몸 쓰는 일을 하지 않다가 갑자기 몸으로 모든 일을 하려니 도저히 감당할 수가 없지 뭡니까."

이해가 갔다. 사실 누구에게 맡길 사람도 없고 종일 일한다는 게 절대 쉽지 않았을 것이다. 그래도 왜 상의 한 마디 없이 가게를 처분했는지 물어봐야 했다. 그는 이렇게 말했다.

"도움을 요청하면 신중하라고 충고할 텐데 현실적으로 도저히 계속해 나가기가 어려워 결단을 내렸습니다."

다행히 권리금을 잘 받고 가게를 넘겨 약간은 시간적 여유가 있었다.

홍수범 씨의 진로는 다시 원점으로 돌아와 재취업을 고민해 봐야 했다. 그런데 그동안 여러 가지 일을 겪으면서 그에게 많은 변화가 있었다. 회사를 퇴직할 당시 갖고 있던 두려움은 온데간데없이 사라지고 자신감에 차 있었다.

"이제는 몇 년 하다가 그만두어야 하는 재취업보다는 나이가 들어서도 경쟁력이 있는 직업을 찾아야 한다는 생각이 들어요. 경력뿐 아니라 경력과 무관한 영역까지 포함시켜 자격증을 취득하고 싶어요."

그래서 모든 자격증을 탐색했다. 그중에서 홍수범 씨는 주택관리사를 선택했고, 이와 관련된 공부를 하면서 재취업하기 위해 노력했다. 다행히 한 중소기업에서 관리 총괄 임원을 구하고 있다는 정보를 듣고 즉각 그를 소개했다. 면접 날짜가 잡히고 그의 재취업을 위한 프로세스가 일사천리로 진행되었다. 면접을 보러 가기 전날, 처음 컨설팅을 시작할 때 도출했던 '핵심 역량'이나 강점을 포함한 모의 면접을 실시했더니 그동안 여러 가지 일을 겪으면서 많이 잊어버렸다. 그래서 다시 요약정리를 하고 면접에 참여했다. 그 결과, 곧바로 S사로 출근해 줄 것을 요청받았다.

S사로 출근하면서도 홍수범 씨는 자격증 시험공부도 열심히 했다. 그는 일반기업에 취업을 하긴 했지만 몇 년이 지나면 다시 퇴사해야 하는 상황에 놓이게 된다는 것을 잘 알고 있었던 것이다. 그는 S사에서 4년간 더 일했고, 그 후에는 주택관리사로 일하고 있다.

홍수범 씨가 창업과 자격증 선택, 재취업 성공에 이르기까지 걸린 기간은 모두 20개월이었다. 적극적으로 구직활동을 펼치고 창업을 하고 자격증을 취득했던 것이다. 그 많은 경험을 20개월이라는 기간에 할 수 있었던 것은 그가 적극적으로 자신의 진로를 개척하고 실행했기 때문에 가능한 일이었다.

미래의 새로운 직업(New Job)을 찾아서

우리나라에서 이제 막 알려지기 시작하는 새로운 직업에 도전해 보는 것도 한 가지 방법이 될 수 있다. 시작한 사람이 없어서 방향을 잡기 어려울 수도 있지만 초창기에 그 분야에 뛰어들 경우 관심과 주목을 받을 수 있다. 필자는 2002년 아웃플레이스먼트 서비스를 위한 커리어컨설턴트 채용에 지원했다. 면접을 보는 내내 너무도 멋진 서비스를 구축한 새로운 시장임을 직감했으나, 컨설팅 회사라는 말에 사기 집단이거나 다단계 회사가 아닐까 의심스러웠다. 그로부터 15년 후 커리어 및 직업상담사 분야가 크게 성장했고, 지금은 커리어컨설턴트 양성에 필자의 노하우가 필요한 상황이 되었다.

시장에 처음 진입할 때는 의심스럽고 불안한 마음이 들기 마련이다. 의심과 불안을 없애려면 직접 자료를 찾고, 전문가를 만나 보는 등 확신이 들 때까지 시간과 정성을 쏟아야 한다. 미래 사회 트렌드와 방향을 같이 한다면 성장하는 영역일 것이므로 기회는 분명히 올 것이다.

구영우 씨는 대기업 임원으로 근무하다가 퇴직하여 '숲 생태 해설사'로 직업을 바꿨다. 지금은 일반 직장인 못지않는 급여를 받고 산림욕 강의를 하고 있다. 퇴직 후 그는 어떤 계기로 자신의 경력과 무관한 숲 생태 해설사 공부를 하게 되었을까?

"특별히 하고 싶은 것이 없던 차에 교직에 몸 담았던 친구가 숲 생태 해설사 공부를 한다는 이야기를 듣고 집사람에게 어떠냐고 물었더니 두말없이 용돈까지 얹어 교육비를 주더라고요. 그것이 계기가 되었어요. 집에만 있는 제가 너무 답답해 보였던 거죠. 이 사실을 알고 처음에는 아내에게 무척 섭섭했어요. 그러다가 약간 오기도 생기고 해서 '어디 한번 해 보자.'라는 마음으로 친구를 따라 나선 거죠."

구영우 씨는 5년간 '숲 생태 해설사'로 활동하다가 사람들이 산림욕에 대한 관심이 높아짐에 따라 직업을 확장해 산림치유지도사로 활동하게 되었다. 지금은 피톤치드 등 숲에서 나오는 건강에 이로운 물질들에 대해 설명하고 숲이 주는 이점, 산림욕을 즐기는 방법 등을 알려 주는 새로운 강의를 개발하는 일까지 하고 있다.

최근에는 산림욕 강사가 많이 늘었지만 구영우 씨가 시작할 때는 혼자였다. 처음에는 이것이 가능할까 생각했으나 막상 시작해 보니 그 수요가 생각했던 것보다 훨씬 많았다.

"원래 산을 좋아하고 나무를 좋아해서 이 일이 잘 맞는 것 같아요. 평소 좋아하는 등산을 하면서 수익도 생기고, 게다가 건강관리까지 저절로 되니 일거양득이에요"

지금도 주말에나 집으로 돌아올 정도로 바쁘게 생활하고 있다.

세상에는 우리가 생각하는 일반화된 직업만 있는 것이 아니다. 많은 직업이 사라지거나 새롭게 각광받고 있다. 미국에는 3만 5000여 개의 직업이 있는 데 반해 우리나라는 1만 5000여 개의 직업이 있다. 미국은 우리나라보다 영역별로 더 세분화되어 직업 수가 많은데, 특히 맞춤형 직업에 대한 수요가 높다. 두 나라의 직업 수가 차이 나는 만큼 앞으로 생겨날 직업이 2만여 개나 된다는 뜻이다. 그런데 시기적으로 봤을 때 2~3년 내로 생겨날 직업이 있고, 10년 뒤에나 생길 직업이 있다. 즉 우리나라에서 조만간 어떤 직업이 필요할지 찾는다면 좀 더 쉽게 접근할 수 있다.

예를 들어 '배우자를 잃은 사람을 위한 컨설턴트', '효 대행 서비스', '남성 뷰티숍', '성인학교장(성숙한 어른이란 어떤 것이며, 어떤 자세로 사회를 이끌고 구성원으로 지내야 하는지를 알려 주는 일)', '토론문화정착가', 'NPO 리쿠르트 전문가', '농산물 브랜드 전문가', '말벗 전문가', '의료관광 컨설턴트' 등은 트렌드를 겨냥한 직업이다(더 자세한 직업은 부록으로 실은 '유망한 새로운 직업'을 참조하기 바란다.).

이들 직업은 아직 아무도 시작하지 않았지만 곧 생겨날 직업임이 틀림없다. 그렇다면 그 일을 먼저 해 보는 것은 어떤가? 굳이 돈을 들이지 않더라도 '1인 창업 연구소'처럼 조그맣게 시작해 보는 것이다. 이런 직업은 당연히 경쟁률이 높지 않다. 반면 벤치마킹도 할 수 없는 새로운 직업이므로 그 비전과 전망은 스스로 만들어 가야 한다는 부담이 따른다. 잘 알고 있겠지만 이 세상에 이 정도의 노력 없이 되는 일은 아무것도 없다.

그럼에도 불구하고 가능성만 갖고 도전하기에는 두려움이 클 수밖에 없다. 이때는 자문을 구할 수 있는 커리어 컨설턴트나 전문가를 찾아가서 터놓고 의논하며 진로를 모색하는 것도 도움이 된다.

"마케팅 본부에서 마케팅 기획하는 일을 하긴 했지만 직접 마케팅을 해 보지는 않았습니다. 그래서 퇴직하고 난 뒤 일자리를 찾을 수 있을지 걱정스러워요."

나이 쉰을 바라보게 되자 퇴직 후가 걱정스러워 찾아왔다는 신민호 씨의 첫 마디였다.

사실 50세 이후에는 일자리도 많지 않고, 경쟁력도 높지 않다. 그래서 자신의 커리어에 대한 리모델링이 반드시 필요하다. 또한 경쟁력을 갖춘 새로운 일을 탐색해 보는 시간도 필요하다.

"퇴직이 코앞에 닥쳐 찾아온 것이 아니라 퇴직 후를 미리 준비하고자 오셨으니 시간을 많이 벌었습니다. 우선은 11가지 영역의 직업을 모두 탐색해 보고, 자신에게 적합한 직업을 찾는 것이 순서입니다."

신민호 씨는 11가지 종류의 직업을 모두 탐색한 뒤 자신이 희망하는 미래 직업을 위해 꼭 필요한 자격증을 4가지로 압축했으며, 앞으로 생겨날 유망 직업 6가지를 찾아냈다. 이제는 이들 직업 중에서 가장 경쟁력 있는 직업에 도전하는 일만 남았다.

신민호 씨는 구체적으로 무엇부터 해야 하는지 물었다.

"직업을 찾긴 했는데, 이제 무엇부터 어떻게 해야 하나요?"

"그건 어렵지 않습니다. 지금부터 기간별 실천 전략을 만들고, 그 실천 전략을 현실성 있게 구체적으로 진행하면 됩니다."

시니어 산업은 신 성장산업

최근 사회적 이슈들 가운데 하나는 베이비부머 세대가 차례로 퇴직하면서 사회현상에 변화가 일어나고 있다는 것이다. 약 2000만 명(1차 베이비부머 720만 명, 2차는 800만 명, 3차는 760만 명)에 달하는 인구가 시니어 시장으로 진입하고 있다. 이에 따라 기업들도 이 시장의 전망이 밝다는 판단하에 관심을 갖기 시작했다.

최근 정부에서는 다양한 '시니어 관련 정책'을 내놓고 있는데, 이 정책을 유심히 살펴보면 시니어들이 직·간접적인 혜택을 누리도록 많은 지원을 하고 있다. 즉 정부 부처와 지방자치단체에서는 시니어들의 노하우와 경력을 활용해 새로운 출발을 하도록 적극적으로 지원하는 중이다.

시니어를 위한 정부지원제도를 살펴보면 고용노동부에서는 전직 지원과 취업 성공 패키지, 보건복지부는 기능 조정과 역할을 강조한 노인일자리의 질적 고도화 그리고 사회공헌 일자리, 여성가족부에서는 경력단절여성지원사업, 중소기업청은 시니어 창업, 농촌진흥청에서는 귀농·귀촌지원제도, 외교통상부는 일자리 지원 사업, 교육과학기술부는 중·고령자 유아교육 인력 풀 구축 방안 등을 내놓고 있다. 정부 부처와 지자체에서 실시하는 시니어 정책을 활용하면 다양한 혜택을 받을 수 있으므로 적극적으로 알아보자.

시니어 산업은 신 성장산업(현대경제연구소, 2012년 10월)이며 '실버 산업의 현황 이해'를 통해 8개의 산업 분야(여가산업, 정보산업, 요양산업, 교육산업, 금융산업, 주거용품, 용품산업, 문화산업)에서 새로운 직업을 찾을 수 있다. 이처럼 고령화 사회로 진입하면서 시니어 산업을 통해 수많은 직업이 만들어지고 있다. 이 분야는 젊은 사람보다 시니어에게 유리하므로 관심을 가져 볼 필요가 있다. 이런 산업으로의 접근은 전문적 지식도 중요하지만 시니어의 심리적 특성 등을 먼저 이해한 후에 진입해야 한다.

대한상공회의소에서 발표한 '실버 산업 성장률 전망(2010~2020년)' 자료에 따르면 시니어 산업의 성장률을 아주 높게 보고 있다. 기존 산업의 경우 평균 4~6퍼센트의 성장률을 보이는 반면, 시니어 산업의 성장률은 10~25퍼센트까지 발전 가능성이 있다고 전망한다. 최근 시니어 시장의 움직임만 보더라도 대학마다 '실버학과'가 생겨나고 있으며, 고령친화산업(주거, 웰니스Wellness, 생활용품, 요양원, 연구, 개발, 제조, 유통, 판매)과 시니어 컨설팅(컨설팅, 교육, 문화, 여가, 봉사, 노인복지 등), 고령화 정책 등을 통해 시니어 산업이 발전하고 있음을 알 수 있다.

삼성경제연구소에서 '실버 세대를 위한 젊은 비즈니스 5선(選)'을 발표했다.

첫째, 프로액티브 케어Proactive Care 비즈니스다. 시니어들은 신체적 건강뿐 아니라 정신적 건강과 아름다운 외모 등 자존감 유지도 중요하다고 생각하기 때문에 이 비즈니스가 확대될 전망이다.

둘째, 원거리 효(孝) 비즈니스다. 뉴 실버 세대는 효를 중시하기는 하지만 자식과 독립적인 생활을 하기 원한다. 따라서 이에 부응하기 위해

원거리에 있는 자녀를 대상으로 하는 '효상품' 시장이 확대될 것으로
보인다.

셋째, 목적 지향의 휴(休) 비즈니스다. 뉴 실버 세대가 문화의 소외
층에서 주류층으로 자리매김할 것으로 보인다. 한적하고도 조용한 휴
식 외에도 잠재돼 있는 젊은 감각을 일깨우고 새로운 문화를 능동적으
로 체험하는 여가활동이 확대될 전망이다. 예를 들어 이탈리아의 콜로
세움을 여행하고 싶은 사람끼리 모여 2년 정도 여행 준비를 한다. 우선
그 나라의 언어를 배우고 역사와 정치, 문화를 배운다. 그리고 최종적으
로 전문가와 함께 콜로세움을 여행하는 것이 목적인 비즈니스다. 이 비

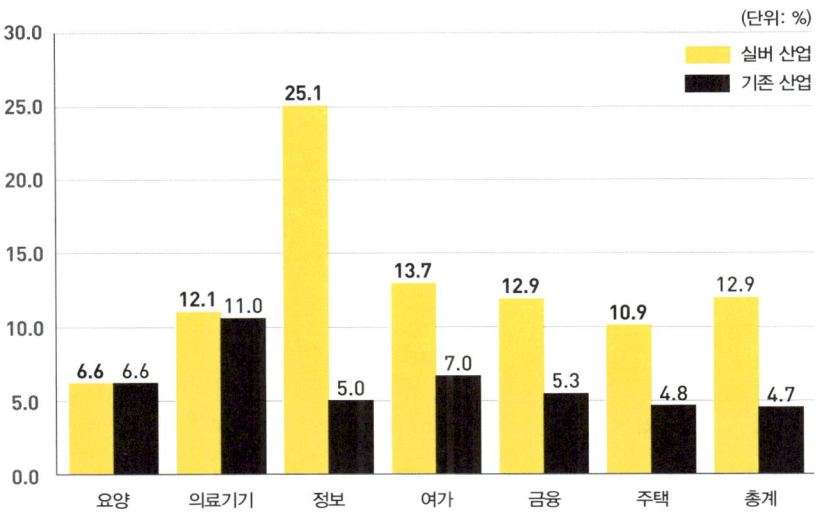

실버 산업 성장률 전망

출처: 대한상공회의소(2010~2020년)

즈니스는 여행만이 아니라 '치유와 회복', '음식 테마', 'SNS 활용' 등 무궁무진한 영역을 가지고 있다.

넷째, 베풂 지원 비즈니스다. 뉴 실버 세대는 사회의 수혜층을 넘어서 사회 기여층으로 바뀔 것으로 보인다. 이들은 정치적 견해를 적극적으로 표출하고 지역사회에 이바지하려는 의지가 강해서 지식 기부 등의 형태로 자신의 전문성을 나누고 타인이 가진 노하우를 받을 수 있는 비즈니스다.

다섯째, 스마트실버Smart Silver 비즈니스다. 뉴 실버 세대는 디지털 둔감층이 아니라 스마트실버 세대다. 이들 세대는 SNS 등 디지털 기계를 사용해야 하는 시대에 살고 있기 때문에 최신 정보기술IT에 민감하고, 이것들을 일상생활에서 자유롭게 이용한다. 따라서 '시니어=아날로그 세대'라는 기존의 틀이 깨지고 있다. 이런 영역들을 눈여겨보고 관심 영역이 있다면 차분히 준비해서 도전해 보는 것도 좋은 기회가 될 수 있다.

시니어 대상의 산업 영역이 블루오션 영역으로 떠오르고 있는 요즘 시니어가 된 베이비부머 세대가 직업활동의 기회를 시니어 시장에서 찾는다면 경쟁력을 갖춘 미래 직업을 갖기 위한 지름길이 될 수 있다.

정부지원제도 활용

먼저 신중년 인생 3모작 10대 계획에 대해서 알아보자. 크게 6종류로 압축할 수 있다. 신중년 고용창출장려금 지원, 신중년 인생 3모작 패키지를 신설하여 개개인의 진로를 컨설팅해 주는 사업, 신중년을 위한 특화 훈련을 확대하여 교육 후 취업과 연계해 주는 사업, 청년층과의 세대 융합형 기술창업 지원 확대, 귀농·귀촌·귀어 지원 확대, 자원봉사 지원 확대 등이다. 그중에서 고용창출장려금(장년취업인턴) 사업에 대해 알아보자.

고용노동부에서는 2013년부터 51세 이상의 연령층에게 장년취업인턴제(www.work.go.kr/seniorIntern)를 실시하고 있다. 전국적으로 약 68개 기관이 지원하고 있으며, 기업과 중견 인력을 연결시킬 뿐 아니라 인건비도 제공하고 있다. 채용 기업에 중견 인력의 인건비 50퍼센트(월 80만 원 한도)를 4개월간 지원하고, 기업에서 중견 인력을 정규직으로 전환할 경우 6개월간 65만 원씩 추가적으로 지원한다. 홈페이지에 들어가면 지역 선정에서부터 신청절차까지 자세히 설명되어 있다. 해마다 기준은 조금씩 바뀔 수 있으나 기업에서도 이 제도를 꾸준히 활용할 것으로 보인다.

다음은 중장년들이 관심을 가져 볼 만한 해외파견사업이다.

먼저 한국국제협력단(KOICA, www.koica.go.kr)의 중장기자문단과 시니어 해외봉사단 등이 있다.

국내 퇴직(예정) 인력의 해외 진출을 활성화하고 우리나라의 경제 발전 경험을 나눠 줌으로써 개발도상국의 경제·사회 개발과 빈곤 퇴치에 기여하는 것을 목적으로 한다. 파견 직종은 경영·경제에서부터 축산·

토목·환경 등 전 분야에 걸쳐 희망자를 모집하고 있다. 특히 전력·화학 등 기술 분야에 대해서는 지원자가 부족한 실정이다. 해외 파견 기간은 6개월~2년이다. 5회까지 연장 신청을 할 수 있어서 10년 동안 시니어봉사단으로 해외에 거주하기도 한다. 주거비를 포함해 현지 생활비(4000달러/월)를 지원하고, 현지 활동지원비(500달러/월)와 왕복항공료(실비), 출국준비금(50만 원), 재해보험료 등을 지원해 준다. 해마다 지원 기준은 조금씩 바뀔 수 있다. 영어나 자국어를 잘하고 자신의 기술과 노하우를 나누고 싶은 사람이라면 해외생활을 경험할 기회와 커리어도 쌓을 수도 있어 일석이조다.

둘째, 정보통신산업진흥원(NIPA, www.nipa.kr)의 퇴직 전문가 해외 파견사업이 있다.

과학기술 분야의 전문성을 갖춘 퇴직(예정)자를 모집하는데, 경제 발전 기반이 어느 정도 조성된 중·고소득 개발도상국을 대상으로 한국형 공공서비스 모델을 개발하여 노하우 공유를 통한 개발도상국의 경제·사회 개발에 기여하는 것을 목적으로 한다. 파견 국가는 26개국으로 6개월에서 1년간 지원한다(1회에 한해 연장 가능). 선발 인원이 60명 내외로 적지만 경쟁률이 낮다. 현지 생활비(주거비 포함)를 비롯해 활동비와 항공료, 재해보험료 등 연간 7000~8000만 원을 지원하고 있으며 근무하는 곳이 공공기관인 경우가 많다. 대상자는 50세 이상으로, 공공 부문에서 재직한 후 퇴직했거나 퇴직 예정인 자 또는 민간 부문에서 해당 분야 10년 이상 경력을 가진 퇴직(예정)자다. 현지 언어 또는 현지에서 통용되는 공용어로 의사소통이 가능해야 하며, 영어로 강의하고, 자문과 보고서 작성 등이 가능한 사람을 선발하기 때문에 경쟁률이 낮다.

셋째, 한국연구재단(www.nrf.re.kr) 개발도상국 과학기술지원단이 있다.

에너지와 생물자원 등이 풍부하고 잠재적인 고급 인력 집단을 가진 개발도상국에 우리가 보유한 과학기술 분야를 진출시켜 개도국과의 전략적인 협력을 도모하는 것이 목적이다. 파견 국가는 49개국으로 파견 기간은 1년이다(1회에 한해 연장 가능). 선발 인원은 35명 내외로 적지만 경쟁률이 아주 낮고 현지 생활비(주거비 포함)와 활동비, 항공료, 재해보험료 등 3500만 원 정도가 지급된다. 근무하는 곳은 사무실에 인터넷 등이 구비된 공기업일 가능성이 높으며, 근무 제공 시설은 현지 사정에 따라 다르다. 이공계와 과학기술 분야의 학사 이상(석, 박사 우대)으로 현지 언어 또는 현지에서 통용되는 공용어로 의사소통이 가능하며, 영어로 강의할 수 있고, 자문과 보고서 작성 등이 가능한 사람으로 지원 자격을 한정하고 있다.

마지막으로 교육관련 정부지원제도이다.

정부에서는 중장년층을 위해 무료교육을 지원·확대하고 있다.

첫째, 특화훈련 확대 교육이다. 2013년에 10여 개 교육과정을 시작으로 점점 확대되다가 2017년에는 폐지되었다. 그러나 2018년부터 다시 시행할 전망이다. 이는 산업인력공단(www.hrdkorea.or.kr) 홈페이지의 공지사항을 통해 여러 교육과정과, 위탁 전문업체, 연락처 등을 알 수 있다.

둘째, 지역별 여성능력개발센터를 통해서도 교육참여가 가능하다. 여성능력개발센터지만 남성도 20퍼센트 선에서 참여가 가능하다. 주로 건강, 상담(코치), 교육, 식음료, 컴퓨터 등 섬세한 교육과정이 많다. 이곳은 약간의 실비가 발생할 수 있다.

셋째, 지역맞춤형 일자리 창출지원사업 교육이다. 고용노동부에서 지원하며, 지역고용네트워크 사업(www.reis.or.kr)으로 전국에서 700여 개 교육이 이루어지고 있다. 이 과정들을 잘 살펴보면 자신이 흥미로워하는 분야의 교육을 찾을 수 있고, 최근의 핫 이슈인 여러 가지 과정들도 개설되어 있다.

넷째, 기술원교육과정으로 기숙사비와 교육비가 무료다. 서울의 경우는 중부기술원(http://www.jbedu.or.kr), 북부기술원(http://www.bukedu.or.kr), 남부기술원(http://www.nbedu.or.kr), 동부기술원(http://www.dbedu.or.kr)이 있다. 경기도의 경우 기술학교라고 부른다. 대부분의 지자체에서는 기술원을 운영하고 있는데, 교육 후 취업까지 연계하는 과정으로 구성되어 있다. 상반기와 하반기에 두 차례 모집을 한다.

전직을 위한 국가지원기관

· 장년취업인턴제 고용노동부 http://www.work.go.kr/seniorIntern/main.do

· 중견인력재취업지원 http://hi50.korchamhrd.net

· 노사발전재단 전직 지원 서비스/ 중 · 장년 일자리 희망센터

  www.newjob.or.kr

· 고용노동부 워크넷 www.work.go.kr

· 소상공인시장진흥공단 www.semas.or.kr

· 창업넷 http://www.changupnet.go.kr

· 한국시니어클럽 www.silverpower.or.kr

· 사회적기업진흥원 www.socialenterprise.or.kr

· 한국국제협력단(코이카) www.koica.go.kr

· 서울시50플러스재단 http://50plus.or.kr

3장

잡테크,
취미를
활용하는 법

자손들에게 대대로 물려 줄 수 있는 가구를 만드는 것이 서수영 씨의 꿈이다.

집안에 있는 반닫이 가구는 증조할아버지가 물려 주신 것으로

이사 다닐 때마다 조심스럽게 가져가는데

그런 가구를 만드는 게 그의 꿈이 되었다.

목수 일을 취미로 갖게 되면서 그에게 새로운 계획도 생겼다.

꿈꾸어 오던 직업에 대한 탐색

예전부터 관심이 있었거나 꼭 해 보고 싶었던 일이 있는가? 오래 전부터 꿈꾸어 오던 직업이 있었는지 다시 한 번 곰곰이 생각해 보라. 그런 직업을 꿈꾸었음에도 불구하고 한 가정의 가장으로서 책임을 다하고, 자식을 위해 최선을 다하느라 그 기회를 잡지 못했을 수 있다. 그렇다면 과감히 제2의 직업으로 도전해 보는 것도 좋다. 바로 지금이 그 일을 할 기회이고, 마지막 선택의 기회일 수도 있으므로 용기를 내라.

교장으로 정년퇴직을 한 후 자신이 꿈꾸던 '마술의 세계'에 푹 빠져 행복한 삶을 살고 있는 사람을 본 적이 있다.

"그동안 관심을 갖고 꾸준히 연습해 마술 공연을 했는데, 그 모습에 감동한 참가자가 강사로 초빙했어요. 그 일이 계기가 되어 또 다른 직업을 갖게 된 거죠."

요즘 이런 연쇄반응으로 예상치 못한 기회를 갖게 된 사람들의 이야기를 종종 듣는다. 어린 시절에 꿈꾸었던 직업이나 최근에 관심 가는 일을 그냥 지나치지 말고 적극적으로 계발하다 보면 뜻하지 않은 곳에서 새로운 기회를 만날 수 있음을 잊지 마라. 또한 의외로 많은 사람이 자신의 행복에 초점을 맞춘 직업을 선택하고 만들어 가고 있다는 사실을 기억하길 바란다.

미술지망생이었던 박도경 씨는 중학교 때 전국미술대회에서 대상까지 받은 적이 있다면서 늦은 나이지만 지금이라도 미술 공부를 다시 시작하고 싶다고 했다.

"고등학교에 진학할 때 집안형편이 어려워 국가에서 지원하는 구미의 기숙사 학교로 진학하면서 미술에 대한 꿈을 접었습니다."

며칠 후 남편의 진로를 걱정하던 박도경 씨의 아내가 사무실을 직접 방문했다.

"며칠 전 아침 운동을 위해 골프 연습장을 찾았다가 연습용 공에 그림이 그려져 있는 걸 봤어요. 처음에는 어른이 다 된 아들이 장난을 친 거란 생각이 들어 짜증이 났죠. 그런데 그날 저녁 남편이 매직펜으로 그 작은 공에 삽화 그리는 모습을 보고는 가슴이 찡했습니다."

그 이야기를 듣고 이렇게 물었다.

"혹시 남편을 적극적으로 지원해 주고 싶으신지요?"

이 질문에 박도경 씨의 아내는 두 가지 생각이 왔다 갔다 한다고 대답했다.

그 후 박도경 씨에게 따로 취미활동에 대해 진지하게 고민해 보길 권했다. 앞으로도 이런 기회가 온다는 보장도 없으니 이번 진로 상담 때 함께 고민해 보는 게 어떠냐고 조언했다.

대화를 나누는 동안 꿈을 실현하는 것과 가족의 생계를 책임져야 하는 문제에 대해 공감하는 바가 많았다. 그래서 먹고사는 문제에 대해서도 적극적으로 방향을 찾아보기로 하고 활동 계획을 수립했다. 우선 박도경 씨의 경우 평생직업과 취미생활을 구분하여 시간관리를 철저히 해야 한다는 점을 강조했다. 그림 공부는 주말을 이용하도록 계획표를 짰다. 자신의 역할과 현실적인 문제를 무시하고 개인의 즐거움만 추구한다면 결코 행복해질 수 없으며, 오랫동안 그 일을 즐길 수도 없다.

최근에는 오랜 시간 꿈꾸어 오던 일을 적극적으로 추구하는 액티브 중·장년층이 늘어나고 있다.

매년 백두대간을 등반하는가 하면, 시니어 배우나 모델로 데뷔하기도 하고, 드럼 등 악기를 배우다가 아예 밴드를 만들어 로커로 변신해 새로운 삶을 살기도 한다. 50대까지 슈퍼마켓을 운영했다는 K씨는 평소 관심이 많았던 춤을 배워 팝핀 댄스에 빠져 지내고 있다. 또한 대학에서 정년퇴직을 한 J씨는 스포츠댄스 강사로 활동하며 실버 가수로 데뷔해 다양한 행사에 초청받는 등 꿈을 실현하기 위해 시간과 경제적 투자를 아끼지 않고 있다. 고혈압과 당뇨로 운동을 하지도 못했던 대기업 간부 출신 B씨는 체계적인 건강관리를 시작하더니 이종격투기에 도전했고, 마라톤 선수로도 활동하는 등 활기 넘치는 삶을 살고 있다. 또 어떤 이는 누드크로키 작가로 활동하는가 하면, 사진작가로 전국 방방곡곡을 누비기도 한다. 또 다른 이는 전국의 5일장을 찾아다니며 사진을 찍고 기록으로 남겨 테마여행 책을 쓰기도 하고, 자서전을 쓰며 지난 인생을 돌아보고 미래를 계획하기도 한다. 의사로 활동하다가 50대 중반에 병원장 제의를 거절하고 자연인의 삶을 선택한 E씨도 있다. 그동안취미 삼아 했던 목공예를 체계적으로 연구하고 즐기기 위해서였다.

이처럼 후반부의 인생을 미리 준비하는 경우 자신이 즐기고 좋아하는 취미를 직업으로까지 이어 가는 긍정적인 사례가 많다는 점을 기억하기 바란다.

취미를 직업으로 연결

유인호 씨는 정년퇴직과 동시에 학원을 시작했다.

"퇴직하기 7년 전에 우연히 색소폰 동호회를 통해 악기를 배우기 시작했는데, 지금은 남들이 부러워할 정도의 실력을 갖추게 되었어요. 한 달에 한 번 봉사활동까지 나갑니다."

그는 시간 날 때마다 동료들에게도 색소폰을 배워 보라고 적극적으로 권했다. 누가 봐도 색소폰에 빠져 있다고 느낄 만큼 모든 대화를 색소폰으로 시작해서 색소폰으로 마무리하더니 급기야는 학원까지 차린 것이다.

"월 수강료를 10만 원으로 했어요. 수강료가 저렴해 다른 학원들에 비해 부담 없어서 그런지 6개월 만에 손익분기점에 도달했습니다."

그리고 의대 교수를 지낸 서수영 씨는 취미로 목수 일을 하고 있다. 이 일을 접하게 된 데는 남다른 계기가 있었다.

"1996년 미국에서 교환교수 생활을 할 때 종종 여유가 생기면 텔레비전을 보곤 했는데 영어듣기가 수월치 않아 NBA 농구 외에는 볼 만한 프로그램이 없더라고요. 그러던 어느 날 화단 가꾸기, 집 수리하기, 가구 만들기 등 단독주택에 사는 미국인들을 위한 HGTV^{Home & Garden TV}라는 새로운 채널을 발견했죠. 제대로 알아듣진 못했지만 눈으로 보기만 해도 어떻게 만드는지 알 수 있어 저절로 관심이 가더라고요. 그러다가 연장만 있으면 나도 똑같이 만들 수 있겠다는 자신감이 생겨 쇼핑하러 나갔다가 1단짜리 책꽂이용 목재를 사 온 것이 시작이었어요."

그 일은 서수영 씨의 운명을 바꾸어 놓았다. 생활용품을 직접 만들어 사용해 보니 그 재미가 남달랐던 것이다. 지금은 침대도 만들고 제법 수준 높은 가구를 만들 만큼 실력이 늘었다.

자손들에게 대대로 물려 줄 수 있는 가구를 만드는 것이 서수영 씨의 꿈이다. 집안에 있는 반닫이 가구는 증조할아버지가 물려 주신 것으로 이사 다닐 때마다 조심스럽게 가져가는데 그런 가구를 만드는 게 그의 꿈이 되었다. 목수 일을 취미로 갖게 되면서 그에게 새로운 계획도 생겼다.

먼저, 도시에서도 목공을 할 만한 작은 공방이 가까운 거리에 있었으면 좋겠다는 생각이 든 것이다. 저녁을 먹고 아들과 함께 공방을 찾아가는 풍경을 그려 보곤 한다. 아버지와 아들이 조그만 가구를 함께 만들어 그것을 볼 때마다 함께했던 시간을 떠올리고 할아버지가 손자에게, 아들이 어머니에게 가구를 만들어 선물하는 모습을 보고 싶다고 한다. 두 번째, 목공을 특별활동 프로그램에 넣는 것으로 시작해 중·고등학교 정규 과목으로 편성하는 것이라고 한다. 미국의 고등학교에는 목공 수업이 있는데, 우리나라의 교육 과정에도 이를 도입하여 DIY 산업을 일으키겠다는 꿈을 품고 있다. 세 번째, 목공 전문 잡지를 창간하는 것이다. 네 번째, 목공 관련 텔레비전 프로그램을 만드는 것이다. 다섯 번째, 우리의 전통 가구를 외국에 소개하는 일이다. 중국과 일본 가구는 서양에 소개되어 있는데 우리나라 가구만 유독 알려져 있지 않다고 한다. 마지막으로 언젠가 직접 집을 짓는 것이 또 다른 꿈이라고 한다. 그래서 지금 굴삭기 기사 자격증을 공부하는 중이라고 한다.

이렇게 취미를 통해 직업을 갖기도 하고, 사업가나 운동가로 변신할 수도 있다.

징검다리 직업이 필요할 땐?

아르바이트 시장에서는 지금까지의 고정관념을 무너뜨리는 일이 종종 일어난다. 프랜차이즈 매장만 보더라도 과거에는 젊은 사람들을 고용해 아르바이트로 활용하는 경우가 대부분이었다. 그런데 아르바이트 생들이 아직 어리다 보니 무단 결근을 하거나 말없이 그만두는 일이 자주 일어나 고용주의 입장에서는 난감한 경우가 종종 벌어졌다. 이런 일이 반복되자 고민 끝에 시니어들을 채용해 봤는데 이들은 결근도 없을 뿐 아니라 지각하는 경우도 거의 없었다. 이처럼 시니어에 대해 성실하다는 인식이 늘면서 최근에는 대형 프랜차이즈를 중심으로 시니어 채용이 증가하고 있다. 반면에 시니어 시장이라고 보았던 아파트를 비롯한 건물 경비의 경우 경비 시스템 장비를 설치하고 기계를 쉽고 편하게 다루는 젊은 층을 채용하고 있어 기존의 채용 시장과는 다른 양상을 보이고 있다.

하고자 하는 직업을 찾거나 그것을 준비하는 기간이 너무 오래 걸린다면 그 중간에 단순 업무를 해 보는 것도 좋다. 무엇을 하든 간에 일단 시작하면 무언가 할 수 있다는 자신감이 생기고 앞으로 나아갈 수 있는 용기도 생긴다. 어딘가로 움직일 때는 제자리 뛰기보다 도움닫기를 통해 뛰는 것이 당연히 수월하다.

류종진 씨는 30여 년간의 공직생활을 마무리하고 퇴직했다. 퇴직하고 2개월이 지났을 무렵 그가 사무실을 찾아왔다.

"집 근처 주유소에서 주유원을 채용한다는 공고가 났는데, 그 일을 해 보면 어떨까 고민하고 있습니다."

우선 가족들의 반응이 어떤지 물었다.

"가족들과 아직 의논해 보지 않았지만 반대한다면 설득할 수 있을 것 같아요."

이번에는 자녀들의 상황이 어떤지 물었다.

"큰아들은 결혼했고 둘째 아들은 직장에 다니고 있는데 굳이 반대하지 않을 겁니다."

가족 얘기를 끝내고 그는 이렇게 말했다.

"그동안 한 번도 해 본 적이 없는 일이지만 집에서도 가깝고 골치 아플 일 없는 단순한 직업을 갖고 싶다는 생각이 들어요."

오랫동안 공직생활을 해 왔으니 자존심이 상하거나 육체적으로 힘들지 않겠느냐고 물었다.

"몸쓰는 일을 해 본 적이 없어서 뭐라 말하기는 어렵지만 꼭 한 번 해 보고 싶습니다."

그러고 나서 류종진 씨는 매일 아침 7시부터 오후 2시까지 일을 하게 되었는데, 오후 2시 20분이 되면 어김없이 우리 사무실에 들른다. 아내 몰래 주식을 조금 하고 있어 우리 사무실에서 '사자·팔자 주문'을 넣고 3시쯤 집으로 향한다. 주유소에서 일한 지 1개월 정도 지났을 무렵 그가 이런 말을 했다.

"30년 이상을 공무원으로 지내면서 배웠던 것보다 한 달 동안 주유소 아르바이트를 하면서 세상을 더 많이 알게 되었습니다."

주유소 일을 시작한 지 3개월쯤 지나자 단골손님이 생기기 시작했는데, 지금은 단골손님이 많아져 그만두기도 어렵다며 짐짓 곤란한 표정까지 지어 보였다. 지금 그는 5년째 주유원으로 일하고 있다.

단순 직업을 선택할 때 '타인이 나를 어떻게 볼까?'라는 질문에 당당하게 대답할 수 있다면 한 번 도전해 보길 권하고 싶다. 사실 직업에는 귀천이 없다고들 말하지만 자신이 받아들이기 힘든 직업이라면 스스로를 괴롭히는 일밖에 안 되기 때문이다.

박용범 씨(58세)는 2년째 일자리를 찾기 위해 노력했지만 나이와 지나치게 화려한 경력 때문인지 쉽지가 않았다. 여러 가지 방법으로 새로운 일자리를 찾아보았지만 될 듯하다가 번번이 실패하고 말았다. 아무 일도 하지 않고 2년이라는 시간을 보내다 보니 자신의 존재가 한심하다는 생각이 들었다. 무엇보다 자신이 중요하게 생각하는 열정이 사라진다는 생각이 들어 견디기 힘들었다. 그래서 우선 단순한 일자리라도 알아봐야겠다고 마음먹었다.

그렇게 결심하고 보니 의외로 일자리가 많았다. 박용범 씨는 '중·장년 취업박람회'를 통해 한 패스트푸드 프렌차이즈점에서 일하고 있다. 취업 박람회에 가 보면 '시간제 일자리'라는 부스가 있는데, 그곳에는 유통, 서비스 업종의 단순 일자리가 많다. 영화관 보조 일자리, 프랜차이즈점의 단순 일자리 등 시간도 마음대로 선택할 수 있다. 그는 "이런 정보를 진작에 알았으면 좋았을 텐데……."라며 무척 아쉬워했다. 그는 하루 4시간만 일하기로 마음먹고 첫발을 내디뎠다. 막상 출근하겠다고 마음먹고 나니 '내가 이런 일을 하려고 2년이나 기다렸나?', '노동시장에서 내 가치가 이것밖에 안 되나?' 하는 생각이 든다며 우울해했다. 그러나 '더 이상 무의미하게 인생을 낭비해서는 안 된다는 확고한 의지와 건강한 육체활동을 발판으로 정신적인 에너지도 모아야겠다'는 신념에는 변함이 없었다. 그는 2년째 일 없이 구직활동을 하는 자신의 존재가치에 대해 의구심마저 들어 자신감이 점점 사라지고 있었던 것이다.

박용범 씨는 마음을 어지럽히는 여러 갈등을 뒤로하고 일을 시작했는데, 막상 일을 하고 보니 입맛도 좋아지고 용돈도 생기니 좋았다. 그리고 자신이 가진 것이 참으로 많다는 것을 비로소 알게 되었다. 연금 덕분인지 모르겠지만 용돈벌이만 하면 된다고 생각하니 고정적인 일자리가 감사하기까지 했다. 패스트푸드점에서는 그가 능숙하게 일 처리를 하자 더 많은 시간을 일해 주기를 원했지만, 이제는 일이 전부인 생활로 돌아가지 않겠다고 한다. 즐길 수 있는 여가시간이 꼭 필요하므로 4시간만 일하기로 결정한 것이다.

사회공헌 일자리

사회공헌 일자리는 만 50세 이상의 퇴직 인력이 사회적 기업이나 비영리단체 등에서 자신의 재능을 기부하도록 지원하는 사업이다.

인사·노무, IT정보화, 교육·연구, 경영·전략, 마케팅·홍보, 법률·법무, 문화·예술, 행정 지원, 재무·회계·금융, 외국어, 상담·멘토링, 사회 서비스, 기타 등 13개 분야다. 자원봉사와 일반적인 직업의 중간 단계로 하루 2만 4000원 정도의 지원금을 받는다.

매년 초에 이 사업을 실행할 위탁기관을 선정하므로 2~3월은 되어야 신청이 가능하며, 10월경에는 사업이 마무리된다. 이 기간을 잘 기억해 두었다가 적어도 6월 안에는 신청하면 좋다.

고용노동부에서는 전문 경력 퇴직자를 적극적으로 활용하기 위해 사회공헌 일자리를 만들고 있다. 사회공헌 일자리는 적은 금전적 보상에도 불구하고 자기만족도와 성취감이 큰 봉사활동(사회공헌 활동)에 관심이 많은 퇴직 인력 등이 참여를 희망한다. 현재 정부와 기업에서는 사회공헌 일자리를 정식 일^{work}의 개념으로 받아들이고 구체적인 방향을 제시하고 있다.

최근 들어 사회양극화, 저출산과 고령화, 실업률 상승에 따른 사회문제가 갈수록 심각하고 사회적 욕구도 다양해지고 있다. 이런 욕구들을 해소하기 위해 정부는 중·고령자의 실무 지식과 직장생활 경력을 활용할 수 있는 사회공헌 일자리를 만들고 있으며, 이런 사업을 위한 기업 참여와 지원자 참여를 활성화시키고자 한다. 비영리기관 등 제3섹터(공공 부문과 민간 부문이 공동으로 출자한 민관 합동 법인)는 사회공헌과 함께 적정한 소득이 보장될 수 있는 일자리이므로 이를 적극적으로 활용해 보는 것도 한 가지 방법이다.

자원봉사는 교육, 복지, 환경 등 필요한 사회 서비스를 제공하지만 보수가 거의 없고 자발적이다. 반면 사회공헌 일자리는 탄력적 참여 시간, 활동비 지원 등을 통해 유휴 노동력의 노동시장 참여를 유도하고 지속적으로 활동(취업, 자원봉사)하도록 지원하는 사업이다. 많은 비영리기관들은 제한된 예산 때문에 고급 인력 확보에 어려움을 겪고 있는데, 이런 비영리기관에서 경험과 전문성을 갖춘 퇴직자들이 일함으로써 퇴직자와 비영리기관 모두 시너지 효과를 얻을 수 있다. 이미 경제협력개발기구 소속 선진국에서는 50대 이상의 건강한 퇴직자들이 비영리기관에서 다양한 형태로 활동하고 있다.

우리나라 비영리단체는 2만 2000~2만 5000여 개가 있다. 사회적 기업까지 합친다면 더 많은 민간 비영리기관이 존재한다. 선진국인 미국의 경우 180만 개 이상(미 국세청 IRS에 NPO로 등록한 단체 포함)이며, 우리나라도 이 분야가 지속적으로 커질 전망이다.

민간 비영리기관 분야의 일자리는 근무 형태가 다양하고 업무량의 탄력적 적용이 가능해서 중·장년층에게 적합하다. 사람은 나이가 들수록 경제적 소득보다는 사회공헌 활동처럼 보람된 '일'에 대한 욕구가 커지기 때문에 관심을 가져 볼 만하다.

이 외에도 유급 근로와 자원봉사를 결합하는 일자리 창출 모델로 '사회공헌형 유급 근로'가 있다. 현재 생계 걱정이 없는 유휴 인력의 노동시장 참여를 유도하고, 취업 지원을 통해 지속적인 활동을 지원하는 방향으로 사업이 추진되고 있다.

은퇴하면 크게 2가지 면에서 일이 필요하다. 첫 번째는 생계를 위해서다. 가족의 생계를 책임져야 하기 때문에 연봉도 따져야 하는 등 선택의 폭이 그리 크지 않다. 두 번째는 자신의 존재가치와 자아실현을 위해 소속감이 필요하다. 단순 직업도 좋지만 회사에서 20~30년의 경력을 가진 전문직 퇴직자는 단순 일자리를 선택하기가 쉽지 않다. 그런 경우 정부에서 지원하는 사회공헌형 일자리를 찾아보기를 권한다. 예를 들어 대구시청과 대구경영자총협회가 컨소시엄을 해서 지원하는 '중소기업 멘토' 제도는 전문직 퇴직자가 중소기업에 재능기부를 하는 경우다. 많은 중소기업이 자금과 인력 부족을 겪고 있는데, 일부 기업은 사장의 독단으로 기업경영이 이루어지고 있다. 이런 중소기업에 자신의 재능을 기부하는 것이다.

세무·회계 관련 업무, 인사·노무 관련 업무, 무역 관련, 일반행정 등 지원할 부분은 참으로 많다. 이는 지자체의 자금으로 지원하고 사회공헌 일자리까지 찾아주기 때문에 훨씬 쉽게 자신의 재능기부를 시작할 수 있다. 그리고 고용노동부에서 지원하는 사회공헌 활동형 지원사업도 눈여겨볼 만하다. 사회적 기업이나 예비 사회적 기업, 마을기업, 협동조합, 비영리기관, 공공행정기관에서 자신의 경력을 재능기부하도록 지원해 주고 있다. 재능기부를 통해 자신감을 얻고, 사회구성원으로서 소속감과 인정을 받을 수 있을 뿐만 아니라, 자신이 추구하는 가치를 실현할 수 있는 기회가 되고 있다.

현 정부는 사회적 경제(사회적 기업, 협동조합, 마을기업 등) 영역이 새로운 일자리의 보고라고 판단하고 13만 개의 일자리를 창출하겠다고 발표했다.

— 「사회적 경제 활성화 방안」 핵심 과제를 통해

블루오션, NPO의 세계를 찾아서

NPO란 Non Profit Organization으로 비영리 조직 또는 단체를 말하는데, 영리를 목적으로 하지 않고 사회 각 분야에서 활동하는 시민단체를 의미한다. NPO 단체를 만드는 데는 특별한 제약이 없기 때문에 원하는 대로 만들면 된다. 또한 허가, 등록, 신고 등을 할 필요도 없다. 미션과 목표가 있으면 누구나 설립할 수 있으며, 아침에 일어나 간판 하나만 내걸면 된다.

NPO는 상상과 열정만 있으면 누구나 참여가 가능하다. NGO와 NPO는 장년층의 활동무대다. 최근에는 정부 프로젝트들도 베이비부머를 대상으로 보건복지부, 고용노동부, 사회적기업진흥원 지자체 등에서 발주하고 있으며, 주로 비영리단체를 통해 실행에 옮기고자 한다.

관련 단체로는 녹색연합, 한국 월드비전, YMCA, YWCA, 경제정의실천 시민연합, 민주언론운동 시민연합 등 굵직굵직한 단체가 있고 그 외에도 지역마다 경기민청, 구미녹색교통, 생태 낙원화 포럼, 수돗물 시민회의, 파란생명 평화순례단 등 환경단체를 비롯해 소규모 단체가 많다. 아름다운 세상 만들기, 탈북난민보호운동 본부, 납북자가족협의회, 생명나눔운동 본부, 아름다운 재단 등 북한과 세계 아동의 기아 문제를 해결하고자 하는 모임도 있다.

최근에는 기존의 단체 외에 필요에 따라 새로운 아이디어를 접목한 사회적 기업, 협동조합, 마을기업 등이 활성화되어 가치관과 뜻이 맞는 사람들이 새로운 사업을 시작하고 있다. 이에 대한 정부지원제도도 2018년부터 다양하게 쏟아질 것으로 예상되니 적극적으로 활용하기 바란다.

미국의 NPO 단체는 87만여 개인 데 반해 우리나라는 2만 3000여 개 단체가 있다. NGO 단체도 미국은 60만여 개인 데 반해 우리나라는 1만여 개 단체로 그 수가 적다. 자원봉사 활동이 국가경쟁력을 보여 주는 척도라고 할 때 우리나라는 미국과 비교하면 큰 차이가 나고 다른 선진국에 비해서도 많이 부족한 실정이다.

정부나 가족 구성원들이 시니어를 사회적 부담의 객체로 여기고 그들에게 무언가를 만들어 줘야 한다는 부담을 가질 것이 아니라 시니어들이 살아오면서 갖게 된 노하우와 경륜, 기술, 지식, 지혜 등을 자원봉사나 사회에 환원할 수 있는 계기로 만든다면 우리 사회의 엄연한 주체이자 객체로 거듭날 수 있으리라고 본다. 따라서 사회공헌에 대한 마인드를 가졌다면 지역 시민단체, 대안학교, 국제 구호단체 등 여러 비영리단체의 상근 활동가, 대표, 자문위원, 자원봉사자 등 여러 형태로 참여할 수 있다.

예를 들어 안양실버포럼의 경우 22개에 달하는 사업을 하고 있다. 이 단체는 2005년 11월 '베푸는 노인문화(신 노인문화)'를 표방하며 창립되었다. 안양시에 거주하는 60세 이상 시니어들이 회원으로 참여하여 그들이 가진 에너지(지식, 경륜, 전문성, 재력, 인맥 등)를 집결시켜 지역사회 발전과 시니어층의 자기계발을 도모하는 신 노인문화 운동단체라고 할 수 있다.

이 단체의 운영 방침은 다음과 같다.

첫째, 다양하고 폭넓은 봉사활동을 통해 지역사회 발전을 도모하고, 사회 참여를 통해 노년기에 느끼는 소외감에서 벗어나 노년층의 사회성을 제고한다.

둘째, 유익한 지식과 정보 습득을 위해 훌륭한 강사를 초청하는 등 특강을 제공한다.

셋째, 전문성을 갖춘 회원이 특강을 통해 '지식 기부'를 창출한다,

넷째, 관련 세미나나 패션쇼, 박람회, 미술관 관람, 실버타운 체험, 봉사활동 등 다양한 현장 체험을 통해 활기찬 노년생활을 추구한다.

이제 이곳의 사업 영역은 22개로 크게 늘어났는데, 활동을 하면서 사업 영역이 점점 눈에 들어왔고 필요성도 늘었기 때문이다. 그 밖에 교육과 소양 분야 6개 사업, 지역사회 봉사 분야 6개 사업, 문화예술과 현장 체험 분야 6개 사업, 여가 선용과 스포츠 분야 1개 사업(실버 축구단 운영), 지역공동체 형성 분야 1개 사업, 온라인 실버포럼 구성 분야 1개 사업, 노인 일자리 창출 분야와 시공영주차장 위탁관리 1개 사업(안양시와 안양실버포럼 간 임대계약 체결) 등이 있다.

이들 사업 가운데서도 독거노인 지킴이 사업이 가장 인기가 높다. 경기도의 지원을 받아서 회원들과 생활이 어려운 독거노인들이 일대일 자매결연을 맺어 '안부전화와 문화 체험' 등을 함께하며 친구가 되는 사업이다. '예술공원 지킴이 사업'은 안양시의 지원을 받아 활동하며, 안양예술공원 내에 설치되어 있는 예술작품과 공원을 찾는 행락객 그리고 공원 내의 하천을 관리하는 일을 한다. '사랑의 우산 빌려주기 사업'은 회원들이 직접 수선 작업을 거친 우산을 지역 내의 중·고등학교에 비치해 놓고 학생들이 이용하도록 하는 사업이다.

2006년에는 보건복지부 노인복지 우수 프로그램으로 인정받아 국무총리상을 수상하기도 했으며, 다른 기관과 단체로부터 벤치마킹의 대상이 되고 있다. 안양실버포럼은 회원들이 회비를 내서 자발적으로 운영하는 자생 단체다. 회원들은 포럼의 활동을 통해 사회적으로 위축되고 있다는 위기감에서 벗어나 적극적이고 긍정적인 사회 참여의 모습을 보여 줄 뿐 아니라 비회원 노인들에 비해 높은 자존감을 보인다. 이처럼 조그맣게 시작한 비영리단체 구성을 통해 큰 사업으로까지 연계될 수도 있다.

사회적 기업 만들기

사회적 기업은 한마디로 비영리 조직과 영리 기업의 중간 형태로 사회적 목적을 추구하면서 영업활동을 하는 기업이다. 즉 취약계층에게 사회 서비스나 일자리를 제공하여 지역 주민의 삶의 질을 높이는 사회적 목적을 추구하면서 생산·판매 등 영업활동을 벌이는 기업을 말한다. 영리 기업이 이윤 추구를 목적으로 하는 데 반해 사회적 기업은 사회 서비스를 제공하고 취약계층의 일자리 창출을 목적으로 한다는 점에서 영리 기업과 차별성을 지닌다.

사회적 기업의 주요 특징으로는 취약계층에 일자리와 사회 서비스 제공, 사회적 목적 추구, 영업활동 수행, 수익의 사회적 목적 재투자, 민주적인 의사결정 구조 등을 들 수 있다.

유럽과 미국 등 선진국에서는 사회적 기업이 1970년대부터 활동하기 시작했으며, 영국에서는 5만 5000여 개의 사회적 기업이 다양한 분야에서 활동 중이다(2006년 전체 고용의 5퍼센트, GDP의 1퍼센트를 차지하고 총 매출액은 약 50조 원). 한편 우리나라에서는 2007년 7월부터 고용노동부가 주관하여 시행되고 있다.

세계적으로 유명한 사회적 기업을 예로 들면 요구르트 회사인 '그라민-다농 컴퍼니', '피프틴' 레스토랑, 잡지 출판과 판매를 통해 노숙자의 재활을 지원하는 '빅이슈', 가전제품을 재활용하는 프랑스의 '앙비', 저개발국 치료제 개발과 판매기업 '원월드헬스' 등이 있다.

국내에서도 재활용품을 수거하여 판매하는 '아름다운 가게', 지적 장애인이 우리 밀 과자를 생산하는 '위캔', 폐타이어 등 재활용품을 이용해 만든 악기로 소외계층을 위한 공연을 하는 '노리단', 컴퓨터 재활용 기업 '컴윈', 친환경 건물 청소업체 '함께 일하는 세상', 장애인 모자 생산업체 '동천모자' 등이 사회적 기업으로 알려져 있다.

사회적 기업의 사례로는 청각장애인들의 보청기 구입비 부담을 덜어 주겠다는 취지로 설립된 딜라이트가 있는데, '서울형 사회적 기업(서울시에서 고용노동부가 인증하는 사회적 기업 요건에는 다소 미치지 못하지만 잠재력을 갖춘 예비 사회적 기업으로 지정)'으로 주목받고 있다. 이 기업체는 청각장애인들에게 보청기가 일상생활에 없어서는 안 될 필수품이지만 가격이 만만치 않다는 점에 착안해 설립되었다. 일반적으로 사용하는 보청기 가격은 70만~150만 원에 달해 저소득층에게는 비싼 물건이다. 그래서 딜라이트는 보청기 가격을 34만 원으로 낮췄는데, 김정현 대표는 어떻게 저렴한 가격에 보청기를 보급할 수 있었는지 설명해 주었다.

"제품 가격에서 거품을 빼고 최소한의 수익을 내기 위해 인건비나 유통비를 최대한 아꼈습니다."

처음에는 온라인을 기반으로 회사를 운영했지만 다행히 딜라이트를 찾는 고객이 점차 늘어 어느새 9개의 오프라인 지점이 생겨났다. 전체 직원은 41명으로 모든 지점이 직영으로 운영되고 있다.

또한 혁신형 사회적 기업인 조그만 도시락 가게 '소풍 가는 고양이'는 청소년 4명과 어른 4명으로 구성되어 있다.

"어른도 성장하고 청소년도 함께 성장하는 회사가 우리의 진짜 목표예요."

대표 박진숙 씨는 '일과 삶의 균형'을 중시한다는 회사 방침을 세웠는데, 이 회사의 근무시간은 하루 6시간으로 오랜 시간 일해 높은 수익을 올리기보다는 생계에 필요한 만큼만 벌고 나머지 시간은 하고 싶은 일을 하자는 원칙을 갖고 있다. 이 외에도 회사의 자부심을 키우기 위한 원칙들이 있다. 지역 시장과 거래하기, 대형마트 제품과 인공 식재료 안 쓰기, 국내산을 쓰되 어쩔 수 없이 외국산을 써야 할 때면 정확히 공지하기, 아무리 까다로운 주문 사항도 최대한 받아주기가 그것이다.

사회적 기업이 되려면 조직의 형태와 목적, 의사결정 구조 등이 사회적 기업 육성법이 정한 인증 요건에 부합해야 하며, 사회적 기업 육성위원회의 심의를 거쳐야 한다. 인증된 사회적 기업에 대해서는 인건비와 사업주 부담인 4대 보험료 지원, 법인세와 소득세 50퍼센트 감면 등 세제 지원, 시설비 등 융자 지원, 전문 컨설팅 기관을 통한 경영·세무·노무 등 경영 지원의 혜택이 제공된다. 또한 인건비도 지원된다.

고용노동부는 예비 사회적 기업의 전문 인력 1명당 인건비 월 200만

원을 최대 2년간 지급하며(전문 인력이란 기획·영업·마케팅·법무·회계 등 분야의 3년 이상 종사자, 문화·디자인·무역·컴퓨터 등의 분야 2년 이상 종사자), 전문 인력이 아닌 근로자에게는 신규 근로자를 고용할 때 최저임금 수준의 인건비를 지원하고 있다.

한국사회적기업진흥원에서는 사회적 기업을 위한 상담을 지원하는데, 더불어 사는 이웃들과 나누고 싶은 아이템이 있다면 사회적 기업을 설립해 운영해 보는 것도 좋은 기회가 될 수 있다.

앞서 사례로 든 사회적 기업뿐 아니라 자신의 재능을 사회적 기업 형태로 나누어 주는 곳도 많다. 따라서 이런 분야에도 관심을 가지고 접근해 볼 필요가 있다.

협동조합 만들기

협동조합은 조합원이 출자한 돈으로 사업을 하는 법인의 한 형태다. 예전에는 농협, 수협 등 개별 법에 따라 만들어진 협동조합만 있었지만 2012년에 협동조합기본법이 시행되면서 모든 분야에서 협동조합을 만들 수 있게 되었다.

협동조합은 3가지 형태로 구성된다.

첫째, 영리를 추구하는 협동조합이다. 사회적 기업의 형태가 아니라 경영을 통해 얻은 수익금은 출자한 조합원에게 배당금 형태로 지급된다. 일반적으로 조합원과 근로자가 같은 경우가 많아서 고용안정에 절대적으로 기여하고 있다.

둘째, 소비자가 협동조합을 설립하는 경우다. 예를 들어 생협(소비자협동조합)은 소비자들이 모여 상품에 대한 교섭력을 키우고 이를 바탕으로 양질의 상품과 적정 가격까지 협상할 수 있는 형태로 이뤄진다. 생협이 사기업과 다른 점은 기준 출자금보다 출자 금액이 많더라도 조합원 총회에서 1인 1표를 행사한다는 것이다. 또한 조합원들 간 공동체로 폭염이나 폭설로 말미암아 경기한파가 닥쳐도 정리해고를 시킨다거나 하는 사회적 문제가 발생하지 않는다.

셋째, 사회적 협동조합이다. 사회적 기업인 아름다운 가게처럼 공공사업만 하는 것이다. 이는 정부지원금으로 운영된다.

우리가 알고 있는 기존의 협동조합은 농협과 수협 등 개별 법에 따라 만들어진 경우도 정부 지원을 받는다. 기존의 협동조합은 자발적으로 만들어진 게 아니라 정부의 정책 사업인 대행기관으로 설립되었기 때문에 정부 지원이 많은 것이다.

협동조합 기본법에 따라 만들어진 협동조합은 세제 등 일부 혜택이 있으며, 2014년을 기준으로 협동조합당 1억 원 한도(공동 장비 구매에 한하여 최대 2억 원까지 지원 가능)까지 지원된다.

협동조합의 장점은 손쉽게 사업체를 설립할 수 있다는 것이다.

캐나다의 산악장비협동조합(MEC)은 등산을 하다가 텐트 안의 술자리에서 아이디어가 탄생했다. 이 기업은 협동조합으로 잉여금을 최소화해 운영하기 때문에 질 좋은 제품을 저렴한 가격으로 공급해 성공할 수 있었다. 40년 전 최초 출자금이 5달러였는데, 지금도 이 5달러만 있으면 누구나 조합원이 될 수 있다.

우리나라에서는 협동조합기본법이 시행되고 6개월여 만에 1000개가 넘는 협동조합이 생겨났다. 이것만으로도 기대감이 얼마나 높은지 알 수 있다.

강남 번화가에 자리 잡은 '카페 티앤유'의 주인은 60대 여성인 바리스타 8명을 포함한 '내일은청춘실버바리스타협동조합'의 조합원들이다. 이들이 커피 세계에 발을 들인 계기는 개인적 호기심이었다고 한다.

"젊은 사람들이 커피를 손에 들고 다니는데, 그게 왜 그렇게 좋은지 알고 싶었어요."

8명의 바리스타는 지역 신문에 난 강남구여성능력개발센터의 '내일은 청춘실버바리스타 양성 과정' 광고를 통해 탄생했다. 지원비가 나오는 교육이다 보니 처음에는 3대 1 가까운 경쟁을 뚫어야 했는데 다행히 열심히 공부한 덕분에 자격증을 땄고, 그중 8명이 이 협동조합으로 뭉치게 되었다. 사실 이들은 바리스타 자격증을 땄을 때 취업할 수 있으리라고는 생각지도 않았다고 한다.

"아이고, 누가 우리 같은 늙은이를 써 주겠어요. 내가 주인이라면 당연히 젊은 사람을 썼을 거야."

바리스타로 돈을 벌게 될 거라고 생각해 본 적이 없다고 말하지만, 이들은 스스로 일자리를 개척했다는 사실에 대단히 뿌듯해했다.

다음 사례는 한국유지보수협동조합인데, 김희범 이사장을 비롯해 조합원 8명이 함께 설립했다고 한다. 사업자등록증이 나온 이후 8개월여 동안 이 협동조합은 정부기관과 대기업 공사, 억대 규모의 공사를 비롯해 100여 건이 넘는 공사를 시행했으며, 모든 조합원이 이전 직장보다 1.5배 많은 월급을 가져갈 정도로 성장했다.

전 직장 동료들 가운데 젊고 유능한 직원 6명이 김 이사장의 제안으로 협동조합 창립에 동참했는데, 모두 열심히 일한 덕분에 큰 성과를 낼 수 있었다.

"협동조합이 아니었으면 성공하지 못했을 거예요. 아마 일반 창업을 했다면 공사 한 건을 따기도 쉽지 않았을 겁니다."

서울시에 설립 신고를 내고 신뢰를 바탕으로 한 '협동조합' 조직이라는 점을 내세워 영업했는데, 특히 관공서로부터 큰 관심을 이끌어 낼 수 있었다고 한다. 김 이사장은 협동조합의 장점을 '3무'라고 했다.

"저희 협동조합에는 3가지가 없습니다. 서러움이 없고, 눈치 볼 필요가 없고, 스트레스가 없지요."

최근에는 기존의 주유소보다 싼 가격으로 제공하는 협동조합 주유소를 개설하겠다고 공언한 베이비부머가 등장했다. 이처럼 생활 속 가까운 곳에서 아이디어를 찾고 함께 나누며 서로 윈윈하고자 하는 마음을 가진다면 새로운 직업을 찾아가는 지름길이 될 수 있다.

마을기업 만들기

강원도 백담사를 방문하려면 백담사 입구에서 버스로 갈아타야 한다. 즉 자차로 최종 목적지인 백담사까지 진입할 수가 없다. 마을에서 운영하는 버스를 타야만 백담사 경내로 들어 갈 수 있다. 이 버스운영이 마을기업인 것이다. 이처럼 마을기업은 지역공동체에 산재해 있는 각종 향토, 문화, 자연자원 같은 특화자원을 이용해서 안정적인 소득과 일자리를 창출하는 마을단위 기업이다.

마을 기업은 3가지 유형으로 나누어 진다. 첫째, 지역자원활용형으로 지역 관광, 농촌체험 등을 말한다. 둘째, 친환경 녹색에너지형은 음식 쓰레기(폐금속, 폐식용유 등) 재활용 등 친환경 녹색사업이다. 셋째, 생활지원복지형은 기초수급자, 독거노인 등 저소득 취약계층을 지원하는 사업이다. 부산 반송동에 가면 주민들이 자연스럽게 마을카페로 모두 모인다. 방과후 학생, 학부모, 일찍 퇴근하는 아빠 등 모두 공동 마을카페로 모여 각자의 활동을 한다. 맞벌이 부부는 안심하고 아이를 맡길 수 있어 좋고, 재능기부를 하는 주민으로 인해 사교육비도 줄인다. 더군다나 카페역할까지 하고 있어 그야말로 마을의 필요욕구를 채워 주고 있다. 마을에서 도서관도 운영하기 때문에 아이들이 자연스럽게 도서관에서 놀고 있는 풍경을 볼 수 있다. 마을기업은 중앙정부 안전행정부에서 담당하고 있으며, 운영에 따라 지자체의 지원을 받을 수 있으므로 풍요로운 마을을 가꾸는 기틀을 마련할 수 있는 기회가 되고 있다.

4장

잡테크,
홀로서기를 위한
선택

"가게 장소를 결정하고 개업 날짜가 정해지자

메뉴에 대한 조리법, 식자재의 장·단점과 특성 등에 대해 공부하기 시작했습니다.

부지런히 움직인 결과, 전문가 수준까지는 아니더라도

상당한 지식을 갖추게 되었습니다."

김용호 씨는 시장 조사 과정을 거쳐 분석하고

창업을 준비하기까지 1년 남짓의 시간을 투자했다.

창업을 준비한다면 대충해서는 안 된다.

직장생활을 할 때 하루를 분초로 쪼개 쓰듯이

창업하기로 결정했다면 철저히 준비하고 효율적으로 시간관리를 해야 한다.

1인 창업 가능성 탐색

실제로 시니어들을 만나 보면 취업에 많은 관심을 보이지만 가능성만 있다면 비용이 적게 들면서 위험 부담도 적은 1인 창업의 가능성에 대해서도 알고 싶어 한다. 그런데 창업은 상대적인 경쟁임과 동시에 절대적인 평가를 원칙으로 하기 때문에 취업보다 훨씬 더 많은 준비를 필요로 하고 시간도 그만큼 오래 걸린다. 요즘 창업 시장이 갈수록 커지고 있는데, 통계를 살펴보면 베이비부머 세대들이 창업 시장으로 대거 합류하고 있음을 알 수 있다.

2008년 세계 금융위기 이후로 자영업 시장은 2010년까지 침체된 상태였다. 그런데 2011년부터 50대 이상의 창업자가 서서히 증가하고 있는 추세다.

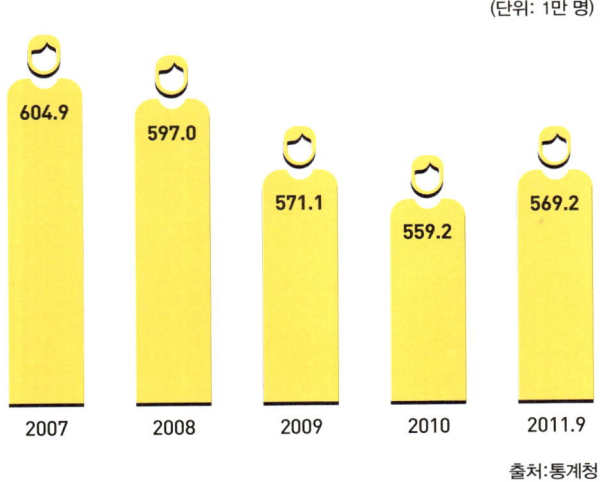

자영업 종사자 추이

(단위: 1만 명)

604.9 597.0 571.1 559.2 569.2

2007 2008 2009 2010 2011.9

출처:통계청

취업에 대한 불확실성과 어려움이 증가하면서 베이비부머 세대의 창업 시장 진입이 가속화되고 있다. 그런데 창업 시장에 대한 사전준비 없이 도전하다 보니 현실적으로 실패할 확률이 높다.

통계청 자료에 따르면 2012년 8월 기준으로 50대 이상의 자영업자 수는 총 175만 6000명에 달한다. 베이비부머의 은퇴가 시작된 2010년 160만 명을 감안한다면 증가 속도가 상당히 빠르다. 2012년 전체 자영업자의 30퍼센트 이상이 베이비부머로, 이들이 창업 열풍을 주도하고 있다고 해도 과언이 아니다.

그러나 베이비부머의 창업이 취업의 대안이라는 점을 신중하게 살펴볼 필요가 있다. 즉 은퇴 후 재취업이 어려운 상황에서 베이비부머 세

마흔과 예순 사이
행복한 잡테크

대들은 모아두었던 자금을 창업비용으로 투자하게 된다. 문제는 이들의 창업 아이템이 독창적이지 못하고 주로 음식점이나 호프집 등 외식업에 편중되어 있다는 점이다. 이는 저수익, 과열이라는 악순환과 함께 중산층이 무너지는 사회문제로 대두되고 있다.

KB금융지주에 따르면 창업 이후 3년 안에 휴·폐업한 자영업자가 전체의 47퍼센트에 달한다고 한다. 소득도 신통치 않아서 50대 자영업자의 개인소득은 연 2896만 원으로, 40대의 3537만 원에 못 미치는 것으로 조사되었다.*

창업 시장의 어려운 현실을 감안한다면 창업한 후 소득의 불안정, 불확실성으로 금융 부채가 증가하고 폐업으로 말미암아 신용불량자나 실업자로 전락할 가능성이 높을 것으로 예상된다. 따라서 준비되지 않은, 준비하지 않은 창업은 평생 힘들게 쌓아온 탑을 순식간에 무너뜨릴 수 있다는 점을 명심하라.

그렇다고 해서 창업에 대해 부정적으로만 생각할 필요는 없다. 창업을 해 보지 않아 두려워하는 것은 초보운전 딱지를 달고 처음으로 거리를 달릴 때의 두려움과 같다. 누구나 처음에는 두려움과 설렘, 걱정이 클 수밖에 없다.

창업하겠다고 결정했다면 적극적으로 알아보는 것이 가장 좋은 방법이다. 창업하기 전에 내가 왜 창업을 하려고 하는지, 아이템을 선정할

---

* KB금융연구소, 583만 개인사업자[2001~2012] 창업 · 폐업 특성과 현황 분석 보고서, 2012년 10월

때 수익만 보고 결정한 것은 아닌지, 교육과 현장 실습을 통해 충분한 정보와 지식으로 무장했는지, 아이템에 대한 경험을 쌓았는지 등 체크리스트를 만들어 점검 과정을 거친 후 시작해야 한다는 점을 잊지 마라.

그럼 지금부터 창업하기 전에 알아야 할 것들을 하나하나 짚어 가면서 살펴보자.

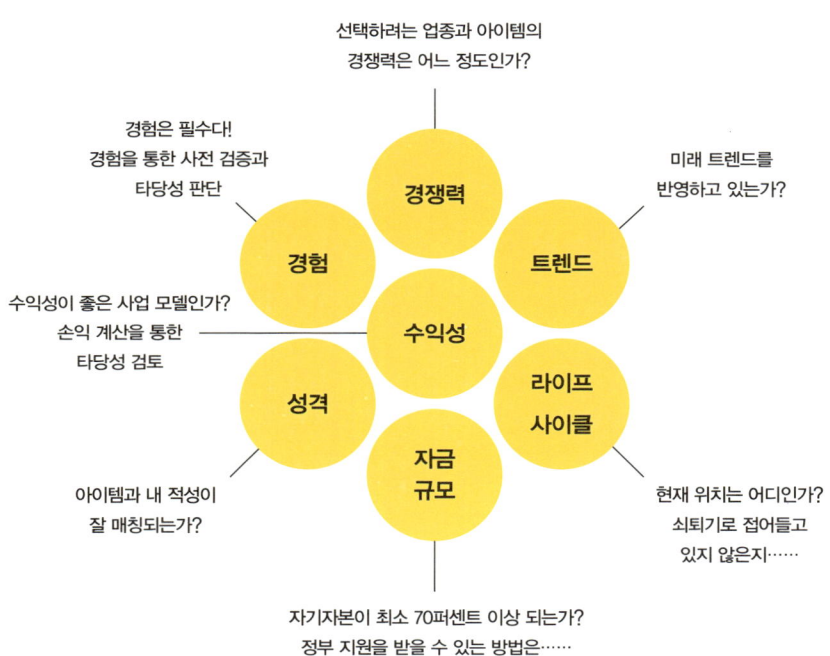

선택하려는 업종과 아이템의
경쟁력은 어느 정도인가?

경험은 필수다!
경험을 통한 사전 검증과
타당성 판단

미래 트렌드를
반영하고 있는가?

경쟁력

경험

트렌드

수익성이 좋은 사업 모델인가?
손익 계산을 통한
타당성 검토

수익성

성격

**라이프
사이클**

아이템과 내 적성이
잘 매칭되는가?

**자금
규모**

현재 위치는 어디인가?
쇠퇴기로 접어들고
있지 않은지……

자기자본이 최소 70퍼센트 이상 되는가?
정부 지원을 받을 수 있는 방법은……

아이템 선정 시 유의사항

절대적으로 유리한 업종은 없다. 또한 무조건 안 되는 업종도 없다. 정보의 흐름을 파악하면서 정확한 정보를 찾아내는 것, 그것만이 성공 창업의 유일한 방법이다. 아이템을 선정할 때 가장 중요한 점은 아이템을 위한 아이템이 되어서는 안 된다는 것이다. 즉 창업하려고 아이템을 찾기보다 자기 주변에서부터 문제점을 인식하고, 그것에 대한 대안을 찾는 과정에서 자연스럽게 고객의 입장이 되어 찾아내는 것이 가장 확실한 방법이다.

아이템을 선정할 때 고려해야 할 사항은 여러 가지가 있다. 다음 사항들을 살펴보면서 철저한 확인과 검증으로 첫 단추부터 제대로 꿰어야 한다.

아이템에 대한 사전 검증은 필수다. 일반적으로 예비 창업자들은 아이템에 대한 검증을 어떻게 해야 할지 몰라 고민하다가 포기하는 경우가 많은데, 다음과 같은 검증 과정을 꼭 거쳐야 한다.

첫째, 일단 지인들을 최대한 활용하라. 지인들이나 주변 사람들이 '알면 얼마나 알겠어'라는 생각을 갖지 마라. 지인들은 아이템에 대한 고객이 된다. 고객의 입장에서 하는 조언은 중요하고 꼭 필요한 부분이다. 또한 창업 전문가와 상담해 보는 것도 대안이 될 수 있다.

둘째, 아이템을 검증하려면 앞서 이야기한 것처럼 고객의 입장이 되어 생각해 보는 단계를 거쳐야 한다. 창업자들 대다수가 고객의 입장이 아닌 자기 자신의 입장에서 생각하기 때문에 실패 확률이 높아진다는 점을 명심하라. 철저하게 고객의 입장에서 창업 아이템을 분석하고 파악하는 단계가 필요하다.

아이템 검증 프로세스

1단계	고객 찾기	목표 고객을 꼭 찾아내라
2단계	고객의 요구 파악	고객의 입장이라면 무엇이 필요할까?
3단계	요구에 대한 대안 수립	필요한 것에 대한 준비는 무엇이고, 어떻게 해야 할까?

2단계에서 말하는 '고객의 입장이 되어 본다'는 것은 과연 무슨 의미일까? 이 말은 자신의 경험을 활용하라는 뜻이다. 맛집이라고 해서 찾아갔는데 주인의 불친절함 때문에 기분 나빴던 적은 없는가? 꼭 필요한 물건이었는데 세일할 때까지 기다린 적은 없는가? 음식을 맛있게 먹고 나오는데 입구가 너무 지저분해 불쾌했던 기억은 없는가? 잘못된 정보 때문에 헤맨 적은 없는가? 고객의 입장에서 생각해 보면 많은 것을 얻을 수 있다.

창업, 정부지원제도 활용하기

창업에 관심을 가졌다면 도움을 받을 수 있는 지원제도를 찾아보라. 혼자 고민하는 창업자가 많은데 정부지원제도를 제대로 활용하면 창업자 자신의 역량을 높일 뿐 아니라 체계적으로 창업을 준비하는 데 큰 도움을 받을 수 있다.

정부지원제도 하면 가장 먼저 떠오르는 것이 자금 지원으로, 대부분 교육 프로그램이 주를 이루고 있다. 정책자금을 받으려면 먼저 교육 과정을 이수해야 하는데, 자신이 생각한 업종과 아이템에 맞는 교육 과정을 선택하여 수강하면 된다. 교육비는 전액 무료인 경우가 많고, 교육 과정별로 약간의 자비 부담도 있다.

시니어들이 관심을 가질 만한 것은 소상공인시장진흥공단이다. 소상공인들을 위한 지원포털로 교육에서부터 컨설팅까지 지원하며 예비 창업자들은 다양한 지원을 받을 수 있다(http://www.semas.or.kr).

창업하기로 마음을 굳혔다면 사전에 'e러닝'과 '교육 정보'를 통해 분야별 창업 정보와 지식을 습득해야 한다. '소상공인 방송'을 통해 창업 아이템과 성공 노하우 등을 보고 배울 수도 있다.

창업자들이 가장 어려워하는 것이 상권 분석이다. 미리 상권에 대한 이해와 정보를 수집하는 것이 필수 사항이긴 하지만 어디서 어떻게 시작해야 할지 막막한 것이 사실이다. 이때 상권 정보 사이트를 이용하면 상권에 대한 기본 정보와 고객을 이해하는 데 도움을 받을 수 있다.

창업에 관심을 가진 시니어들에게 맞는 지원 정책도 따로 준비되어 있다. '창업넷(http://www.changupnet.go.kr)' 사이트를 이용하면 시니어들에게 맞는 교육 정보 등 다양한 도움을 받을 얻을 수 있다. 아이템을 찾고 있다면 '신 사업 아이디어'를 통해 최근 관심이 높은 아이디어를 비롯해 새로운 트랜드를 이해하고 차별화 포인트를 수립하는 데 도움이 될 것이다. 창업하고 나서 경영상에 어려움을 겪고 있거나 경영 컨설팅을 원한다면 자영업 컨설팅을 활용하여 전문가의 도움과 조언을 구하면 된다.

실제로 김용호 씨는 창업하기까지 컨설턴트와 20여 차례 이상 미팅을 가졌다. 당시 그는 미팅 시간에 단 한 번도 늦은 적이 없으며, 컨설턴트가 내준 과제 수행을 대부분 작성했을 뿐 아니라 머리로만 고민하지 않고 직접 뛰어다녔다.

"상권을 분석하기 위해 상권이 형성되어 있는 곳을 발품 팔며 돌아다녔고, 여러 업종을 관찰하고 분석했어요. 재래시장을 다니면서 장사하는 사람들에게 여러 가지 궁금한 사항을 물어보았고, 유명백화점 정문과 후문에서 온종일 출입하는 사람이 얼마나 되는지 세어 보기도 했습니다. 트럭에 채소나 과일, 두부를 싣고 돌아다니며 판매하는 사람을 쫓아다니며 하루 이동 코스와 매출 현황을 살피기도 했고요. 예를 들어 대학가의 김밥 가게에서는 하루에 김밥이 얼마나 팔리는지 알기 위해 종일 지켜 보기도 했고, 프랜차이즈 매장에서 아르바이트를 하기도 했습니다."

김용호 씨는 창업 컨설턴트와 미팅을 통해 상권 분석과 입지 분석의 노하우를 얻게 되었고, 이 분야를 이해하는 수준에까지 이르렀다.

"가게 장소를 결정하고 개업 날짜가 정해지자 메뉴에 대한 조리법, 식자재의 장·단점과 특성 등에 대해 공부하기 시작했습니다. 부지런히

106

움직인 결과 전문가 수준까지는 아니더라도 상당한 지식을 갖추게 되었습니다."

김용호 씨는 시장 조사 과정을 거쳐 분석하고 창업을 준비하기까지 1년 남짓의 시간을 투자했다.

창업을 준비한다면 대충해서는 안 된다. 직장생활을 할 때 하루를 분초로 쪼개 쓰듯이 창업하기로 결정했다면 철저히 준비하고 효율적으로 시간관리를 해야 한다.

프랜차이즈 창업, 확인사항과 체크포인트

프랜차이즈 창업은 중·장년의 퇴직자뿐 아니라 다양한 연령대 사람들이 도전하는 분야다. 베이비부머 세대의 은퇴가 본격화되면서 준비가 미흡한 탓에 아이디어를 통한 창업보다 생계형 프랜차이즈 창업 시장으로의 진입이 증가하고 있다. 하지만 프랜차이즈 창업 시장의 현실이 그리 만만치 않다는 것을 주변 사람들과 언론 매체를 통해 이미 알고 있을 것이다.

"프랜차이즈 창업은 본사 좋은 일만 시키는 거더라고요."

"주변에 투자했다가 사기를 당한 사람이 많아요."

프랜차이즈 창업을 하는 사람들 대부분은 스스로 아이템을 선정해 시장 조사를 하고 다양한 정보를 분석하고 계획을 세우기가 어렵기 때문에 선택하는 것이다. 나는 종종 이런 질문을 받곤 한다.

"제게 1억 원 정도가 있는데 한 달에 400만~500만 원 정도 벌 수 있는 아이템을 추천해 주시면 고맙겠습니다."

유행 아이템, 즉 바로 투자해서 돈을 벌 수 있는 프랜차이즈 브랜드를 소개시켜 달라는 말이다. 이는 독립적인 창업 능력을 갖추지 못해서 괜찮은 아이템을 선정하고도 프랜차이즈 창업을 선택하는 사람이 많다는 이야기다.

그렇다면 프랜차이즈 창업은 다른 사람들의 말처럼 무모하기만 한 걸까? 결론은 '그렇지 않다'다. 프랜차이즈 창업이 정말 무모한 짓이라면 그 시장은 벌써 도태되어 사라졌을 것이다. 결론적으로 프랜차이즈 시장은 점점 더 커질 전망이다. 따라서 믿을 만한 본사, 브랜드를 선별하는 능력과 안목을 기른다면 좋은 창업 기회가 될 수 있다.

프랜차이즈 창업을 하기 전 기본적으로 알아두어야 할 사항이 있다. 바로 가맹사업거래의 공정화에 관한 법률이다. 한마디로 가맹사업법이다. 이런 기본적인 가맹사업법을 모른 채 가맹 본사와 계약하고 프랜차이즈 창업 시장에 뛰어들기 때문에 실패하는 사람이 많은 것이다.

가맹사업법에서 꼭 알아야 할 내용은 크게 2가지다. 가맹금예치제도와 정보공개서 제공 의무화(정보공개서 등록제도)다. 가맹금예치제도는 가맹 본사와 예비 창업자가 계약 후 가게를 열기 전까지 일어날 수 있는 여러 가지 문제점을 보완하기 위해 시행되는 제도다. 즉 가맹점 계약 후 계약금을 본사 계좌로 입금하는 것이 아니라 정보공개서에 등록된

금융기관의 계좌에 입금해 개업 전까지 가맹 본사가 계약 사항을 이행하는지 확인한 뒤 이상이 없으면 계약서에 적힌 대로 잔금을 입금하고 진행하면 된다. 만약 계약 이후 본사에서 계약사항을 제대로 이행하지 않는다면 반환 청구 절차에 따라 되찾을 수 있다. 이렇게 하면 프랜차이즈 창업의 피해를 막을 수 있다.

정보공개서는 가맹점 계약에 대한 의사를 가진 예비 창업자에게 가맹 본사에서 제공하는 것이다. 정보공개서를 받은 예비 창업자는 정보공개서를 꼼꼼히 검토하고, 그 내용이 사실인지 직접 가맹점을 방문하고 현장 조사를 통해 확인하는 것이 좋다. 그 기간은 법적으로 14일이다. 정보공개서를 받은 날로부터 14일 후에는 계약서를 작성해야 한다. 정보공개서를 받고 14일 이내에 가맹점 계약을 체결한다면 그건 법을 위반하는 것이다(단 가맹 거래사의 자문을 받은 경우에는 7일 이후에도 가능하다).

프랜차이즈 창업을 하기 전에 회사와 브랜드를 선별하고 평가하려면 정보공개서를 꼼꼼하게 검토해야 한다. 정보공개서에는 회사와 브랜드 관련 정보가 들어 있으므로 회사 정보와 가맹점 정보, 계약 정보 등을 통해 우수한 브랜드인지를 살펴본다. 또한 가맹사업거래에 관련된 내용과 정보공개서, 업종별 표준 가맹계약서는 공정거래위원회에서 운영하는 사이트를 이용하면 이와 관련된 정확한 정보를 얻을 수 있다(http://franchise.ftc.go.kr).

나중에 가맹 본사와 분쟁이 일어날 경우 가맹사업거래분쟁조정협의

회(한국공정거래조정원)를 통해 분쟁 조정을 신청하면 시간과 비용을 절약할 수 있다.

다음은 프랜차이즈 창업을 할 때 체크포인트다.

1. 회사와 브랜드를 선별할 때 '정보공개서'를 적극적으로 활용하라.

2. 브랜드에 대한 현장 조사는 필수다. 점주를 직접 만나 정보를 확인하라.

3. 가맹계약서는 사전에 받아 꼼꼼히 살펴보라. 필요한 경우 변호사나 가맹 거래사를 통해 점검한다.

4. 창업 컨설턴트와 창업 브로커를 구분할 줄 알아야 한다. 매물만 소개한다면 창업 브로커일 가능성이 높다.

5. 프랜차이즈를 선별할 때 핵심은 물류와 구매, 마케팅이 어느 정도까지 지원되는지, 시스템이 구축되어 있는지 확인하는 것이다.

6. 상권 분석과 입지 선정은 프랜차이즈 본사만 믿고 결정해서는 안 된다. 자신이 직접 상권 분석 지식과 정보를 습득하고 분석하여 최종 결정을 내려야 한다.

7. 가맹점 명의 변경 건수가 증가하고 있다면 이미 쇠퇴기로 접어든 것으로 보고 좀 더 신중하게 접근한다.

창업, 이대로 운영할 것인가

표정길 씨(53세)는 퇴직을 결심한 뒤 아내가 운영하는 음식점에 관

110　　　　　　　　　　　　　　　　　　　　　　　　　마흔과 예순 사이
행복한 잡테크

심을 갖게 되었다. 그의 아내는 음식솜씨가 좋았다. 게다가 처제도 음식에 대해 일가견을 갖고 있어서 두 사람은 청주 근교에 '풍경소리'라는 식당을 차렸다. 주 메뉴는 오리 불고기였고, 점심에는 직장인을 대상으로 동태탕이나 굴비찌개 등의 메뉴로 백반을 제공했다.

그동안 자신의 일로 바빴던 표정길 씨는 아내가 알아서 식당을 잘 꾸려 가겠거니 하고 지냈다. 그런데 퇴직하고 여유가 생겨 주변을 살펴보니 아내 얼굴 보기가 힘들 정도였다. 그때부터 아내의 일과를 관심 있게 살펴보기 시작했고 틈틈이 돕기도 했다. 아내는 일일이 음식을 만들어 공수했고, 새벽 5시부터 저녁 10시까지 잠시도 쉴 틈이 없었다. 너무 바쁜 아내가 안쓰러워 옆에서 이것저것 돕다 보니 어느덧 동서와 자신까지 종업원처럼 일하게 되었다. 그러던 어느 날 손익계산을 따져 보니 아내와 처제의 인건비(월 150만 원 정도)는 가져갈 수 있지만 자신들의 인건비는 생각조차 할 수 없는 수준이었다. 그나마 적자가 아니라 다행이라는 생각이 들 정도였다. 그래서 그는 음식점에 대한 컨설팅을 받아 봐야겠구나 하는 생각을 갖게 되었다. 음식점이 이대로 좋은지, 이 고생을 언제까지 해야 하는지, 매출을 올리려면 어떻게 해야 하는지 해답을 찾고 싶었던 것이다.

창업 컨설턴트를 찾아가 컨설팅 요청을 해 보기로 했는데, 그 비용이 400만~500만 원이나 되어 엄두가 나지 않았다. 그래서 지인이 소개해 준 컨설턴트를 만나 이야기를 나눠 보았지만 너무 이론적이고 일반적인 내용이라 원하는 답변을 들을 수 없었다. 수소문 끝에 유사 업종을 운영한 경험이 있는 창업 컨설턴트에게 도움을 청하기로 했다.

"확실한 컨설팅은 현장을 살펴보고 진행하는 것이 가장 좋습니다. 그러나 지금은 현장에 가기 어려운 상황이므로 상담 시 최대한 효과를 높이기 위해 사전에 몇 가지 현황 자료를 준비해 주셨으면 합니다."

컨설턴트가 요청한 자료는 크게 3가지였다.

첫째, 매장 환경 자료다.

주소와 개업 연월일, 전용면적, 테이블 수, 임차조건(권리금 포함), 종업원 고용 현황(주방, 홀 구분), 주요 메뉴(메뉴와 가격 포함, 메뉴판이 있으면 좋음) 등.

둘째, 경영 자료다.

최근 3개월간 매출액, 직전월 메뉴별 판매 현황, 직전월 지출 내역(원가 포함), 경영주 본인이 생각하는 부진의 원인, 매출 활성화를 위해 시도했던 판매촉진 활동 등.

셋째, 이미지 자료다.

점포 외관 사진(좌와 우), 점포 내부(주방과 홀, 룸), 메뉴판 이미지, 주변 거리, 경쟁 음식점의 이미지 등.

상담할 때 창업 컨설턴트는 미리 받은 자료를 토대로 상권을 정리해 설명해 주었다.

첫 번째로 매장 위치 중심으로 반경 500미터를 살펴본 결과 '풍경소리' 상권은 B~C등급 정도라고 했다. 총 인구수는 1만 2000명이었고 (최우수 상권은 7만~8만 명), 총 세대수는 3800세대, 한 가구의 인원수는 3명 정도였다. 2010년을 기준으로 2.7명에서 3년 만에 약간 상승한 수치였다. 아파트 점유율은 95퍼센트에 육박했는데, 전국 평균이 50퍼센트대인 데 비해 매우 높은 점유율을 보였다. 음식점 수는 자영업체 기준의 45퍼센트대를 차지하고 있으며, 주류형 외식업 비율이 41퍼센트로 일반 외식업 기준의 15퍼센트를 차지하고 있어 B형 상권으로 구분할 수 있었다. 음식점당 인구 수는 23명으로 최고 상권의 78명보다 아주 적었다.

두 번째로 인구 특성에 따른 '풍경소리' 상권은 10대가 21퍼센트를 차지해서 전국 평균 13퍼센트보다 많은 인구수가 분포하고 있었다. 그리고 40대가 22퍼센트로 전국 평균 17퍼센트보다 많은 인구 분포를 가지고 있었다.

세 번째로 주거 특성에 따른 '풍경소리' 상권은 20평형 미만이 2100세대로 58퍼센트를 차지하고 20평형대가 1500세대로 40퍼센트를 차지하고 있어 소형 아파트가 가장 많았다. 오피스텔이나 적은 수의 가족 구성원이 거주한다고 볼 수 있었다.

네 번째로 업종 특성은 음식점이 37퍼센트를 차지하고 있으며, 소매업종이 19퍼센트, 생활 서비스와 교육(학원 등)이 각각 11퍼센트를 차지하고 있었다. 음식 업종은 유흥주점이 41퍼센트, 한식이 28퍼센트, 일식 등 수산물이 7퍼센트의 비율로 운영되고 있었다.

다섯 번째로 경영상의 특성은 매출 추이가 큰 변동 없이 2500만~2800만 원 선으로 일정하게 매출이 일어나고 있으며, 주말보다는 주중에 매출이 더 많다. 특히 요일별로 살펴보면 월요일과 목요일, 토요일의 매출이 높았다. 시간대로는 오후 5~9시에 매출이 높고, 남성이 70퍼센트 이상이며, 40대가 36퍼센트로 압도적으로 많았다.

이렇게 '풍경소리'에 대한 전반을 살펴보니 몇 가지 문제점을 알 수 있었다. 주 고객층이 40대로 주중 매출이 많다는 것은 점심시간에 직장인을 대상으로 제공하는 백반 때문이었다. 백반은 계절반찬 8가지에 탕을 제공해 직장인들에게 인기가 높았다. 이는 분주하기는 하지만 매출에 큰 도움이 되지 않았다. 둘째는 아파트에 사는 가족들이 풍경소리를 찾기에는 오리불고기가 구미에 당기는 메뉴가 아니었다. 특히 오피스텔이나 소형 아파트가 대부분임을 감안한다면 젊은 층이나 어린아이가 있는 가족이 좋아할 만한 메뉴 개발이 필요했다. 그리고 식당 주변에 모텔이 많아서 모텔을 이용하는 고객이 쉽게 찾을 수 있는 메뉴 개발도 필요했다. 셋째는 다른 유명 식당에 비해 풍경소리만의 특별한 맛을 가진 특제 소스가 없다는 점이었다.

토요일과 일요일에 가족나들이 겸해서 이 음식점을 찾아올 수 있는 메뉴가 필요했다. 그래서 메뉴판에 훈제오리를 추가해 선택 폭을 넓힐 것과 풍경소리만의 특색, 즉 어떤 젓갈을 기가 막히게 배합하여 독특한 맛을 즐길 수 있도록 한다거나 무언가 풍경소리를 대표할 수 있는 독특한 한 가지가 필요했다. 그리고 매출이 일어나는 시간대가 오후 5~7시이므로 오전 11시 시간대에는 주부들이 편하게 모임을 가질 수 있도록

114

메뉴를 추가하는 것이 좋겠다는 의견이었다.

이틀 뒤 컨설팅 결과를 바탕으로 풍경소리의 장점과 단점을 SWOT 기법으로 만들어 보고 미래 전략을 세우기 시작했다.

장점(S)		약점(W)	
· 주방장을 따로 두지 않는다 · 음식점 내부가 넓은 편이다		· 젊은 층에 인기 있는 메뉴 접목이 필요하다 · 주차장이 멀리 떨어져 있다	
기회(O)		위협(T)	
· 적자가 아니므로 메뉴 개발 시간이 있다 · 메뉴를 개발할 수 있는 능력이 있다		· 특색 있는 메뉴가 없다	

이를 바탕으로 내린 결론은 지금과 같은 메뉴와 운영방식으로는 결코 풍경소리를 오랫동안 유지하기 어렵다는 것이었다. 그래서 음식점을 새로 여는 마음가짐으로 크게 3가지 방향에서 새로운 변신을 꾀했다.

첫째, 메뉴 개발이었다. 메뉴 개발은 2가지로 압축해 진행했다. 지역의 인구 분포 빈도가 많은 젊은 층도 즐길 수 있고 여성들도 좋아하는 오리훈제 메뉴를 추가하기로 했고, 풍경소리만의 독특한 음식을 하나 개발하기로 했다. 풍경소리를 찾은 고객이 그 맛을 잊지 못해 다시 찾아오게 만드는 어떤 맛이 필요했는데, 의논 끝에 그것이 오리훈제와 잘 맞는 소스 개발이라는 결론을 내렸고 그 맛을 꼭 찾아내기로 했다.

둘째, 메뉴 리뉴얼로 오전에도 손님(학교 어머니회 등)이 편하게 찾을 수 있도록 1인분의 세트 메뉴를 개발하기로 했다. 이는 개발이란 표현보다 저렴하고 맛있는 음식점이라는 인식을 심어 줄 수 있도록 세련된 분위기를 연출하고 음식 조합을 찾는 것으로 결론이 났다. 궁극적으로는 어머니들의 입소문을 통해 홍보가 가능하도록 가족 레스토랑으로도 손색이 없는 메뉴를 개발하기로 했다.

셋째, 홍보에도 신경을 쓰기로 했다. 최근에는 '맛집'을 중심으로 테마여행을 하는 사람이 늘고 있는 추세다. 그래서 블로그나 페이스북을 통해 맛집으로 홍보되도록 대학생 조카를 고용해 용돈을 지원한다는 조건하에 지속적으로 관리하도록 했다. 블로그에는 풍경소리의 메뉴를 하나 하나 소개하고 먹음직스러운 음식 사진도 함께 싣도록 기획했다. 뿐만 아니라 음식 후기도 남길 수 있도록 블로그 내용을 추가할 계획을 갖고 있다.

귀농·귀촌을 디딤돌로 삼아

은퇴자들 가운데 제2의 직업을 찾거나, 창업 아이템을 알아보거나, 봉사활동에 관심을 가진 사람도 많지만 전원생활을 꿈꾸는 사람도 적지 않다.

현대인들의 오랜 로망 중 하나가 자신이 살 집을 손수 짓고 가꾸며 사는 것이다. 여기에 가족들의 안전한 먹거리를 위해 직접 기른 채소와 과일을 식탁에 올리는 것도 크나큰 행복감을 안겨 준다.

그러나 전원생활이 낭만적이고 아름답기만 한 것은 아니다. 전원생

116

활 하면 유유자적하고 여유로운 생활을 떠올리지만 이런 생각은 결코 오래가지 못한다. 전원생활을 하더라도 일이 있어야 하고 즐길거리가 있어야 만족도가 높다. 시골에 집을 짓고 살면서 생활은 도시의 삶을 그대로 옮긴 듯 흉내 낸다면 자립하기가 어렵다. 시골의 소박한 삶에 적응해야 한다는 말이다.

전원생활을 결심했다면 이런저런 불편함을 감수해야 한다. 시장은 멀고 생활 편의시설은 턱없이 부족하다. 마당이나 텃밭은 하루만 보살피지 않으면 잡초가 자라서 금방 너저분해진다. 정원에 심은 나무뿐 아니라 간단한 집수리도 손수 할 줄 알아야 한다.

이런 불편함마저 즐길 줄 알아야 전원생활을 하는 재미를 느낄 수 있다. 전원생활이 가져다주는 불편함과 적적함 정도는 여유로 알고 즐길 수 있어야 한다. 사실 이런 여유가 전원생활을 하는 진정한 즐거움이다.

전원생활은 우선 주말농장 등 시골생활과 친숙해질 수 있는 기회를 갖고 실습 단계를 거친 후 시작하는 것이 여러모로 실패할 확률이 낮다. 육체적·정신적으로 적응할 수 있는지 알려면 친척의 농가나 홈스테이 농가에서 실제 생활을 관찰하고 농사일을 직접 해 보는 것도 한 가지 방법이 될 수 있다. 또한 도시에서 살면서 베란다의 텃밭이나 옥상 농사, 주말농장 등의 체험을 통해 관심과 자신감을 키우는 것도 좋은 방법이다. 준비 없이 전원생활을 시작하면 자신이 원하는 삶이 아닐 수도 있고, 지역에 따라서는 원주민들과 예상치 못한 갈등으로 적응하기가 어려울 수도 있다.

전원생활을 시작할 때는 무엇보다 욕심을 내서는 안 된다. 심사숙고하지 않고 자신의 모든 것을 올인 하면 문제가 생기기 마련이다. 땅도 크게, 집도 크게 마련해 시작할 경우 비용도 많이 들고 전원생활을 즐기는 것이 아니라 전원에 얽매여 살게 될 수도 있다. 오히려 작은 것부터 하나씩 준비하면서 규모를 점점 키워 나가는 것이 더 큰 보람을 가져다준다. 처음부터 큰 욕심을 내지 않고 전원생활을 연습해 보는 등 심사숙고하는 지혜가 필요하다고 하겠다.

전원생활을 하고자 한다면 고려해야 할 사항이 있다.

귀농은 전원생활과 다르게 접근해야 한다. 농사를 통해 수입을 얻고 생활을 꾸려 나가고자 하는 것이기 때문에 직업적인 의미로 접근해야 한다. 훨씬 더 전략적으로 움직여야 한다는 뜻이다. 귀농하고자 한다면 좀 더 적극적으로 교육을 받고 멘토링 제도를 알아보기 바란다.

성공적인 귀농·귀촌의 전략은 패러다임을 바꾸는 것이 우선되어야 한다. 도시와 다른 농촌의 특성을 파악하고 그에 순응하는 것이 조기 정착의 지름길이다. 조기 정착을 위해서는 원주민과 융화되는 것도 중요하다. 원주민의 입장에서 볼 때 외지인이 자기 마을에 들어와 자신들과 다른 모습으로 유난스럽게 산다면 쉽게 마음을 열지 않을 것이다. 그 지역의 주인은 그곳에 사는 지역민임을 인정해 주어야 한다. 시골 사람들 가운데 도시문화와 배움에 대한 열등감으로 외부인을 배타적으로 대하는 사람도 있다. 이때는 먼저 다가가고 그 지역에 적응하기 위해 노력하는 나름의 전략이 필요하다.

마을 주민들과의 문화적 차이를 좁히기 위해서도 노력해야 한다. 공동의 일을 처리할 때 자기 권리를 먼저 주장하게 되면 주민들과 마찰이 일어날 수밖에 없다. 또한 예전 자신의 직함을 버리고 '김 씨'나 '이 씨' 등으로 불리는 것을 받아들여야 한다.

어떤 일을 선택할 것인가는 또 다른 숙제다. 수익을 위한 것이든 단순히 취미로 하는 것이든 뭔가 일이 있어야 한다. 펜션 붐이 일어난 것은 전원주택을 지어 살고 싶지만 마땅히 할 일이 없던 사람들에게 펜션 임대와 관리가 좋은 일거리를 제공해 주기 때문이다.

전원생활에 필요한 자금을 어떻게 충당할 것인가도 생각해 봐야 한다. 특히 생활비는 중요한 문제인데, 전원생활을 하면서 수익을 창출하기는 정말 어렵다. 따라서 이 생활을 만끽하려면 여유 자금(연금이나 저축 등)이 꼭 필요하다.

농촌 적응을 위한 성공 전략

정년 퇴직한 김주형 씨는 경기도 서종면에서 전원생활을 하고 있다. 주중에는 서종면에서 생활하고 주말에는 서울의 집으로 돌아와 가족들과 함께 지낸다. 자녀들은 모두 결혼해서 가족이라고 해 봐야 부부뿐인데, 부인은 서울에서 옷 가게를 운영하고 있다. 김주형 씨는 부부가 노년에 함께 있어야 행복하다는 고정관념을 버려야 한다고 강조한다.

"하고 싶은 것이 다르면 서로의 생각을 존중해 주어야 합니다."

김주형 씨는 귀촌 적응을 위해 부단히 연구 노력하고 있으며, 자신의 몸을 아끼지 않고 열정적으로 남은 인생을 보내고 있다.

"텃밭에서 가꾼 채소와 과일로 저를 비롯해 아내, 아들과 딸네, 사돈네, 처제네 등 여섯 집의 식단을 책임지고 있습니다."

그는 귀촌을 위해 농촌진흥청에서 운영하는 교육도 세 차례나 받았다. 토착미생물을 이용한 농법도 공부해 책에서 본 대로 해 보니 나름 성과가 있었다고 한다. 그래서 농약을 전혀 사용하지 않고 목초액만으로 재배한다. 목초액은 숯의 연기를 농축시켜 얻은 액체인데, 800~1000배로 농축하면 영양제가 되고, 300~400배로 농축하면 농약으로 사용할 수 있다.

"시골 사람들 대부분이 농약과 비료를 사용하는데, 저는 목초액으로 농사를 짓고 있어요".

김주형 씨의 귀촌 목표는 '건강한 인생'으로, 이 목표에 맞춰 배운 대로 실천에 옮기고 있는 중이다. 목표가 있는 귀촌생활은 하루 하루가 너무 바빠서 일 년 내내 방바닥에 엉덩이를 붙인 채 한가하게 노닥거릴 시간이 없단다.

"시골생활은 제대로 하려고 마음먹으면 일이 많아서 항상 바쁘고, 굳이 하려고 들지 않으면 바쁠 일이 전혀 없어요. 그래서 미리 계획을 세우고 그에 맞춰 날마다 실행하는 생활을 해야 시간을 잘 활용할 수 있습니다. 주변을 살펴보면 의외로 노는 농토가 많아서 닭도 20마리 키우고, 강아지도 2마리 키우고 있어요. 날마다 산을 오르내리며 한국의 야생화를 익히고 있는데, 인터넷으로 먼저 공부한 뒤 직접 그 야생화를 찾아보는 식이죠. 자연은 봄, 여름, 가을, 겨울 모두 달라서 수십 번, 수백 번 직접 보고 익힐 수밖에 없어요. 3월이 되면 나무에서 고로쇠 물을 취하고 4월이면 다래 물을 취하고 5월이면 봄나물을 캐야 하니 일 년 내내 한가할 틈이 없을 수밖에 없죠."

그리고 수요일에는 주민자치센터에 가서 '몸살림'이라는 운동을 배운다고 한다. 몸살림이란 허리를 세우고 가슴을 펴서 척추를 바로해 자신의 몸을 스스로 살리는 운동법이다. 틀어진 뼈를 바로잡으면 굳어진 근육이 풀어지고 신경이 되살아나 병이 스스로 사라진다는 것이다.

"우리 나이가 되면 대부분 어깨가 구부러지고 전체적으로 몸이 굳더라고요. 그래서 가슴을 펴고 굳어진 근육을 푸는 운동을 해야 하는데, 땀이 많이 흐르는 격한 운동이 아닌 차분하고 조용하게 하는 운동이라 더 좋아요."

주민자치센터에서는 이 외에도 여러 가지 프로그램이 있다고 한다. 예를 들면 서종주민자치센터에는 요가, 컴퓨터, 댄스 스포츠, 한국 무용, 사물놀이, 민요, 장구, 노래교실, 클래식기타, 초급 일본어 교실, 어린이 태껸, 성인 태껸, 한지 조형, 커피 핸드드립, 몸살림운동, 서종 색소폰 앙상블, 볼 댄스 등이 있다.

지역마다 주민자치센터는 비슷한 프로그램을 운영하고 있는데, 잘만 이용한다면 문화적인 혜택까지 누리는 전원생활을 할 수 있다.

김주형 씨는 귀농·귀촌을 꿈꾸는 사람들에게 이 말을 꼭 해 주고 싶다고 했다.

"주민들한테서 얻은 잘못된 정보와 부동산 업자의 농간에 휘둘리지 말고, 귀농한 사람들을 직접 만나 이야기를 나누고 곡괭이를 들고 며칠이라도 일해 보라고 말하고 싶어요. 그러면 '아, 내가 체질이구나.'라는 생각이 들기도 하지만, 어떤 사람들은 '나는 절대 농사는 짓지 못하겠구나.'라고 현실을 받아들이고 귀농·귀촌에 대한 환상에서 벗어날 수 있을 겁니다."

귀농·귀촌을 하고 싶다면 일찍부터 준비할수록 좋은데, 김주형 씨는 하루를 25시간으로 사는 방법을 알려 주었다.

"평소 일어나는 시간보다 한 시간 일찍 일어나는 거예요. 그리고 일찍 일어난 그 시간에 직장에서 하는 일과는 다른 일을 해 보는 거죠. 저는 골프, 볼룸댄스, 단소, 붓글씨 등을 배우고 귀농·귀촌 교육 프로그램을 들었어요."

또한 그는 전원생활을 결정한 사람들을 위한 조언도 잊지 않았다.

"집부터 마련하는 사람들이 있는데, 현명한 결정이 아닙니다. 도시에 있는 집을 전세로 주고 희망하는 전원 지역에서 2년 정도 전세로 살다가 시골에 완전히 정착하겠다는 결심이 서면 그때 집을 사도 늦지 않습니다."

처음부터 집을 구입하게 되면 애물단지가 되는 경우도 많다. 전세로 살다 보면 그 지역에 대한 상세한 정보를 알게 되고, 그 주변 지역으로 점점 더 관심을 갖게 된다. 그러면 자연히 그 지역의 급매물이나 상세한 부분까지 알게 되어 정착하는 데 여러모로 유리하다. 처음에는 시골생활과 정서가 맞지 않을 수 있고, 시골생활과 도시생활이 얼마나 다른지 생각이 아닌 경험을 통해 알 수 있다. 하지만 집을 먼저 사게 되면 자신과 맞지 않았을 때 예전 생활로 돌아가기도 어렵고, 처음부터 집을 너무 크게 지어 집값이 5억 원 이상이면 잘 팔리지도 않는다.

김주형 씨는 정착하기까지 다방면으로 노력을 기울였다고 한다. 시골 사람들은 외지인들에게 피해의식을 가지고 있는 경우가 많은데, 자신들이 못 배웠기 때문에 잘 모른다고 생각한다는 것이다.

"원주민들과 친해지려면 정서적으로 교감을 나눌 수 있어야 한다는 생각에 집들이도 하고, 명절에는 이웃사람들에게 작은 선물도 돌리고 했어요."

지금은 김주형 씨가 무슨 부탁을 하면 마을 사람들이 우선순위로 지원해 준다고 즐거운 미소를 지어 보였다.

전원생활을 위한 투자

전원주택용으로 땅을 구입하고자 한다면 일반적인 투자와는 다른 시각에서 생각해봐야 한다. 투자가 목적이라면 그 땅값이 얼마나 오를 것인가가 우선 고려 대상이겠지만 전원주택용이라면 얼마나 살기 좋은 환경인가를 먼저 살펴봐야 한다. 물론 땅값이 오를 수 있고 자연환경도 좋아서 살기 좋은 곳이라면 더할 나위 없는 조건이겠지만 이런 곳은 웬만해서는 찾기 어렵다. 또한 설령 있다고 해도 가격이 높고 경쟁도 치열하다.

그런데 가만 생각해 보면 좋은 터는 원래 존재하는 것이 아니라 만들어지는 것임을 알 수 있다. 살기도 좋고 투자 가치도 있는 전원주택지는 스스로 만들어야 한다. 자신이 얼마나 노력하느냐에 따라 얼마든지 이런 땅으로 만들 수 있다.

토지를 선택할 때는 좋아하는 지역의 땅을 찾게 된다. 전원주택 부지를 마련하는 방법에는 전원주택 단지를 조성해 놓은 땅이나 이미 대지로 활용되고 있는 땅을 구입하는 방법이 있고, 농지나 임야를 구입해 전용을 받은 뒤 전원주택을 짓는 방법이 있다.

토지를 구입할 때는 서류상으로 확인했다고 해도 현장 답사가 필수다. 서류와 현장은 차이가 있기 때문이다. 현장을 먼저 확인한 뒤 매입을 결정해야 한다. 현장을 찾아가서 환경 오염시설 등을 확인해야 한다. 땅을 구입할 때는 고려해야 할 사항이 여러 가지 있지만 가장 중요한 것은 진입로다. 부지에 닿는 도로가 있는가부터 확인해야 하는데, 이때 현황도로만으로는 부족하다. 현황도로가 있다고 해도 지적도상에 도로가 있는지를 알아봐야 하고, 이를 정확하게 확인할 자신이 없을 때는 관공서를 찾아가 담당 공무원과 상의해 봐야 뒤탈이 없다.

또한 물을 사용할 수 있는지도 확인해야 한다. 지하수를 얻을 수 있

124

는지, 그게 안 되면 동네 우물을 사용할 수 있는지 먼저 알아본 후에 땅을 구입해야 한다. 만약 물을 얻을 수 없다면 집을 짓고 난 뒤 큰 낭패를 볼 수 있기 때문이다.

물만큼 전기에 대한 것도 필수다. 전기를 끌어오는 곳이 200미터 이내라면 적은 설치비만으로 전기를 사용할 수 있지만 그 이상이면 1미터당 가설비가 추가된다. 이런 경우 자칫 잘못하면 배보다 배꼽이 클 수 있다.

세세한 부분까지 챙기지 못한 김민우 씨의 경우 전기 가설비만 4000만 원을 지불했다고 한다. 집을 짓기 위해 모든 준비를 끝낸 후 전기를 사용할 수 없다는 사실을 알게 되었다는 것이다. 하지만 되돌리기에는 이미 너무 멀리 와 버려서 울며 겨자 먹기로 비용을 지불할 수밖에 없었다고 한다. 또한 토목공사에 문제가 없는지도 알아봐야 한다. 경관만 보고 땅을 사게 되면 경사가 급하거나 움푹 꺼진 땅을 살 수도 있는데, 이런 경우에는 집을 지을 때 토목공사비가 많이 들고 그만큼 전체 경비가 올라갈 수밖에 없다.

다음은 전원주택의 터 잡기를 위한 체크포인트다.

1. **자연적 조건**: 지형과 지반 상태, 경사도, 토질, 기후 조건, 형상, 물 등

2. **사회적 여건**: 도로, 대중교통, 교육, 의료시설, 위험 혐오시설, 근린 상업시설의 입지 등

3. **인문적 여건**: 지역민의 성향, 주변 지역의 개발 여부, 휴양시설 등 입지 여건

4. **개발적 여건**: 부지의 모양, 대지의 최소 폭, 도로 폭, 부지의 방향, 지역 분위기 등

5. **행정적 여건**: 지적 공부 확인, 현황 지목 파악, 소유권 이전 여부, 특별한 규제 등

그리고 토지를 구입할 때는 다음 8가지 사항을 반드시 알아봐야 한다.

1. 접근성이 좋은지 알아본다. 포장도로와 비포장도로의 폭이 몇 미터인지도 중요하므로 꼭 확인한다.

2. 현장에 가까워지면서 목적토지의 진입로를 점검한다. 목적토지가 기존 도로에 접해 있는지, 그 도로 폭이 얼마나 되고 포장인지 아닌지를 살펴본다. 또한 그 도로가 지적도상에 나타난 누구나 이용할 수 있는 공로인지 아니면 개인이 만든 사도로인지도 아주 중요하다. 건축허가를 위한 필요조건이기 때문이다.

3. 현장에 도착하면 목적지 주변의 경치와 지반을 둘러본다. 배산임수의 명당 터라면 좋겠지만 그렇지 않고 들판 한가운데 있거나 산에 바짝 붙어 있다면 피하는 것이 좋다.

4. 마을이나 지역의 특성과 분위기를 파악한다. 옆집에 막무가내인 사람들이 살고 있지 않은지, 과거에 나쁜 일이 일어난 지역이 아닌지 등을 알아볼 필요가 있다. 그러려면 그 지역을 찾아가서 동네 구멍가게 등에 앉아 마을 사람들과 이야기를 나누며 물어봐야 한다.

5. 지적도를 들고 정확한 경계와 도로를 파악한다. 진입도로는 물론 땅의 위치와 경계, 모양, 땅이 앉은 방향 등도 대단히 중요하다. 지적도를 들고 현장을 직접 찾아가 나중에 집을 지을 때 어느 방향으로 집을 앉힐지 머릿속으로 구상해 본다. 경계 옆에 비닐하우스가 있거나 근처 밭 또는 산이 홍수 피해나 토사, 붕괴, 함몰 등의 전력이 있거나 그럴 위험성이 있으면 좋지 않기 때문이다.

6. 주변을 둘러보면서 공동묘지나 화장장, 염색 가공이나 가죽 공예, 목재 가구 공장, 레미콘 공장 등 2킬로미터 이내에 혐오시설이 있는지 알아본다.

7. 전기와 전화를 쉽게 끌어올 수 있는지 점검한다.

8. 용수와 식수를 어떻게 조달할지 확인한다.

이젠 귀농·귀촌을 위한 정부지원제도를 알아봐야 할 차례다.

1. 귀농자가 3주(또는 100시간) 이상의 귀농 교육을 이수하는 경우 농업창업자금, 주택자금 등을 신청할 자격이 부여된다.

2. 농업진흥청의 귀농 프로젝트나 '엘리트귀농대학'도 활용해 볼 수 있다. 직장의 조기 은퇴 예정자를 대상으로 귀농 준비를 돕는 교육 프로그램으로 품목별 기술, 경영, 창업 컨설팅, 현장 기술, 사후관리를 지원한다.

3. 농림수산식품부, 농촌진흥청, 지자체 주관 인정 교육은 '귀농·귀촌 종합센터' 홈페이지를 참조하라. 전국 560곳에 '선도 실습 농장'이 있는데, 이 농장에서 일하게 되면 참가자에게는 월 80만 원씩 6개월간 지원하며 멘토에게도 6개월간 80만 원씩 제공한다.

4. 농업 기술과 경영 방법에 따라 소득 편차가 크다. 최저 3배에서 최고 15.8배까지 소득 차이가 나므로 공부하고 연구하는 것이 중요하다.

귀농·귀촌에 대한 공부가 필요하면 농촌진흥청에서 발간하는 『표준영농교본』을 참고하는데, 농업인신문사에서 구입할 수 있다. 또한 시·군 농업기술센터와 농협의 작목반, 대학 등을 활용하고 인터넷으로는 농촌진흥청의 농업과학도서관을 활용하면 된다. 또한 귀농·귀촌 작목

종합정보 이용은 귀농·귀촌 종합센터, 재배 기술이나 토양은 농촌진흥청을 활용할 수 있다.

농업기술센터, 농업기술원, 농촌진흥청에서 주관하는 교육도 받을 수 있는데, 해당 시군 홈페이지를 보면 교육 프로그램이 나와 있다. 또한 관련 협회나 농협, 대학 등 민간교육기관(www.agriedu.net)을 활용할 수도 있다. 사이버 교육을 받고 싶다면 농촌진흥청의 농촌인적자원개발센터, 농·식품 교육문화정보원 등을 활용하면 된다.

관련 정보처

· 귀농귀촌 종합센터 www.returnfarm.com

· 농림수산식품부 www.mafra.go.kr

· 농촌진흥청 www.rda.go.kr

· 국립농산물품질관리원 www.naqs.go.kr

· 경기도농업기술원 nongup.gg.go.kr

· 한국농어촌공사 www.ekr.or.kr

· 농협 www.nonghyup.com

· 카페: 귀농사모/한국귀농인협회 http://cafe.daum.net/refarm

　　　귀농안심마을 http://cafe.daum.net/dalealove

　　　토지사랑모임카페 http://cafe.daum.net/tozisarang

전원생활의 시작, 꿈을 이루다

어린 시절의 향수 때문인지 김기만 씨는 평소 전원생활에 관심이 많아 1시간 정도 떨어진 도심 근교에서 살고 싶어 했다. 그는 이왕이면 산과 인접해 있어 등산도 하고 산에서 여러 가지 수확물을 채취하며 사는 삶을 꿈꿨다. 그에게 왜 전원생활을 하려고 하는지, 그 목적이 무엇인지 물어봤다. 그는 한마디로 자연 속에 있으면 너무 좋다고 대답했다. 사실 그냥 좋은 것보다 더 좋은 것은 없다. 그러나 좀 더 명확하고 구체적인 목적을 발견하도록 몇 가지 질문을 더 했다. 막연한 전원생활은 쉽게 지치고 금방 싫증이 날 수도 있기 때문이다.

· 전원생활을 하면 어떤 점이 좋은가?
· 전원생활은 자신에게 어떤 의미가 있는가?
· 전원생활을 통해 자신이 목표한 것을 이룰 수 있는가?

김기만 씨는 선뜻 대답을 하지 못하고 이틀 뒤에 숙제를 해 오겠다며 돌아섰다. 다시 만난 그는 이렇게 말했다.

"전원에 가면 도심 속에서 느끼는 답답한 가슴이 뻥 뚫리는 느낌을 받고, 언제나 가슴 한쪽이 허전한 채로 지내다가 그곳에 가면 채워집니다. 그리고 바라는 건 전원생활을 하면서 약간의 소득도 있었으면 좋겠습니다."

김기만 씨는 이 목표를 답변으로 가져왔다. 그는 도심 속에서의 고단한 삶을 전원생활을 통해 치유하고 싶어 하는 것처럼 보였다. 하지만 생활 터전이 도시인지라 완전히 정리하긴 힘들고 당분간 두 곳을 오갔으면 하는 희망을 갖고 있었다.

여기서 김기만 씨가 잘 모르는 부분이 있었다. 전원생활(귀촌)을 통해 소득을 얻는다는 것은 거의 불가능에 가깝다는 사실이다. 그래서 전원생활(귀촌)과 귀농에 대한 구분을 명확히 할 것과 귀농이 목표라면 전원생활에 대한 접근이 완전히 바뀌어야 한다는 것을 조언했다. 그는 전원생활(귀촌)을 우선시하고, 그 후 가능하다면 작물을 한두 개 공부해서 시작해 보겠다는 목표에 도달했다.

김기만 씨는 주말마다 근교의 이곳저곳을 기웃거리며 적합한 곳을 물색했지만 오랫동안 '이곳이다'라는 생각이 드는 곳을 찾지 못했다. 그래서 전원생활을 좀 더 구체적으로 진입할 수 있는 기회로 '실전 경매 세미나'를 소개했다. 시세보다 싸게 구매할 수도 있고, 딱히 정해져 있는 지역이나 연고가 없다면 경매 물건을 중심으로 토지를 살펴볼 수 있어 탐색 지역도 좁힐 수 있기 때문이었다. 경매 세미나에 참석한 그는 등기부등본 보는 법, 경매 물건 보는 법, 유찰된 물건 구별 등 경매를 하기 위해 필요한 것들을 숙지하기 시작했다. 경매 초보인 김기만 씨는 세미나를 통해 이론적으로 어렴풋이 알게 된 지식들을 직접 서류를 살펴보고, 현장을 통해 충분히 이해할 수 있을 때까지 열심히 공부했다.

그 후 김기만 씨가 좀 더 구체적으로 경매를 익힐 수 있도록 법원을 견학하여 실전에 참가해 보는 모의 경매 세미나를 다시 추천했다.

"현장에서 실제로 경매에 참여해 보니 경매가 어떻게 이루어지는지 확실히 이해할 수 있었어요."

그는 참가 소감과 함께 자주 법원에 가서 모의 경매를 해 보기로 작정했다는 것이다.

김기만 씨는 2년 동안 지속적으로 경매 물건을 뒤지고 주말이면 아내나 지인과 함께 등기부등본을 들고 경매 물건을 직접 찾아다녔다. 때로는 실망하고 때로는 덩치가 너무 커서 주눅이 들고 주말마다 설렘과 허탈감 사이를 오갔다.

그날도 다른 날과 다름없이 경매 물건을 찾아다니다가 마지막으로 '덩치가 너무 커서 현장을 살펴볼 필요도 없지만 구경이나 하고 가자.' 라는 마음으로 산기슭에 있는 땅을 찾아갔다. 시가 10억 원짜리 물건인데 2차 유찰이 되어 3차 60퍼센트 선에 턱걸이를 하고 있는 땅이었다. 그런데 그곳이 정말 마음에 들었다. 산기슭이면서 산이라고 표현하기도 민망한 높지 않은 민둥산이었다. 몇 가구 되지 않은 마을이 내려다보이고, 민둥산을 넘어가면 건넛마을도 한눈에 들어왔다.

이런 땅은 주로 도로와 맞닿은 부분이 전혀 없는 맹지라서 접근이 쉽지 않은데 다행히 자동차 하나 정도 다닐 진입로가 만들어져 있었다. 지적도에는 나타나 있지 않은 그런 도로였다. 게다가 전기도 이웃집에서 끌어다 쓸 수 있었다. 그는 꼭 이 땅을 구입하고 싶었다. 그런데 가진 돈이 별로 없었다. 70퍼센트(경매 물건의 최대 금액)를 대출받는다고 해도 자신에게 너무 큰 덩치였다. 고심 끝에 평소 관심을 갖고 있던 지인에게 함께 구입할 의사가 있는지 물어보기로 했다. 전 직장 동료였던 지인이 흔쾌히 참여하기로 했고 1억 5000만 원 정도의 금액으로 3000평의 땅을 구입할 수 있었다.

김기만 씨는 이 물건이 마음에 들어 3차 유찰금액 5억 원에서 4000만 원을 더 높게 썼다. 경매 참여자가 2명이었는데 좀 더 높게 써낸 그가 낙찰받게 되었다. 토지를 구입한 그는 조금씩 전답을 개간하기 시작했다. 공사장에서 나오는 흙을 아주 싼 값에 구입해 트럭으로 운반해 쌓았고, 결국에는 산기슭을 모두 밭으로 만들었다. 개간 문제로 구청에서 실사가 나오기도 했지만 그건 별 문제 없이 잘 해결되었다.

한 귀퉁이에 쉴 수 있는 정자도 만들고 작은 연못도 만들어 붕어까지 키운다. 한겨울과 한여름을 제외하면 김기만 씨의 주말은 전원생활이다. 겨울에도 정자에 텐트를 치고 바닥에는 전기장판을 깔고 누워 하늘의 별을 볼 수 있다고 만날 때마다 자랑이 대단하다. 봄부터 잡초와의 전쟁을 치러야 한다며 텃밭으로 사용하지 않는 공간에는 잔디를 심는 것이 더 효율적일 거라며 의욕이 넘친다. 소나무와 과실수, 꽃나무들로 가득한 자신만의 공간을 즐길 수 있어 더없이 만족스러워한다. 도시 근교에 전원생활 터를 마련한 덕분에 형제들도 2주일에 한 번씩 텃밭을 가꾸기 위해 이 공간을 찾는다. 자연스럽게 가족들이 이 텃밭을 중심으로 모이게 되었다. 형제들 얼굴도 자주 볼 수 있고, 지인들과의 만남도 텃밭에서 삼겹살 파티로 대신하며 재미가 한창이다.

지금 김기만 씨는 10년 후를 염두에 둔 채 조경수를 한 그루씩 심고 있다. 적어도 3년 뒤부터는 수익을 낼 수 있을 거라며 조경수 공부에도 열심이다.

김기만 씨는 전원생활 준비를 프로세스대로 차분히 잘해 나가고 있다.

첫째, 전원생활(귀촌·귀농)하고자 하는 목적을 분명히 했다.

둘째, 토지 구입을 시세보다 40퍼센트나 저렴하게 구입했음에도 특별한 문제가 없었다.

셋째, 목적에 부합하는 작물을 선택했다.

물론 앞으로 더 고민하고 노력해야 하는 부분이 있지만 지금처럼 차분히 원하는 것을 하나씩 준비한다면 큰 문제 없이 전원생활을 즐길 수 있으리라고 생각한다.

5장

건강한
은퇴자금 관리

70세 정도의 어르신이 찾아오셔서 다음과 같은 하소연을 했다.

"지금 당장 먹고 쓸 돈도 없는데, 정작 주택연금은 신청도 안 되지 뭡니까!"

알고 보니 살고 있는 주택 가격이 20억 원 정도 되어

주택연금을 신청할 수 있는 기준(9억 원)을 초과해 주택연금 신청이 안 되는 것이었다.

자산은 많은데 정작 삶의 질이 떨어지는 사례로 씁쓸한 생각이 들었다.

이런 경우 대부분 주택을 다운사이징하여 이사하는 것에 대해 소극적인데,

이는 다른 지역으로 이사하는 것에 대한 거부감과

'그래도 집은 자식들에게 물려줘야지'라는 인식이 아직도 존재하기 때문이다.

그러나 이 사례의 경우 자녀들에게 집이 상속된다고 마냥 좋아할 수 있을까?

퇴직 후에 나타난 외적 변화

퇴직을 가장 먼저 실감하게 만드는 건 4대보험과 급여 등 수입 중단이다. 고용보험 가입자는 퇴직하고 나면 실업급여를 받을 수 있는데, 회사에서 퇴직 처리를 했는지 알아본 뒤 집과 가장 가까운 고용센터를 찾아가 실업급여를 신청하면 된다. 최장 8개월까지 월 150만 원 정도를 받을 수 있고, 신청에서 수급까지 1년 안에 모두 끝마쳐야 하므로 서둘러 신청해야 한다. 만약 실업급여를 다 받기 전에 취업하면 기간을 따져 일시불로 조기 취업수당도 준다.

국민연금은 특별한 조치를 취하지 않아도 상황 결과가 집으로 통보되고 재취업할 때까지 납부하지 않아도 된다. 실직 기간에도 불입할 의사가 있다면 연락을 취하면 된다. 퇴직 후부터 국민연금을 수령할 때까지 수입은 없지만 연금을 불입하는 것이 더 유리한지, 중단하는 것이 유리한지는 개인마다 다르므로 따져 본 뒤에 결정하도록 한다.

건강보험은 지역 의료보험으로 대체된다. 자녀나 배우자가 직장생활을 하고 있다면 함께 혜택을 보는 것이 좋은데, 주민등록등본을 발급받아 자녀나 배우자의 직장에 제출하면 된다. 그렇지 않으면 지역 건강보험으로 넘어가 비싼 보험료를 내야 한다. 건강보험은 국민연금과 달리 스스로 챙겨야 한다. 하지만 산재보험은 특별한 조치를 취하지 않아도 퇴직과 동시에 자동 처리된다.

가장 걱정스러운 것은 수입 중단이다. 당장 생활에 필요한 공과금과 생활비를 걱정해야 할 수도 있다. 그러므로 퇴직 후에는 가장 먼저 재정 변화에 대해 꼼꼼하게 대책을 마련하는 것이 좋다. 실직 기간이 몇 개월 정도가 될 것인지를 예상해 보고 마이너스 통장을 활용할 것인지, 적금 통장을 이용할 것인지, 당장 취업을 해야 하는 상황인지 판단한 뒤 이에 따른 대안을 세우는 것이 가장 먼저 할 일이다.

만약 당분간 수입이 없다면 생활비를 최소한으로 줄이고 가족과 함께 고민하며 계획을 수립하는 것이 좋다. 김형욱 씨는 이런 과정을 거치지 않아서 어려움을 겪은 경우다.

"퇴직 후 제2의 인생을 설계하기 위해 시간이 필요하다는 생각만 했지 재정에 대해서는 별로 고민해 보지 않았어요. 만약 재정 계획을 먼저 세웠다면 좀 더 적극적으로 구직활동을 펼쳤을 겁니다."

이처럼 개개인마다 재정 상태가 다르기 때문에 자신에게 적합한 은퇴 크레바스*, 즉 소득 공백기를 위한 계획이 반드시 필요하다.

그리고 퇴직을 앞둔 시니어들이 고민하는 것들 가운데 하나가 바로 은퇴자금이다. 은퇴자금 준비는 국민연금, 개인연금, 퇴직연금, 질병에 대비한 보험 등으로 이루어진다. 이에 상응하는 노후 준비가 되어 있다면 크게 걱정할 필요가 없지만 그렇지 않다면 지금부터라도 준비해야 한다. 사실 은퇴 시점에서 은퇴자금 준비를 한다는 것은 너무 늦다. 그래도 지금부터 챙기는 것과 그러지 않는 것과는 역시 큰 차이가 난다.

노후생활을 위한 준비, 연금!

일반적으로 노후생활의 3중 보장으로 국민연금, 퇴직연금, 개인연금을 얘기하는데, 최근에는 5중 보장으로 여기에 주택연금과 취업을 통한 근로소득을 포함시키기도 한다. 중요한 것은 노후생활이 실제로 시작되었을 때 매월 발생하는 고정적 소득과 관련한 현금 흐름이 생활이 가능할 정도로 안정적인가 하는 점이다.

실제로 노후생활은 자산 규모보다는 매월 발생하는 현금 흐름이 그 삶의 질을 좌우한다. 본인이 아무리 100억 자산가라도 현금화하기 어려운 토지로 전 재산을 가지고 있어 정작 월 소득이 없다면 자산은 전혀

---

* 크레바스 : 히말라야에서 눈에 보이지 않는 빙하의 갈라진 틈을 말한다. 산악인들에게는 가장 피하고 싶은 장애물이다. 정상을 정복하고 내려오는 길에 이 크레바스에 빠져 목숨을 잃는 경우가 많다.

없지만 매월 연금으로 100만 원 나오는 사람보다 삶의 질이 떨어질 수밖에 없다.

실제로 몇 년 전 모 구청의 보건소에서 65세 이상 노인들을 대상으로 은퇴 후 자산관리에 대해 특강을 한 적이 있다. 그때 70세 정도의 어르신이 찾아오셔서 다음과 같은 하소연을 했다.

"지금 당장 먹고 쓸 돈도 없는데, 정작 주택연금은 신청도 안 되지 뭡니까!"

알고 보니 살고 있는 주택 가격이 20억 원 정도 되어 주택연금을 신청할 수 있는 기준(9억 원)을 초과해 주택연금 신청이 안 되는 것이었다. 자산은 많은데 정작 삶의 질이 떨어지는 사례로 씁쓸한 생각이 들었다. 이런 경우 대부분 주택을 다운사이징하여 이사하는 것에 대해 소극적인데, 이는 다른 지역으로 이사하는 것에 대한 거부감과 '그래도 집은 자식들에게 물려줘야지'라는 인식이 아직도 존재하기 때문이다.

그러나 이 사례의 경우 자녀들에게 집이 상속된다고 마냥 좋아할 수 있을까? 만약 자녀들이 상속세를 낼 현금이 없다면 물납, 부동산을 담보로 한 대출이나 부동산을 처분해야 하는 상황이 발생할 수도 있다. 일단 물납의 경우에는 과세 관청에서 시가 기준이 아닌 기준 시가로 받아 일정 시점이 지난 뒤 세금을 제외한 차액을 돌려주기 때문에 납세자에게 많은 손해를 끼칠 가능성이 있다.

또한 부동산담보대출의 경우에는 금융기관 등에서 부동산에 대한 감정평가를 실시하고, 부동산 처분 후에는 양도가액이 정해지는데, 상속개시일 전후 6개월 이내에 감정평가액이나 양도가액은 실제 상속재산으로 평가된다. 이처럼 시가가 드러날 경우 일반적으로 상속세 과세대상가액이 증가하는 문제가 발생한다.

따라서 노후자금 설계를 할 때 가장 중요한 사항은 은퇴 후 월간 현금 흐름을 적어도 '소득대체율 70퍼센트'로 유지하는 것이다. 소득대체율이란 '내가 평생 받은 급여를 평균 내어 현재 가치로 환산한 금액'으로 생각하면 편하다. 사실 은퇴한다고 해서 당장 생활비가 줄어드는 게 아니기 때문에 '소득대체율 70퍼센트'는 최소한의 개념으로 접근하는 것이 바람직하다.

그러나 3중 보장을 고려할 때 이 '소득대체율 70퍼센트'를 달성한다는 것이 현실적으로 만만치가 않다.

아이템 검증 프로세스국민연금 가입 기간이 40년일 경우 소득대체율

구분	1988~1998년	1999~2007년	2008~2027년	2028년 이후
소득대체율	70%	60%	50% (매년 0.5% 감소)	40%

국민연금의 경우 1988~1999년 수급자의 경우 소득대체율이 70퍼센트였지만, 1999~2007년 수급자는 60퍼센트로 떨어졌고, 2008년에는 50퍼센트를 기점으로 매년 0.5퍼센트씩 감소하여 2028년 이후에는 소득대체율이 40퍼센트로 떨어지게 된다. 더군다나 이런 연금 수급의 전제조건은 '국민연금 40년 가입'이다. 우리나라에서 국민연금을 40년

씩 불입하는 사람이 과연 몇 퍼센트나 될까? 따라서 국민연금의 실제 소득대체율은 12~25퍼센트 정도로 추정하는 것이 합리적이다.

또한 퇴직연금의 경우에도 30년 근무 시 소득대체율을 17퍼센트(수익률 연 5퍼센트 가정 시)로 판단하는데, 과거에 퇴직금을 중간 정산하는 경우도 많았고 현실적인 기업 근무 기간이 있으므로 퇴직연금의 실제 소득대체율은 12~15퍼센트 내외일 것으로 추정된다.

따라서 1~2중의 보장인 국민연금과 퇴직연금의 소득대체율을 합하면 24~40퍼센트일 것으로 예상된다. 그렇다면 그 차액을 개인연금과 주택연금으로 보완해야 하는데, 이것 또한 어려울 경우 직업적인 근로소득으로 보완해야 한다.

은퇴 이후 맞이하는 시기별 3단계

은퇴 후의 생활은 크게 재무적 영역과 비재무적 영역으로 나눌 수 있다. 돈이 많다고 해서 은퇴 후 삶의 질이 높다고 보기는 어렵다. 실제로 삼성생명 은퇴설계연구소에 따르면 재무적 준비는 평균 이하이지만 은퇴 준비 종합 지수가 상위 30퍼센트인 사람을 분석해 본 결과 이들이 일과 주거, 건강, 심리적인 부분 등 4개 항목에서 준비 지수가 높다고 한다. 물론 기본적인 월 생활비가 부족하면 은퇴 후 삶의 질은 급격히 떨어질 수밖에 없다.

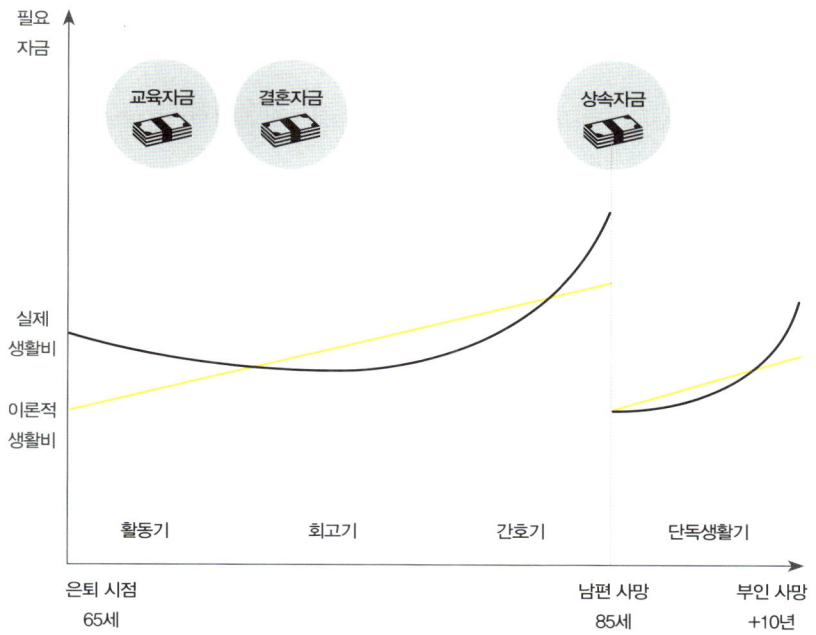

은퇴 이후 필요한 자금

은퇴 후의 생활 기간은 부부가 왕성하게 활동하는 활동기, 활동량이 줄어드는 회고기, 간병생활이 시작되는 간호기, 부부 중 한 명이 사망하고 홀로 생존하는 단독생활기로 나눌 수 있다. 이론적인 생활비의 구조는 직선으로 우상향하지만, 실제 생활비 구조는 활동기에 높았다가 회고기에 낮아지고 간호기에 다시 높아지는 구조를 보인다. 그러므로 이를 감안한 현금 흐름 계획을 미리 세워야 놓아야 한다.

1단계: 활동기

은퇴 직후인 60~75세에 해당하는 기간으로, 이 시기에는 직장생활로부터 해방감을 느끼는 등 이제 막 시작된 제2의 인생을 충분히 만끽하고 싶다는 생각이 강하다. 그래서 그동안 미뤄 왔던 해외여행, 국내여행, 운동, 취미생활, 사회봉사 등에 관심을 갖고 적극적으로 움직이기 시작한다. 활동량이 늘어나고 즐거운 일을 하다 보니 비용도 그만큼 많이 발생한다.

국민연금과 개인연금 중 종신연금 형태를 기본적인 생활비라고 한다면 일정 기간 나눠 지급받는 퇴직연금과 개인연금 중 확정연금 형태를 이 시기에 쓸 수 있는 연금형 자금으로 볼 수 있다. 따라서 소득공제가 되는 세제적격연금 등은 이 시기에 대비해 젊은 시절부터 적극적으로 적립해 놓을 필요가 있다.

만약 이런 개인연금을 들어 놓지 않았다면 활동기라고 하더라도 향후 남아 있는 노후 기간에 대비하기 위해 소득 대비 지출이 초과되지 않도록 지출을 적절하게 통제하는 것이 바람직하다. 또한 아직 일할 수 있는 체력이 있으므로 일에서 완전히 손을 떼기보다는 경력을 활용한 일이나 사회공헌 일자리, 봉사활동, 단순 업무 등 사회적 어른으로서의 역할을 병행한다. 또한 자신이 살아 있는 이유에 대한 답을 찾아가는 심리적·육체적·경제적 활동을 병행하는 것이 좋다. 사회적으로 자기 역할을 수행하면서 사회 구성원들과의 끈을 놓지 않도록 항상 신경 쓴다.

즐거운 일을 하면서 받는 월급 100만 원의 의미

현재의 정기예금 금리를 연 2.5퍼센트라고 가정할 때 약 5억 7000만 원이

있어야 이자소득세를 제하고 월 100만 원의 이자를 수령할 수 있다.

즉 즐겁게 일하고 받는 월급 100만 원은 소득이 전혀 없는 사람이 가진 현

금 5억 7000만 원과 동일한 효력을 가진다.

2단계: 회고기

일반적으로 70대 중반에서 80대 중반까지를 회고기로 본다. 이 기간에는 건강상 큰 문제는 없지만 60대와 달리 활동이 서서히 줄어들고 지금까지의 인생을 돌아보게 된다. 또한 사람들(가족, 지인)과 많은 시간을 갖기를 원하며, 어린 시절을 보낸 곳에서 자연과 함께하는 생활을 그리워하기도 한다. 그래서 가족이나 지인들이 사는 가까운 곳이나 날씨가 온화한 곳, 자연을 벗 삼아 사는 전원생활이 가능한 곳으로 이사를 가기도 한다.

대체로 건강에는 큰 문제가 없지만 활동이 차츰 줄어들어 생활비가 가장 적게 드는 시기다. 심리적 안정을 위해선 사람들과의 사회적 교류가 단절되지 않도록 주의해야 한다. 갑자기 교류가 끊기는 경우 우울증이나 무력감에 빠질 수도 있다. 이때 가족이나 지인들과 함께 시간을 보내게 되면 심적으로 편안하고 기쁨을 만끽할 수 있어 좋다.

이 외에도 종교단체나 봉사단체에 가입해 몸을 부지런히 움직이고, 자신보다 활동력이 더 떨어지는 노인들을 위한 봉사활동을 하는 것도 좋다. 외국처럼 60세 중년이 80세 노인을 돌보는 것도 좋은 시스템이라는 생각이 든다.

3단계: 간호기

간호기는 80대 중반부터 시작된다. 이 시기는 의료비와 간병비 지출이 늘어 재무적으로 위험 요인이 될 가능성이 높다. 특히 뇌졸중이나 치매와 같은 노인성 질환이 발병할 경우 LTC(Long Term Care) 상황이 발생하여 간병비가 장기간 지출되기도 한다. 따라서 이런 점을 염두에 두고 재무 계획을 세워야 한다. 공적 국민건강보험과 민영 실손보험을 매칭시켜 의료비 발생에 대비하고, 공적 노인장기요양보험과 민영 간병보험을 매칭시켜 간병 상황 발생에 대비하는 것도 한 가지 방법이 될 수 있다. 최근에는 생명보험사의 연금보험 특약 중 LTC 연금특약이 신설되었는데, 이는 종신형으로 연금을 지급받다가 노인장기요양등급 2등급 이상 판정(회사별로 약관 내용에 차이가 있음)을 받으면 연금액을 2배로 늘려 지급하는 형태다.

향후 가장 걱정스러운 부분이 바로 이 간병 상황 발생에 따른 의료비 지출이다. 치매의 경우 유병이 발견된 후 평균 생존 기간이 12.6년으로 알려져 있는데, 그만큼 간병비 지출이 늘어나서 가정경제에 큰 부담을 안겨 줄 수도 있다.

실제로 상담을 했던 A씨의 경우 1962년생으로 어머니가 뇌졸중으로 쓰러지시면서 LTC 상황이 발생했다. 자신도 일을 해야 하는 상황이므로 주간과 야간으로 간병인을 고용하다 보니 간병비로 매월 280만 원이 지출되었다. 그나마 최근 4인 1실을 운영하는 요양병원으로 어머니를 모시면서 매월 간병비가 200만 원으로 줄었다.

노인장기요양등급 판정을 신청했지만, 번번이 3등급 판정에 그쳐 현금 지원을 못 받아 지속적으로 들어갈 간병비를 걱정해야 하는 상황이다.

은퇴 설계를 위한 6가지 투자 원칙

은퇴 설계 투자의 3대 기본 요소라고 하면 유동성, 안전성, 수익성이다. 이 3대 요소는 어느 것이 더 중요하다고 말할 수 없으며, 적절히 균형을 유지하면서 투자하는 것이 좋다. 일단 은퇴생활이 시작되면 갑작스러운 의료비 발생 등 비정기적 지출에 취약할 수밖에 없으므로 월 지출액의 6배 정도는 현금성 자산으로 가질 수 있도록 유동성 확보가 매우 중요하다.

은퇴 설계 투자는 일단 위험성을 고려해야 하는데, 투자에 따른 위험은 인플레이션과 투자변동성이다. 이 2가지는 동시에 제거할 수 없는 위험으로, 즉 인플레이션 위험을 제거하기 위해 수익성이 높은 자산에 투자하면 투자변동성에 의해 원금을 손해 볼 가능성이 높아진다. 한편 이런 투자 방식이 위험하다는 생각이 들어 안전 성향의 자산에 투자하게 되면 인플레이션에 노출된다. 따라서 투자 원칙을 세워 투자 기간에 따른 자산 배분이 무엇보다 중요하다. 그러면 도대체 어떻게 투자해야 할까?

먼저, 부동산 비중이 너무 높지 않도록 조정한다. 부동산은 실물자산으로 인플레이션을 방어한다는 장점이 있긴 하지만, 바로 현금화하기가 어려워 유동성이 부족하고 보유세 부담 등 세제가 복잡하다는 단점이 있다. 또한 수익형 부동산을 구입한다고 하더라도 경험이 부족한 사람들은 갑작스러운 수리비 발생 등에 취약할 뿐 아니라 사업자 등록에 따른 건강보험 지역가입자 전환으로 비용 증가, 공실 발생, 입주자와의 분쟁에 따른 삶의 질 저하 등 여러 가지 문제가 발생할 가능성이 있으므로 꼼꼼하게 따져보고 투자하되 금융자산과의 비율을 적정하게 가져가도록 미리 조치를 취하는 것이 바람직하다.

둘째, 연금자산의 비중을 높이고 종신형으로 설계하는 것이 중요하다. 가장 좋은 것은 공적 연금으로 매년 물가상승률만큼 상승하게 되므로 물가를 방어할 수 있다는 장점이 있다. 개인연금의 경우에는 종신연금으로 받을 수 있는 상품에 가입하되 되도록 부부 중 한 명이 사망하더라도 남은 배우자가 연금을 계속 받도록 부부형 연금을 선택한다. 다만 이런 개인연금의 경우 물가에 취약하므로 일부는 채권이나 주식형 자산으로 운영하여 물가상승에 대비하도록 한다.

셋째, 세금과 수수료를 낮추는 투자안을 우선적으로 고려해야 한다.

148

고령화가 가속화되고 있는 OECD 국가들의 경우 이자소득세가 30퍼센트를 넘는 국가가 많은데, 우리나라의 경우에도 금융소득종합과세 기준이 연 4000만 원에서 2000만 원으로 낮아지는 등 과세 체계가 강화되고 있다. 따라서 비과세와 분리과세를 받을 수 있는 금융상품을 선택하는 것이 바람직하다. 또한 펀드나 연금보험과 같은 상품에 가입할 때는 수수료를 낮출 수 있는 방법을 선택하는 것이 좋다. 과거 자동차보험이 다이렉트로 바뀌면서 보험료가 낮아졌던 것처럼 온라인 생명보험몰, 온라인 펀드슈퍼마켓 등이 활성화되고 있으므로 이를 활용한다면 금융상품의 수수료를 낮출 수 있다.

넷째, 장기투자 상품을 선택해 일찍 시작한다. 장기투자의 장점은 복리 효과에 있다. 일반적인 주식형 펀드나 향후 연금 수령이 가능한 변액보험의 경우 정액적립식으로 장기투자를 하면 주식의 평균 매입단가를 낮춰 다른 투자 방법에 비해 투자변동성은 낮추면서 안정적으로 수익률을 올릴 수 있다는 장점이 있다. 다만 이렇게 적립식으로 투자하더라도 자산 규모가 일정액 이상으로 커질 경우 거치자산화가 되므로 이런 경우 안정적인 채권형 자산으로 옮기는 관리 전략이 중요하다. 금융상품 내의 자산 재배분 옵션을 선택하는 것도 한 가지 방법이다.

다섯째, 배우자의 은퇴 설계를 같이한다. 함께 생활한다고 해서 같은 날 같은 시간에 사망하는 것은 아니다. 특히 우리나라의 경우 주로 남편의 나이가 많아서 아내가 홀로 10년 이상 생활하는 경우도 많으므로 이에 대비할 필요가 있다. 따라서 처음부터 은퇴 설계를 여성 중심으로 하는 것도 방법이 될 수 있으며, 부부간 상호 사망보장보험에 가입하여 사망 후 수익자를 배우자로 한다면 홀로 생존하는 기간에 생활비로 쓸 수 있다. 이 외에도 부부형 개인연금이나 유족연금과 같은 안전장치를 마련해 둘 수도 있다.

여섯째, 물가상승률을 충분히 고려해야 한다. 평균 수명이 길어지면서 은퇴했다고 자산을 보수적으로 운영하는 것은 오히려 자산을 감소시키는 요인이 될 수 있다. 이미 고령화가 심각한 일본의 경우 월 지급식 펀드의 분배금 경쟁이 벌어질 정도로 노인층의 주식형 자산 투자가 활성화되어 있다. 따라서 은퇴자라 할지라도 자산 중 10~20퍼센트 정도는 물가상승률을 고려해 투자형 자산에 예치하는 것이 바람직하다.

이 6가지 원칙은 은퇴 후부터 사망할 때까지 필요한 은퇴자금의 특징과 준비 방법을 살펴본 것이다. 이 원칙을 잘 지켜서 노후를 설계한다면 보다 여유로운 삶을 위한 터전을 마련할 수 있다.

부족한 은퇴자금, 이렇게 채워라

2013년 통계청이 발표한 가계금융 조사 자료에 따르면 50대 베이비부머들의 경우 2013년 3월 말 기준으로 4억 2479만 원을 보유하고 있는 것으로 나타났다. 이는 동일 조사에서 40대나 60대 가구보다 1억 원 정도 많은 수준이지만, 총 자산에서 부채가 차지하는 비율이 18퍼센트로 평균 7700만 원을 보유하고 있다. 즉 50대 베이비부머의 순자산은 3억 5000만 원에 불과하며, 더구나 이 자산 구조에서 부동산과 같은 실물자산이 차지하고 있는 비율이 75퍼센트에 달한다.

이런 상황에서 자녀의 교육자금이나 결혼자금에 대한 수요가 있을 경우 순자산이 지속적으로 줄어들어 노후생활에 영향을 줄 수 있다. 기초적인 연금으로 생활이 어려울 경우에는 주택연금을 신청하는 것을 적극적으로 고려해야 한다.

주택연금은 만 60세 이상의 고령자가 소유한 주택을 담보로 맡기고 평생 혹은 일정한 기간 매월 연금 방식으로 노후생활 자금을 지급받는 국가가 보증하는 금융상품이다. 한국주택금융공사가 연금 가입자를 위해 은행에 보증서를 발급하고 은행은 공사의 보증서에 따라 가입자에게 주택연금을 지급하게 되는데, 나중에 연금 수급자가 모두 사망할 경우 주택을 처분해서 남는 금액은 정산 과정을 거쳐 상속인에게 지급되고, 이미 지급받은 연금 수급액이 집값을 초과해도 상속인에게 추가 비용이 청구되지 않고 계약은 종료된다.

주택연금은 부부 기준 1주택만을 소유한 사람이 만 60세 이상일 경우 신청이 가능한데, 부부 공동으로 주택을 소유한 경우 연장자가 만 60세 이상이어야 한다. 확정 기간 방식으로 연금을 지급받을 경우 주택 소유자가 만 60세 이상인 사람들 중 연소자가 만 55~74세에 해당되어야 한다. 대상 주택은 시가 9억 원 이하의 주택 또는 지방자치단체에 신고된 노인복지주택이다.

주택연금은 국가가 연금 지급을 보증하므로 지급이 중단될 위험이 없고, 주거의 안정성을 확보하면서 부동산 자산을 유동화할 수 있다는 장점이 있다. 또한 저당권 설정 시 등록세와 지방교육세, 농어촌특별세, 국민주택채권매입 의무가 면제되며, 주택연금 대상 주택은 재산세를 25퍼센트 감면해 주는 세제 혜택도 있다(단 5억 원 초과 주택은 5억 원에 해당하는 금액만큼만 감면된다). 또한 이자 비용은 연금소득공제(200만 원 한도) 대상이 된다.

주택연금은 수시인출 한도 설정 없이 월 지급금을 받는 종신지급 방식이나 수시인출 한도 설정 후 나머지 부분을 월 지급금으로 받는 종신혼합 방식을 선택할 수 있다. 종신혼합 방식으로 받을 경우 의료비, 교육비, 주택수선유지비와 주택담보대출 상황 용도나 담보주택에 대한 임차보증금 반환 용도 등 총 사용한도의 50퍼센트 이내에서 수시로 지급받도록 인출 한도를 설정할 수 있으며, 인출 한도를 설정한 만큼 월 지급금이 적어지게 된다.

월 지급금을 받을 경우에는 평생 일정한 금액으로 고정해 받는 방식, 처음에는 적게 받다가 12개월마다 3퍼센트씩 증가하는 방식, 처음에는 많이 받다가 12개월마다 3퍼센트씩 감소하는 방식, 초기 10년간은 정액형보다 많이 받다가 11년째부터는 초기 월 지급금의 70퍼센트 수준으로 받는 방식이 있다. 자신이 가입한 다른 연금의 상황을 고려해서 선택하면 된다.

다음은 주택연금 가입 시 주의해야 할 사항이다.

152

일단 주택연금은 즉시연금과 같은 금융상품에 비해 가입 대상에 제한이 있다. 일반 연금상품의 경우 피보험자가 만 45세를 넘으면 연금으로 지급받을 수 있지만, 주택연금은 가입자의 나이를 규정하고 있다. 또한 시세 9억 원 이하의 1가구 1주택자에 한해 가입이 가능하다.

또한 주택연금에 가입하는 시점과 이후에 부담해야 할 사항도 단점으로 볼 수 있다. 일단 대출이자가 3개월 CD금리+1.1퍼센트로 적용되어 매월 대출 잔액에서 가산되며, 가입비(초기 보증료)가 주택 가격의 2퍼센트로 책정되어 최초 연금 지급일에 납부된다. 또한 보증 잔액의 연 0.5퍼센트를 연 보증료로 내야 하는데, 이 금액을 포함하면 생각보다 큰 비용이 지출된다는 것을 알 수 있다.

① 60세 남, ② 주택 가격 3억 원, ③ 종신지급형 정액형, ④ 주택연금 적용 금리 (CD+1.1%) 4.5%, ⑤ 잔여 수명 21.1년, ⑥ 주택연금 신청 후 주택 가격의 상승률이 2%일 때

- 주택연금 월 지급액 : 69만 원

- 주택연금 총 수령 예상액 : 1억 8266만 원

- 주택연금 총 이자 지급 예상액 : 9076만 원

- 주택연금 보증 수수료 : 2263만 원

- 주택연금을 통한 총 예상액[연금, 이자, 수수료 등] : 2억 9606만 원

- 이용자 사망 후 대출 일시상환 시 잔여액 : 1억 6772만 원

절세 방법을 찾아라

살아 있는 한 세금을 피할 방법은 없다. 더군다나 급속도로 고령화가 진행되는 선진국일수록 이자소득이나 배당소득과 같은 불로소득에 대한 세금이 강화되는 추세다. 우리나라의 경우도 이자소득과 배당소득을 합한 금융소득에 대한 세금 기준이 기존 4000만 원까지 분리과세 되던 것에서 2013년을 기준으로 2000만 원으로 낮아지면서 종합과세가 되지 않기 위한 절세 전략이 매우 중요한 이슈가 되고 있다.

또한 7년 이상 유지 시 비과세 혜택을 주는 재형저축이 신설되기는 했지만, 이전의 장기주택마련저축이 비과세와 소득공제 혜택을 동시에 줬다는 점에서 과세 혜택이 축소되고 있다. 보험 차익에 대한 비과세도 1990년대 3년 이상 유지 시 보험 차익에 대해 비과세 혜택을 주었지만, 유지 기간 조건이 5년, 7년으로 늘어나더니 현재는 10년 이상 유지해야 비과세 혜택을 주고 있다. 아직까지는 개인의 주식과 채권의 매매 차익에 대해서는 과세하지 않지만, 다른 선진국에서는 양도소득으로 여겨 과세하고 있다. 이런 측면에서 보면 특히 장기투자 분야에 대해서는 무엇보다 절세 전략이 중요하다는 것을 알 수 있다.

자산가의 입장에서 보면 소득세의 과세표준 기준이 낮아지고 있다는 건 반가운 소식이 아니다.

세법상 과표구간별 소득세율은 6~38퍼센트이고, 여기에 지방소득세 10퍼센트를 포함하면 6.6~41.8퍼센트다. 연간 소득액이 8800만 원

과세표준		세율
현행	개정안	
1200만 원 이하	동일	6%
1200만~4600만 원 이하	동일	15%
4600만~8800만 원 이하	동일	24%
8800만~3억 원 이하	8800만~1억 5000만 원 이하	35%
3억 원 초과	1억 5000만 원 초과	38%

을 넘으면 눈덩이처럼 불어나는 구조인데, 과세표준이 4600만~8800만 원이면 26.4퍼센트를 부담하지만 8800만~1억 5000만 원이면 38.5퍼센트, 이를 초과하면 최고 세율을 적용받게 된다(소득세법 개정안 기준, 2014년 2월 1일).

절세 전략의 기본은 가장 기초적인 금융상품부터 챙기는 것이다. 대표적인 절세 금융상품이 바로 연금저축과 퇴직연금이다. 연금저축과 퇴직연금은 2013년까지 400만 원 한도 내에서 불입액 전액에 대해 소득공제 혜택을 부여해 왔지만, 2014년부터 세액공제로 바뀌면서 12퍼센트 공제율이 적용된다. 즉 예전에는 과세표준 자체를 낮출 수가 있어 소득 세율을 낮추는 게 가능했지만, 올해부터는 소득에 관계없이 절세 효과가 48만 원으로 고정되어 혜택이 축소되었다. 그럼에도 낸 금액의 12퍼센트만큼 세금을 줄일 수 있다는 점에서 여전히 매력적이라고 하겠다.

또한 금융소득을 줄일 수 있는 비과세 금융상품과 세금우대상품의 가입을 적극적으로 고려해야 한다. 대표적인 것으로 생계형 저축과 세금우대저축, 채권과 주식의 매매 차익 그리고 주식형 펀드의 매매 차익을 들 수 있다.

구분	가입 요건	혜택
생계형 저축	만 60세 이상, 장애인 등	1인당 3000만 원 한도로 이자소득 비과세
세금우대저축	만 20세 이상	만 20세 이상 1000만 원, 만 60세 이상 3000만 원 한도로 9.5% 분리과세
채권과 주식	–	매매 차익 비과세, 이자와 배당소득 과세

이 외에도 비과세 혜택을 볼 수 있는 대표적인 금융상품으로 물가연동국고채와 조세협약을 맺은 브라질 채권(2014년 1월 1일 현재), 즉시연금보험, 저축성보험, 골드바 등이 있다. 그리고 만기 10년 이상의 채권을 3년 이상 보유할 경우 분리과세해 주는 혜택 등은 유리한 조항이니 참고하면 절세 전략에 도움이 될 것이다.

은퇴 시점의 자산관리 전략

우리나라 시니어들 가운데 70퍼센트 이상은 은퇴자금을 제대로 준비하지 못하고 있다. 그 이유는 시니어 세대가 은퇴자금을 준비해야 하

분류	상품명	혜택	유의점
비과세	물가연동 국고채	물가에 연동된 원금 상승분에 대해 비과세, 이자는 분리과세	2014년 발행 분까지만 혜택
	브라질 채권	조세 협약에 따라 비과세 혜택	인플레이션과 환차손 위험
	즉시연금 보험	목돈을 유치해 놓고 매달 원금 이자 연금 형태로 보장, 10년 유지 시 비과세	종신형 연금 한도 없음 2억 원 이하까지 비과세
	저축성 보험	10년 이상 유지 시 불입액 전액 비과세	5년납 이상, 선납 6개월 이내
	골드바	금 실물 구입, 매수 시 가격 상승의 차익 비과세	부가가치세 10% 부담
분리 과세	장기채권	만기 10년 이상 채권이자 분리과세	금리 상승 시 가격 하락 가능성
	기타	유전 펀드, 공모주 펀드 등	

는 20~30대에는 평균 수명이 지금처럼 길지 않아서 은퇴 이후를 굳이 준비할 필요가 없었고, 먹고사는 문제로 대출 등 경제적 여유가 여의치 않았기 때문이다. 게다가 자녀교육, 결혼 등으로 자신의 노후를 준비하는 것이 쉽지 않았다. 이런 여러 가지 이유로 은퇴자금이 준비되어 있지 않다면 건강을 잘 유지하고 현역으로 일하면 된다.

73세에 중학교 교장으로 퇴직한 K 씨는 남이섬에서 청소 일을 한다. 하루 관광객이 1만 명이 넘는 남이섬에는 4명의 미화원이 청소를 하고 있는데, 한 달에 100만 원을 받는다. 육체적으로 힘든 일이지만 낙엽으로 하트 모양을 만들고 오솔길 흉내를 내는 등 관광객들에게 볼거리를 제공한다는 생각에 즐겁게 일하고 있다. 그리고 전직 CEO인 L 씨는 지하철 택배로 월 80만 원 정도의 수익을 올리고 있다. 이들은 일해서 즐겁고, 건강해서 활동할 수 있으며, 돈을 벌어 친구들한테 술 한잔 살 수 있어서 좋다고 말한다.

월 50만 원의 급여를 받으면 은행에 2억 원의 정기예금을 넣어 둔 것과 같다고 한다. 그런데 2억 원을 예금하기가 어디 쉬운 일인가.

퇴직 후에도 규칙적으로 일하는 사람과 그렇지 않은 사람은 큰 차이가 난다. 미래와금융 연구포럼 강창희 소장은 다음과 같이 조언한다.

"자금관리를 할 때도 규칙적으로 일하는 사람은 흔들림이 없습니다. 놀면서 관리하는 사람은 귀가 얇아서 이자를 더 준다고 하면 솔깃해서 투자 이익이 높은 쪽으로 쏠립니다. 그러다가 비금융권을 선택해 투자금을 날리기도 합니다."

따라서 은퇴 후에도 돈이 없으면 없는 대로, 있으면 있는 대로 일을 중심으로 건강한 삶을 설계하여 자기 인생을 자기 것으로 만드는 것이 중요하다.

자산관리 전략

1. 은퇴생활에 필요한 지출 비용을 투명하게 관리하라.

 - 지출을 정기 지출과 비정기 지출로 나누고 비정기 지출 발생에 대비하여 생

활비의 6배 정도를 현금성 자산으로 준비한다.

- 정기 지출은 고정 지출과 변동 지출로 나눌 수 있다. 대출에 대한 이자, 주거비 등의 고정 지출은 소득이 줄어도 줄이기 어려우므로 이를 줄이기 위한 전략을 세워야 한다.

- 따라서 은퇴 시점에서는 주택담보대출이나 신용대출과 같은 부채 상환이 거의 이뤄져야 하며, 어려울 경우 주택의 크기를 줄여 이사를 고민해 보는 것도 한 가지 방법이 될 수 있다.

- 은퇴를 기념해 좋은 차를 사거나 사치품을 사기도 하는데, 감가상각이 되는 자산은 비용 지출이라는 점을 명심하고 본인의 재무 상황에 맞춰 꼼꼼하게 따져 보고 결정한다.

2. 의료비에 대비한 보장성 보험을 반드시 점검하라.

- 종신형 생명보험을 우선 점검하라. 생명보험은 피보험자가 사망한 이후 수익자가 보험금을 수령하는 보험이다. 즉 종신형 생명보험은 크게 2가지 의미가 있는데, 일단 은퇴 이전 가장 유고 시 가족의 생계 유지 수단으로 볼 수 있고, 두 번째는 은퇴 후 홀로 남은 배우자에 대한 생계 수단으로 볼 수 있다. 종신형 생명보험의 경우 보험료가 부담이 될 수 있으므로 자신의 자산 상황에 맞춰 이를 유지할 것인지 해약할 것인지를 판단한다.

- 의료비 발생에 대비한 보험은 반드시 필요하며 보험금을 받을 수 있는 확률대로 가입해야 한다.

  보험금을 받을 수 있는 확률이 가장 높은 보험 특약이 실손의료비고, 그다음이 입원비, 수술비, 그리고 나서 성인병 진단비다. 중대한 질병을 보장하는 CI 특약의 경우 분쟁 사례가 많으므로 보험료를 납입할 여력이 충분하지 않을 때는 가입 우선순위에서 제외시킨다. 따라서 사용 가능한 의료비 보험인지 아닌지를 정확하게 알아본 뒤 정리하는 것이 바람직하다. (은퇴 후 어떤 위험에 대비할 것인가? 현재 보유한 보험은 어떤 보장이 있는가? 보험료는 언제까지 얼마나 내야 하는가?)

- 장기요양 상황에 대비한 간병비 보험이나 생명보험의 LTC 연금 특약은 여력이 되면 가입하는 것이 좋다.

3. **금융에 대한 공부를 절대 게을리하지 마라. 이는 죽을 때까지 관리해야 할 대상이다.**

- 채권투자에 대한 공부를 해 보는 것도 좋다.

선진국의 사례에서 보듯이 국가성장률이 떨어질 경우 시중 금리가 오르기보다는 떨어질 가능성이 높다. 시중 금리가 떨어진다는 것은 채권 수익률이 높아진다는 것이므로 변동성이 높은 주식형 자산에 투자하는 것보다 채권에 투자하는 것이 은퇴할 때 변동성을 줄인다는 측면에서 바람직할 수 있다. 채권의 경우 국채에 투자하면 채무불이행 위험이 없고, 중간에 금리 추이에 따라 환매에 따른 추가 수익을 기대할 수 있다.

- ELS: ELS(Equity Linked Securities)는 주가 연계형 상품으로 원금 보장을 추구하면서 고수익을 노릴 수 있다는 장점을 가진다. ELS는 설계 내용에 따라 차이는 있지만 대개 2가지의 지수 혹은 종목을 가지고 가입 시점의 지수와 만기 시점(혹은 중간 정산 시점)을 비교하여 수익률이 결정된다. ELS의 경우 설계 구간 내에 있을 경우 고수익을 노릴 수 있지만, 구간 밖으로 벗어날 경우 큰 손

실이 발생할 수도 있기 때문에 은퇴 시점에 투자한다면 반드시 원금보장형을 선택해야 한다.

4. 매월 적립식으로 안정성, 유동성, 수익성을 고려해 투자한다면 크게 2가지에 투자하는 것이 좋다.

- 주식형 펀드: 지난 3년간(2010~2012년) 20퍼센트 이상의 수익이 발생했고 3~5년간 중·장기적으로 투자할 경우 유리한 상품이다.

- 변액보험: 되도록 5~10년 이상 적립할 경우 유리하다. 펀드 변경이 가능하고 중도 인출, 추가 납입도 가능하다. 변액연금 상품의 경우 가입 기간에 따라 원금 보장이 된다. 변액보험의 경우 펀드 상품에 비해 초기 사업비가 높기 때문에 투자 기간을 반드시 5년 이상 확보해야 한다.

- 다만 주식형 펀드의 경우 투자변동성에 따른 손실이 발생할 수 있고, 연 보수가 2.0퍼센트 수준으로 높다는 단점이 있다.

재정관리, 아무도 대신해 주지 않는다

김명규 씨는 50세가 되면서 퇴직 이후의 생활이 걱정되기 시작했다. '은퇴자금이 준비되어 있다면 훨씬 부담이 줄어들 텐데……' 하는 아쉬움도 생겼다. 그런데 아무리 생각해 봐도 모아 놓은 돈도 없고, 특별히 계획을 세워 준비해 둔 것도 없었다. 그의 자산은 현재 거주하고 있는 경기도의 31평짜리 집과 약간의 자금이 전부였다. 대학교 3학년인 아들

1명이 있고 부부를 포함해 3명이 거주하고 있다. 수익은 자신의 급여와 아내가 짬짬이 아르바이트를 하고 있지만 그건 용돈 수준에 지나지 않았다. 그는 '정말 열심히 살아온 것 같은데 왜 이것밖에 안 되나?' 하는 생각이 들어 속상하기까지 하다고 했다.

김명규 씨는 가장 우려되는 부분이 은퇴자금과 퇴직 이후 직업이라고 판단했다. 그래서 우선 은퇴자금을 해결하기 위해 관련 책을 사 보기 시작했는데 모두 장황하기만 할 뿐 정작 자신에게 필요한 것을 구체적으로 알려주고, 무엇을 어떻게 준비하라는 내용이 없었다. 결국 그는 퇴직 후 직업을 탐색하기 위해 교육 프로그램을 알아보거나 컨설팅을 받아야겠다고 생각했다.

걱정스러운 마음으로 찾아온 김명규 씨에게 퇴직 후 은퇴자금을 관리하는 것이 얼마나 필요한 일인지를 설명해 주었다. 그리고 지금이라도 재무관리가 꼭 필요함을 인지시키고 '자산관리사'를 소개시켜 주었다. 자산관리사는 동산과 부동산, 기타 자산 모두를 확인해 보기로 하고, 미팅 시 그 서류를 꼼꼼히 검토했다. 우선 그는 5개의 보험(생명보험 3개, 암보험 1개, 변액유니버셜 보험 1개)과 부동산(주거용 아파트)을 갖고 있었고, 다른 동산은 거의 없었다. 그리고 퇴직하게 되면 5000만 원 정도의 퇴직금과 65세부터 국민연금 100만 원 정도를 수령할 수 있었다. 자산관리사는 지출의 1순위인 자녀 뒷바라지를 언제까지 하고 싶은지 그 기준을 정하라고 했다. 그는 아들에게 '대학교 졸업'과 결혼자금 5000만 원 정도를 지원해 줄 생각이었다. 결혼자금은 자신이 5000만 원 정도 지원하고 아들이 취업해서 3년 정도 적금을 들면 5000만 원 정도 되지 않을까 생각했다. 그래서 1억 원 정도의 전세금을 마련할 수 있을 것이라고 생각했다.

김명규 씨의 자금을 살펴본 자산관리사는 따끔하게 충고한 뒤 다음과 같은 평가를 내렸다.

"노후 준비가 전혀 되어 있지 않고, 자녀교육비도 따로 준비되지 않아서 아들이 대학교를 졸업할 때까지 노후 준비는 엄두도 내지 못하는 상황입니다."

그리고 그의 수입에 비해 보험 지출이 너무 많다는 점도 지적했다.

자산관리사는 먼저 만약에 일어날지도 모를 안전장치인 보험상품이 적정하게 가입되어 있는지부터 살펴보기 시작했다. 그러더니 우리 인생에서 꼭 일어나는 일, 즉 자녀의 교육과 결혼, 자신의 노후에 대해 집중적으로 자산을 모아야 하고 질병이나 사고에 대한 안전장치(보험)도 있어야 한다는 것을 알려 주었다.

김명규 씨는 우선 자신의 생명보험(월 25만원 지불)을 종신형에서 60세까지로 변경했다. 생명보험은 가입자가 사망하게 되면 지불되는 상품으로 가족의 안전장치를 위해 불입하는 것이었다. 그는 아들이 스스로 자립하게 되는 30세, 즉 자신의 나이 60세까지만 보장받을 수 있도록 했다. 그랬더니 지금까지 지불한 금액으로도 충분히 가능했다. 더는 생명보험을 위한 지출이 필요하지 않았다. 그래서 노후를 위해 적립할 수 있는 자금 월 25만 원이 확보되었다. 아내의 생명보험은 굳이 유지할 필요가 없었다. 아내가 사망한다고 해도 금전적으로 크게 문제될 상황이 아니었기 때문이다. 그런 상황이 오면 그가 아들을 돌보면 되었다. 지금 해지하면 좀 손해를 보기는 하겠지만 유지할수록 더 많은 지출이 발생하므로 아내의 생명보험을 해지하기로 했다. 일단 꼭 필요한 노후자금을 확보할 수 있어 다행이라는 생각이 들었다. 그리고 자녀의 생명보험은 당장에 해지했다. 꼭 필요하다면 자녀의 결혼자금으로 모아두는 것이 맞는 상황이었다.

질병과 관련해 부부에게 필요한 안전장치는 월 10만 원 정도(만약 암에 걸린다면 암치료비 외에 1년간 생활비까지 포함)였다. 그리고 아들을 위한 질병관리는 월 3만 원으로 해결되었다. 보험만 정리해도 추가적인 수입 없이 월 60만 원 정도를 노후설계 적금으로 모을 수 있었다. 노후 준비를 위해서는 공격적이고 위험부담이 큰 자산관리보다는 원금을 보전하는 형태의 안정적인 자산관리가 필요하다.

김명규 씨는 자산관리 진단 후 생긴 목돈(아내와 아들의 생명보험 해지액)으로 안정적인 채권(물가연동 국고채)에 투자했고, 그동안 불입하던 변액유니버셜 보험은 유지했다. 월 60만 원씩 확보되는 자금을 최근에 인기가 있는 '신영고배당 소득공제장기펀드'에 5년간 투자하기로 했다. 이제 노후를 위해 좀 더 허리띠를 졸라매야 하는 상황임을 알고 있었기에 추가로 월 40만 원 정도를 안정적인 채권에 투자하기로 했다. 이렇게 정리하고 나자 불안감이 줄어들고 미래를 위한 구체적이고 확실한 계획이 보이기 시작했다.

주택연금을 수령하기 시작한 차성하(45세) 씨 부모님의 사례는 시사하는 바가 크다. 그의 부모님은 큰 집이 부담스럽다면서 집을 매물로 내놓았다. 2년이 지나도 팔리지 않던 주택이 급물살을 타며 매매가 되었다. 그래서 작은 평수의 주택을 구입하기 위해 부동산을 찾자 큰형이 부모님을 모시겠다며 나섰다. 부모님의 주택 매도 자금을 보태 더 큰 집을 구매하고 싶다고 한 것이다. 특별한 수입이 없던 부모님은 큰아들의 말에 흔들리기 시작했다. 큰형의 생각을 들은 막내 차성하 씨의 마음에 갈등이 일기 시작했다. 형님과 부모님이 주택자금을 합쳐 함께 지내면 좋겠다는 마음과 행여 부모님이 형님과 살면서 찬밥신세가 되지 않을까 하는 생각이 들었던 것이다.

고민을 거듭하던 차성하 씨는 결단을 내렸다. 형에게 질질 끌려다닐 것이 아니라 자신이 직접 부모님 입장을 대변해야겠다고 나섰다. 26평짜리 아파트를 구매해 주택연금을 활용할 계획을 세웠다. 그런데 차성하 씨를 제외한 4남매 모두가 반대하고 나섰다. 그는 형제들에게 주택연금을 받지 않으면 부모님의 용돈과 생활비를 자식들이 보조해야 하기 때문에 그에 따른 비용을 형제들이 나눠서 부담해야 한다는 점을 확실히 짚고 넘어가기로 했다. 형제들은 매월 일정 금액을 지출해야 한다는 점을 부담스러워하면서도 주택연금 신청도 탐탁지 않아 했다. 형제들의 반대에도 불구하고 차성하 씨는 주택연금을 받을 수 있도록 일을 추진했다.

그런데 부모님께서 느닷없이 "주택연금을 원하지 않는다."는 뜻밖의 의견을 내놓으셨다. 알고 보니 다른 형제들이 "주택연금을 받게 되면 이 집은 부모님 집이 아니고 대한주택공사가 주인이 된다."고 설득해 부모님의 마음을 흔들어 놓은 것이다. 그러나 그는 뜻을 굽히지 않은 채 시간을 두고 부모님을 설득했다. 주택 감정가는 2억 원 정도로, 부모님의 연령 78세를 기준하여 월 120만 원씩 은행에서 생활비가 지급될 예정이었다. 매월 꼬박꼬박 들어오는 생활비가 돌아가실 때까지 지급된다니 얼마나 고마운 일이냐고 설명해 주었다. 2007년에 한 번 망설인 적이 있는데 그때 주택연금을 신청했으면 훨씬 더 많은 금액을 받을 수 있었을 거라는 생각에 아쉬운 생각이 들었다. 주택 가격이 떨어질수록 월 지원금이 줄어드는데, 만약 2007년 주택연금을 신청했다면 월 140만 원씩 받을 수 있었기 때문이다.

주택연금 신청으로 형제들과 빚은 갈등 때문에 지금도 사이가 좋지 않지만, 부모님을 생각하면 다리를 뻗고 잠을 잘 수 있다고 한다. 부모님께서 용돈도 없이 하루하루 생활하는 모습을 보는 것보다 당신 집에서 거주하며, 생활비의 일부가 보조되니 정말 감사한 일이라며 대한민국은 살기 좋은 곳이라고 했다. 차성하 씨는 자신도 60세가 되면 바로 주택연금을 신청할 거라고 했다. 매월 넉넉한 수입이 발생하지 않는다면 주택연금을 통해 일정 부분 해결될 수 있어 노후 준비를 하는 데 의지가 된다고 말했다.

정서편

은퇴 후 어떻게 살까

6장

내면 탐색,
자신과 정직하게
대면하기

"북구청에 가서 접수했어요. 그리고 간 김에 다른 부서에서 운영하는

'건널목 지킴이'도 신청했는데, 월 40만 원씩 준대요."

그때부터 김수옥 씨는 심리학 공부를 시작했고, 사회복지사 등 자격증도 취득했다.

"청소년 상담이지만 세상의 모든 인생사가 담겨 있어요.

간혹 감당하기 힘든 때도 있지만 보람된 일을 한다는 생각에

뿌듯하기도 하고 기운을 얻기도 해요."

지금은 상담 분야가 관심을 받고 있지만

10년 전만 해도 크게 관심을 받는 분야가 아니었다.

그는 지금 H대학교 교수로 활동하고 있다.

자신에게 금메달을!

중년이 되면 가장 먼저 자신의 내면적 인격과 만남을 시도하게 된다. 이 시기에는 심리적·신체적으로 많은 변화를 겪는다. 외적으로는 퇴직, 자녀결혼, 노화, 부모와의 이별 등 혼자 감당하기 어려운 일이 닥치기 시작한다. 내적으로는 자신의 내면적 인격과 만남을 시도하고 종종 "나는 지금 잘 살고 있는가? 지금 나는 무엇을 하고 있는가? 나는 지금 행복한가?"라는 질문을 던짐으로써 자신과 마주하기를 시도한다.

중년이 되기 이전에는 모든 에너지를 외적인 것에 쏟아 붓고 자신의 역할에 몰두한 채 살아간다. 아버지 역할, 아들 역할, 사회적 지위에 따른 역할 등 자신에게 맡겨진 일을 완수하기 위해 최선을 다한다. 이 중 하나라도 자신의 역할이 소홀해지면 성공한 인생이라고 말하기 어렵다고 여긴다. 사실 젊은 시절에는 외적인 삶을 살아야 건강하고, 이것이 중년을 준비하는 밑거름이 된다.

그런데 중년에 접어들게 되면 자신의 존재가치, 내적 치유, 힐링, 인간관계 등 그전에는 별로 관심을 두지 않던 내면의 자아와 인격적인 만남을 시도하게 된다. 인생의 후반기에는 자기 내면의 소리를 듣고 그것이 원하는 삶을 살아야 행복하다. 행복한 삶을 원한다면 지금부터라도 자기 내면의 소리에 귀를 기울여야 한다.

H그룹에서 CFO로 일하다가 퇴직한 정덕화 씨는 갑작스러운 퇴직으로 힘든 시간을 보내다가 불면증까지 얻었다. 얼마 뒤에는 갑자기 혈압이 높아져 긴급 처방까지 받아야 했다. 하지만 퇴직에 따른 후유증은 거기서 끝나지 않았다. 현실을 받아들이는 과정에서 우울증이 찾아왔고, 그 후에는 당뇨까지 앓게 되었다. 예상치 못한 퇴직의 여파로 정신적 고통을 감내하지 못하고 육체적 병까지 얻은 그를 위로할 만한 적당한 말이 떠오르지 않아서 전화상으로 이렇게 말했다.

"퇴직할 당시의 일들을 곱씹지 말고, 회사에서도 그럴 수밖에 없는 사정이 있었을 거라고 생각하면 마음이 조금 편안해지실 겁니다. 이때는 그동안 하고 싶었지만 바쁘다는 이유로 하지 못했던 일을 찾아보는 것이 효과가 있습니다."

간단하게 통화를 끝내고 정덕화 씨를 응원할 겸 외부에서 미팅을 하기로 했다. 약속 시간을 오전 10시경으로 잡았고 종로에서 만나기로 했다. 그런데 약속 한 시간 전에 전화를 걸어 미팅에 참석하지 못하겠다면

172

서 불같이 화를 내는 것이었다.

"어떻게 밝은 대낮에 종로 거리를 걸어 다닌단 말이오. 당연히 저녁 10시 약속일 거라고 생각했소."

이렇듯 그는 변화된 환경을 쉽게 받아들이지 못했다.

정덕화 씨가 현실을 받아들이고 우울증을 극복하기까지는 1년이라는 시간이 걸렸다. 육체적으로 건강이 악화되고 마음의 상처까지 입은 그는 우울증 치료를 위해 정신과 상담을 받았고, 다행히 증세가 호전되기 시작했다. 느닷없는 퇴직으로 상처 입은 그에게 가장 시급한 처방은 몰입할 수 있는 일을 찾아 주는 것이었다. 상담하는 동안 예전부터 색소폰에 관심이 있다는 것을 알게 되었는데, 우선 이 악기를 배우도록 적극적으로 도왔다.

정덕화 씨는 온종일 2평도 안 되는 작은 연습실에서 가슴 한편에 담아 두었던 울분을 쏟아냈다. 한 달 정도 색소폰 연습에 몰입하면서 그는 서서히 퇴직 후의 변화된 삶을 받아들이기 시작했다. 그리고 새로운 생활에 적응하기 위해 노력했고, 1년 6개월 만에 작은 무역회사의 CEO로 취임했다. 지금은 회사의 매출을 올리기 위해 혼신의 힘을 다하고 있는데, 며칠 전에는 신입사원을 채용해야 한다며 인재를 추천해 달라고 했다. 힘든 시간을 보낸 뒤 행복한 제2의 인생을 살기 위해 문을 활짝 열고 앞으로 나아가기 시작한 것이다.

퇴직자들은 가장으로서 오랜 기간 자신이 하고 싶은 것들을 포기한 채 가족들을 위해 열심히 살아왔다. 또한 이들은 산업 현장의 역군으로 가정보다 일을 우선시했고, 가족들은 그것을 당연하게 받아들였다. 일을 통해 자신의 존재가치를 확인하면서 날마다 성장하는 자신에게 보람과 긍지를 느끼며 오로지 일에 매진했다고 해도 과언이 아니다. 이렇게 앞만 보고 달려온 자신에게 이제 격려를 보내 줘야 할 때다. 수많은 어려움을 견뎌 내고 꿋꿋하게 살아온 자신에게 인생의 금메달을 달아 줘야 할 때인 것이다.

충분히 위로받을 만하고 보상받을 만한 삶을 살았다고 자신에게 말해 주어라. 누구나 그렇게 산다고 겸손해하지 말고 그동안 자신이 얼마나 노력해 왔는지, 그 노력이 얼마나 소중한 것이었는지, 자신이 얼마나 대단하고 귀한 사람인지를 인정해 주어라. 그리고 앞으로의 자기 삶을 응원해 주어라. 그 누구도 아닌 자기 자신으로부터 가장 먼저 응원을 받아야 한다.

은퇴에 따른 심리적 변화

누구나 생활하는 동안 크고 작은 스트레스를 겪는다. 그중 은퇴에 따른 스트레스 순위는 6위다. 홈스와 레이Holmes and Rahe가 개발한 사회재적응평가척도SRRS에 따르면 스트레스는 생활의 변화 때문에 생긴다고 한다. 생활 변화 스트레스 단위(LCU, Life Change Unit)로 표시되는 스트레스 순위를 보면 43개 항목 가운데 스트레스가 가장 높은 항목은

'배우자의 죽음'이고, '실업'은 8위, '퇴직'은 10위라고 한다. 상위 순서를 차지한 특수한 상황들을 제외한다면 실업과 퇴직 스트레스가 얼마나 큰지 알 수 있다. 퇴직 후 사람들 대부분은 겉으로 의연하게 대처하는 듯 보이지만, 자신도 모르는 사이에 정신적으로 심각한 스트레스를 받고 있다.

사람이라면 누구나 변화에 대한 두려움을 가지고 있다. 퇴직 시점의 심리적 변화는 U자 곡선을 그리게 되는데, 퇴직 직전인 1단계부터 새 출발하는 3단계까지 U자 곡선의 심리적 변화를 겪는다. 보통은 이 곡선의 흐름에 따라 단계별 특징을 거치면서 극복하게 된다.

우리나라 사람들은 일단 퇴직이란 단어를 듣는 것만으로도 두려움과 걱정이 앞서 현실을 부정하고 싶어 한다. 그래서 우울증에 빠지기도 한다. 이것이 1단계다. 그러다가 은퇴 시점에서는 U자의 바닥으로 떨어지면서 자신이 이룬 것에 대한 자부심과 가 보지 않은 길에 대한 후회나 미련으로 갈등을 겪는다. 2단계로 접어든 것이다. 이때는 성취감과 상실감을 동시에 느끼는 등 심리적으로는 가장 불안한 시기를 지나게 되는데, 가족이나 주변 사람들의 도움이 필요하다. 이 시기가 지나면 퇴직이 새 출발을 위한 기회임을 깨닫게 되고 힘든 시기를 극복하는 3단계로 접어들게 된다. 3단계에서는 희망, 새 출발, 도전 등 긍정적인 생각뿐 아니라 새 출발에 대한 호기심도 강해진다.

퇴직 무렵에는 누구나 이런 심리적 변화를 겪게 되는데 우울과 무력감의 늪에서 빨리 빠져나오도록 노력해야 한다. 이런 U자 심리곡선은

짧은 기간 빠르게 거치는 것이 좋다. 이때 가족들과 주변 사람들은 그동안의 노고에 대해 감사한 마음을 전하고, 앞으로의 삶을 응원하고 격려해 준다. 그리고 퇴직자는 변화된 상황에 대해 느리지만 조금씩, 더디지만 차근차근 적응해 가도록 노력해야 한다.

이런 U자 심리곡선을 극복하지 못하고 U자 바닥에 멈춰 서서 극단적인 선택을 하는 사람이 더러 있다. 그러므로 심리적인 변화를 겪을 때 은퇴자는 U자 곡선의 마지막 단계에서 새 출발하는 자신을 축복해 주는 시간을 가질 필요가 있다. 길어진 수명은 자신에게 축복일 뿐 아니라 이제는 자신이 하고 싶은 일을 할 수 있는 기회인 것이다. 덧붙여 가장

퇴직에 따른 심리적 곡선

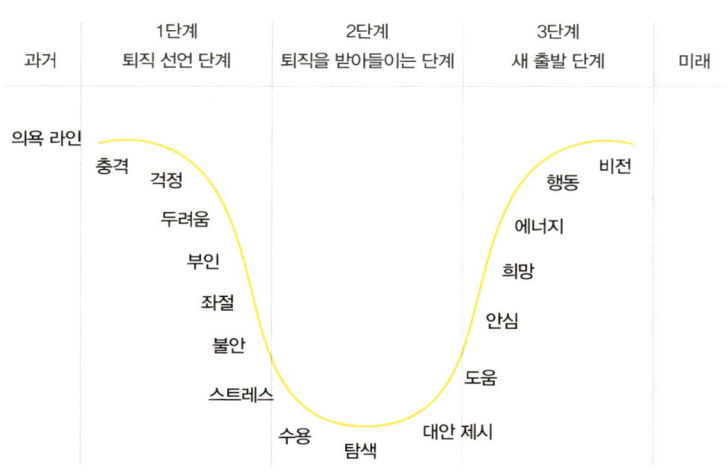

윌리엄 브리지스(William Bridges)와
엘리자베스 퀴블러 로스(Elizabeth Kubler Ross)의 도표

마흔과 예순 사이
행복한 잡테크

밑바닥에서 용수철처럼 튀어올라 눈앞에 놓인 어려움을 극복할 수 있다는 자신감을 갖도록 노력한다.

이 시기는 퇴직을 맞으며 오랜 조직생활과의 이별을 준비하는 때인 동시에 제2의 인생을 시작하는 때임을 기억해야 한다. 새로운 출발점에 다시 선 것이다. 이때 우리는 중년의 사춘기를 겪기도 한다. 불안한 미래와 다가올 날이 걱정스러운 한편, 과거 사춘기를 지날 때 느꼈던 미래에 대한 설렘이나 호기심도 분명 존재한다. 그러므로 좌절이나 실망보다는 꿈과 희망, 열정을 갖고 넘치는 에너지로 남은 삶을 개척할 준비를 해야 한다. 자신의 삶을 확실하게 장악하고, 새로운 방향으로 나아갈 준비를 하는 등 긍정적인 생각으로 다양한 활동에 흥미와 관심을 가질 필요가 있다.

내 인생에 변화가 찾아올 때

과거와 비교했을 때 인생의 후반기가 상당히 길어졌다. 그러므로 우리는 정신적으로도 한층 더 성숙해져야 한다. 후반기를 준비하는 데 있어 수명이 짧았던 우리 부모 세대로부터 배운 나이듦에 대한 인습적인 패러다임은 오히려 걸림돌이 될 수 있다. 은퇴 이후 30~40년의 삶에 대해 '인생의 전성기'를 지나왔고 더 이상 자신의 삶을 개척할 필요 없이 그냥 편하게 살았으면 좋겠다고 생각하는 것은 후반부 인생 설계에 전혀 도움이 되지 않는다는 사실을 명심하라.

과거 부모 세대와 달리 우리는 은퇴 이후의 시간을 여유롭고 활기차게 보낼 수 있으며, 의미 있는 일에 관심을 갖고 그 일을 직접 체험해볼 수도 있다. 그리고 삶에 대한 또 다른 흥미와 열정으로 생산적인 삶을 영위하기 위한 새로운 가능성에 눈을 뜰 수도 있다. 한마디로 젊음의 무모함을 극복하고 한 단계 성숙하고 발전할 수 있는 시기인 것이다.

무엇보다 자신의 내면에 뛰어난 잠재력이 있음을 명심하라. 50대가 되면 부모 세대와는 다른 모델을 만들어 적극적으로 방향을 전환하고, 삶의 쇄신을 이루며, 활기차게 활동하는 시니어로서 삶을 살아갈 수 있도록 준비해야 한다. 그래서 지금의 베이비부머 세대를 과거 부모 세대와 구분 짓고, 은퇴 이후에도 소비생활과 여가생활을 즐기며 사회활동에도 적극적으로 참여하는 50~60대 세대를 가리켜 액티브 시니어[Active Senior] 또는 신중년이라고 부른다.

오랫동안 직장생활을 한 이영재 씨에게 "퇴직이 다가올 때 가장 힘들었던 점이 무엇이었습니까?"라고 묻자 이렇게 대답했다.

"뒷방 늙은이 취급하는 회사의 분위기 때문에 너무 힘들었어요. 퇴직시기가 가까워 오자 회사에서 말의 권위도 떨어지고, 자꾸 소외되는 느낌이 들더라고요."

이런 상황에 처한 사람의 마음이야 이해할 수 있지만, 이는 어쩔 수 없는 현실이 아닐까 생각한다. 정작 회사에서는 어떤 요구도 하지 않는데 자격지심이 생겨 그런 생각이 들었을 수도 있다. 이때 자신의 권위를 붙잡기 위해 더 위엄 있게 처신한다면 도리어 우스운 모양새가 될 수 있다. 이 시기는 지금의 위치에 대한 섭섭함을 느끼기보다 미래에 대한 준비로 눈코 뜰새 없이 바빠야 할 때다.

퇴직 시기가 다가오면 마음속에서 무언가가 지속적으로 자극할 것이다. 그저 시간이 흘러가는 대로 단순하게 살아가는 것 이상을 원하는 '이대로 주저앉을 수는 없는데……' 혹은 '한 번 태어난 인생! 멋지게 완성해야 할 텐데……'라는 속삭임이 들릴 것이다.

우리는 인생을 한 번밖에 살 수 없다. 그러한 인생을 좀 더 의미 있게 살아야 하지 않을까? 은퇴는 과거에 집착하는 나를 버리고, 자신이 진정 원하는 자아로의 실현을 꿈꾸며 내적 평화와 행복감을 찾을 수 있는 마지막 기회임을 잊지 말아야 한다.

누구에게나 인생의 전성기가 있기 마련이다. 이쯤에서 한 가지 질문을 던지고 싶다.

"당신은 인생의 전성기를 맞이했는가?"

피겨스케이팅의 김연아 선수와 수영의 박태환 선수는 10대 후반에서 20대 초반에 최고의 전성기를 누렸다. 반면에 서상록 전 삼미그룹 부회장은 회사가 워크아웃으로 넘어가 직장을 그만둔 뒤에 '견습 웨이터'로서 새로운 인생을 시작하며 전성기를 맞았다.

나짐 히크메트는 〈진정한 여행〉에서 "어느 길로 가야 할지 더 이상 알 수 없을 때 그때가 비로소 진정한 여행의 시작이다."라고 했다.

혹시 인생의 전성기가 아직 오지 않은 것은 아닐까?

변화된 세상의 흐름을 먼저 익혀라

대기업의 전자회사를 다니다가 퇴직한 김영준 씨는 구직을 준비하는 중이다.

"경쟁력이 없는 것 같네요. 20년 전에 따 둔 자격증 하나가 전부인데, 이것으론 재취업하기가 어렵겠어요."

그렇다! 물론 그 자격증이 김영준 씨의 모든 능력을 말해 주는 것은 아니다. 하지만 그동안 세상은 참 많이 변했다. 하루가 다르게 변해 가는 세상에서 그는 조직이라는 울타리 안에서 그것을 보호막 삼아 안주하고 있었는지도 모른다.

다음은 조직생활에서 벗어나 새로운 삶을 준비하는 사람들이 해 준 이야기다.

먼저 류재권 씨의 말이다.

"금융권이란 온실에서 너무 오랜 시간을 보내서 세상이 어떻게 변했는지 잘 모르겠네요."

이번에는 김호균 씨가 한 말이다.

"너무 오랫동안 군에 있어 민간 사회에 적응할 수 있을지 잘 모르겠습니다."

대기업 출신의 박영림 씨 역시 이렇게 말했다.

"입사할 때는 분명 똑똑한 사람들을 뽑았는데 시스템이라는 이름으로 바보를 만드는 곳이 바로 대기업이더라고요."

은퇴자들 대부분은 지금까지 살아왔던 것처럼 후반부의 인생 또한 비슷하게 흘러갈 거라고 생각한다. 하지만 직장생활에 올인 하는 동안 사회 트렌드는 많이 변했다.

그렇다 보니 퇴직 후에 가장 먼저 해야 할 일은 '변화된 세상의 흐름을 먼저 익히는 것'이다. 관심 가는 포털사이트의 카페에 가입하여 활동에 참여해 보고, 삼성경제연구소나 증권가 소식 같은 민감한 이슈들을 다루는 사이트를 살펴보면서 포럼에도 참석하는 등 여러 분야의 사람들을 만나 교류하는 것이 좋다. 세상 속에 자신을 그냥 풍덩 던져 보는 것이다.

이 외에도 평소 시간에 쫓겨 관심은 있지만 시도해 보지 않았던 페이스북, 트위터 등 SNS를 익히고, 고령화 사회와 최신 트렌드 등 사회적 환경 변화에 적응해야 한다. 이런 과정을 거치면서 베이비부머를 위한 정부지원제도나 지방자치단체의 지원제도 등 필요한 정보를 얻게 될 것이다. 어쩌면 변화된 환경을 배우는 과정에서 하고 싶은 일을 찾게 될 지도 모르고, 전혀 예상하지 못했던 분야에 관심을 가질 수도 있다.

누구나 자신이 처한 상황이 특별하다고 생각한다. 어떤 조직에서 일했던지에 상관없이 퇴직 후의 환경에 적응하는 것은 결코 녹록지 않다. 그러므로 무엇보다 세상의 변화된 흐름을 익히고 현실을 직시하는 것이 선행되어야 한다.

실행하지 않는다면 아무것도 얻을 수 없다

퇴직하면 퇴직 전 그렇게 부족하던 시간들이 이제는 주체할 수 없을 만큼 주어진다. 물론 퇴직 직후에는 바빠서 만나지 못했던 사람들도 만나고 여행도 다니면서 "백수가 과로사한다"라는 말을 농담처럼 하지만, 그런 시간이 지나고 나면 자신의 존재 이유에 집중하게 된다. 그리고 이때쯤 경제적으로도 압박을 느끼게 되고 퇴직자는 초조해지기 시작한다. 그동안 이론으로 탐색하고 생각하던 것들을 이제는 실천해야 하는 때가 된 것이다. 그런데 어디서부터 어떻게 접근해야 할지 모르는 경우가 대부분이다.

김수옥 씨는 무모하리만큼 행동력이 강했다. 그녀는 유명한 통신회사에서 일한 경력을 갖고 있었다.

"고등학교를 졸업하고 전화교환원으로 입사했는데 승진 때마다 누락되는 거예요. 그래서 학사학위를 취득하기 위해 5년간 방송통신대학교에 다녔어요. 막상 학사학위를 취득하고 보니 공부를 더 하고 싶다는 생각이 들었어요. 그래서 석사학위를 취득했고, 석사를 하고 보니 박사학위까지 따고 싶더라고요."

김수옥 씨는 휴직계를 내고 박사 과정에 들어갔다. 그런데 학위를 마친 뒤 복귀하려고 보니 회사 분위기가 너무 달라져 적응하기가 어려웠다. 결국 퇴사를 결심하기에 이르렀는데, 나이는 50대에 접어들었다.

김수옥 씨가 재취업을 희망하는 곳 역시 통신회사였으나 경쟁력이 없었다. 그럼에도 불구하고 눈높이를 낮추지 않았고 적극적인 구직활동에 나섰다. 성과가 없을 거라는 판단이 설 때쯤(적극적으로 구직활동에 나선 지 4개월이 되었을 시점) 진지하게 전직을 권했다. 그래서 50대 이후에도 할 수 있는 일, 시니어가 경쟁력을 가질 수 있는 일을 찾게 되었다. 그녀는 사람과 함께하는 시간을 좋아했는데, 사무실을 찾아올 때도 그냥 오는 법이 없었다. 떡이나 간식을 꼭 사들고 와서 음식을 통해 사람들을 모으고, 대화를 주도하는 적극적인 성격이었다.

이런 성향을 고려해 사람과 함께할 수 있는 '청소년 무료 상담'을 권해 보았다. 상담은 전문성도 필요하지만 연륜도 있어야 하기에 장기적으로 봤을 때 김수옥 씨에게 잘 맞을 거라는 판단이 섰던 것이다. 상담 분야의 전문성을 갖추기에는 시간이 필요했으므로 무료 상담으로 시작해 볼 것을 권했다. 그리고 북구청에서 운영하는 '청소년 무료 상담'을 신청해 보라고 조심스럽게 추천했다. 무료 상담이기는 하지만 상담교육 지원은 받을 수 있기 때문에 혜택도 있었다. 심리 상담과 관련한 교육은 교육비가 만만치 않기에 일거양득을 노려 본 것이다. 대기업 경력에다 박사학위까지 갖췄어도 현실을 부정할 수 없기 때문에 눈높이 조절이 필요했다.

다음 날 아침 9시 10분경 김수옥 씨로부터 전화가 왔다.

"북구청에 가서 접수했어요. 그리고 간 김에 다른 부서에서 운영하는 '건널목 지킴이'도 신청했는데, 월 40만 원씩 준대요."

그때부터 김수옥 씨는 심리학 공부를 시작했고, 사회복지사 자격증도 취득했다.

"청소년 상담이지만 세상의 모든 인생사가 담겨 있어요. 간혹 감당하기 힘든 때도 있지만 보람된 일을 한다는 생각에 뿌듯하기도 하고 기운을 얻기도 해요."

그 후 북구청에서 '가족상담실'을 운영하게 되면서 김수옥 씨를 상담실 실장으로 초빙했고, 다른 구청에서도 그녀의 실전 경험을 활용하기에 이르렀다. 이런 경력이 쌓여 모 대학에 사회복지학과가 개설되면서 교수로 가게 되었는데, 지금은 H대학교 사회복지학과 교수로 근무하고 있다.

만약 김수옥 씨가 '청소년 무료 상담'을 추천했을 때 돈벌이도 되지 않고 사람들이 알아주지도 않는 일이라고 거부했다면 그런 기회는 찾아오지 않았을 것이다. 지금은 상담 분야가 관심을 받고 있지만 10년 전만 해도 크게 관심을 받는 분야가 아니었다.

평소 관심 있는 분야가 있다면 김수옥 씨처럼 실행에 옮겨 볼 것을 권한다. 그 일로 자칫 자존심이 상할 수도 있지만 언젠가는 치러야 하는 통과의례쯤으로 생각하고 밀고 나가길 바란다.

최귀훈 씨의 경우도 마찬가지다. 현장에서 일했던 그는 퇴직 후 후배가 경영하는 회사를 방문하게 되었다. 그런데 별다른 목표의식 없이 지내는 그에게 후배의 한 마디가 제2의 직업을 갖는 계기가 되었다.

"선배, 우리 ○○이 좀 필요한데 선배가 회사를 하나 세워 그 기술을 전수해 주시면 어떨까요?"

184

가만히 생각해 보니 비용도 많이 들 것 같지 않아서 오래 고민하지 않고 회사를 설립했다. CEO인 그는 지금 67세지만 은퇴는 생각도 하고 있지 않다.

자신의 현 위치를 파악하라

자신에게 있어 무엇이 최선인지에 대한 고민 없이 무작정 열심히 살아가는 것은 브레이크 없는 자동차와 같다. 자기이해 없는 자기계발은 모래성과 같다. 그래서 자기에 대한 탐색은 매우 중요하다.

"나는 지금 행복한가?"

"미래가 막막하지만 잘될 거라는 믿음으로 출발하고 싶은가?"

"과거를 돌이켜보면 아쉬움과 후회가 가장 먼저 밀려오는가?"

완벽한 인생이 없듯 어느 정도 성과를 낸 영역이 있으면 아쉬운 영역도 있기 마련이다. 여기서 말하고자 한 것은 지금 서 있는 영역에서 역할(남편, 아들, 아빠, 사위, 직책 등)을 통해 바라본 나 자신이 아니라 오롯이 한 인간으로서 진정 원하는 삶을 살고 있는가 하는 것이다. 역할을 통해서는 결코 진정한 자신의 행복을 찾을 수 없다. 세상의 잣대인 나이로 본다면 지금이 인생의 절반쯤에 서 있을 것이고, 가장으로서는 아직도 해야 할 일이 많다. 성숙한 시민의 한 사람으로서 마주한다면 이 사회에 무언가 도움이 되는 사회적 역할을 해야 하는 시기다.

이런 역할을 해야 하는 '나'가 아닌 오롯이 나 자신과 마주했을 때 "나는 정말 행복한가?", "내가 원하는 인생을 살고 있는가?"라고 물어 보라. 돈을 많이 벌고 있느냐, 사회적 지위가 높으냐를 묻는 것이 아니라 "내가 정말 하고 싶은 일을 하고 있는가?", "내가 원하는 인생을 살고 있는가?"라고 반문해 보는 시간을 가질 필요가 있다.

젊은 시절처럼 무작정 도전하기에는 세상을 너무 잘 알고 있으며, 중년이니 신체적·심리적 상황도 고려해야 한다. 나이가 들면 더욱 나 자신과 마주하는 시간을 가져야 한다. '나 자신'이라는 좌표를 중심으로 출발선에 서는 것이 행복한 삶을 열어 가는 열쇠다.

다음과 같은 질문에 분명하고 확실한 해답을 찾을 수 있다면 굳이 자기탐색의 시간을 거치지 않아도 된다.

"나는 내가 진정으로 좋아하고 흥미로워하는 것을 알고 있는가?"

"어떤 가치 있는 일을 할 때 행복감을 느끼는지 알고 있는가?"

"진정으로 원하는 나의 욕구는 무엇이며, 타인들이 나를 어떻게 대해 줄 때 만족감을 느끼는가?"

"어떤 상황에 처해 있을 때 스트레스를 받고, 스트레스를 받을 때 내 행동은 어떻게 변하는가?"

"화가 났을 때 상대에게 자신이 받은 것보다 더 많은 상처를 되돌려 주는가, 아니면 자신이 더 많은 상처를 받는가? 그도 아니면 화난 상황을 적극적으로 표현하지 않고 상처를 끌어안는가?"

"나는 어떤 그룹 속에 있을 때 안정감을 느끼는가, 아니면 홀로 있을 때 더 편안함을 느끼는가?"

자신을 온전히 안다는 건 말처럼 쉬운 일이 아니다.

자신을 이해하려고 노력할 때 성숙한 인격체로 살아가기 위해 필요한 것이 무엇인지 알게 된다. 만약 지금까지 성격이 너무 급해서 화를 참지 못하고 상대에게 쏘아 붙였다면 이제는 그 순간을 참아내는 성숙한 인격을 갖춰야 할 때다. 이 말은 억지로 참는 것이 아니라 상대가 왜 그랬는지 이해함으로써 저절로 참고 기다려 주는 여유를 가져야 한다는 뜻이다.

이와 반대인 경우도 있다. 무척 화가 났지만 상대와 불편해지는 것이 싫어 자신의 욕구를 누른 채 타인의 욕구에만 초점을 맞췄다면 이제부터는 용기를 내야 한다. 타인이 불편해하지 않도록 솔직하게 자신의 욕구를 표현할 수 있어야 신체적·정신적으로 건강한 삶을 살 수 있다.

아픔과 역경을 딛고 일어선 경험을 가진 사람들은 성숙한 단계로 접어들게 된다. 사회적 어른으로, 성숙한 시민으로, 한 가정의 중심인 부부로 거듭나기 위해 자기 자신과 마주하는 시간을 가질 필요가 있다. 자신이 이룬 것에 대한 자부심이 너무 강해 만나는 사람들에게 자신이 이룬 성과를 늘어놓으며 은근히 부러워하는 시선을 즐기고 있지 않은지, 잘 자란 자녀들이 자랑스러워 시도 때도 없이 자식자랑을 늘어놓고 있지 않은지 한번 돌아볼 일이다.

이런 행동은 자신의 존재가치를 타인으로부터 인정받으려는 것으로 어른스럽지 못한 행동이다. 지금은 자신과 상대의 관심사에 좀 더 열린 마인드를 갖고 중년의 오만함을 극복함으로써 성숙한 내면과 마주해야 할 때다.

정직하게 자신과 대면하라

소통이 어렵게 느껴지는 건 자기 자신을 평범한 보통 사람이라고 생각하기 때문이다. 하지만 엄밀히 말해 평범한 사람은 아무도 없다. 사람은 누구나 독특하고Unique 특별Special하다. 그렇다면 다른 사람들보다 무엇이 독특하고 무엇이 다른지부터 알아봐야 한다.

다음은 신뢰도와 타당성이 충분히 검증된 성격 유형 검사인 MBTI(선천적 성향), 에니어그램(자아인식과 에고), 버크만프리뷰(관계 요소와 커리어 영역) 등 다수의 진단 도구를 참고하여 작성한 것이다.

자기 내면을 탐색하기 위해 가장 먼저 해야 할 일은 소통 방식과 힘의 중심을 아는 것이다. 우선 타인과 소통할 때 직접적인 표현을 편안해하는 사람과 간접적인 표현을 선호하는 사람으로 나눌 수 있다. 또한 일할 때도 목표 달성을 먼저 생각하는 사람과 그 일을 하는 사람들과의 관계를 중요시하는 사람으로 나눌 수 있다. 이런 큰 틀을 기준으로 자신의 특징을 하나씩 알아가도록 한다. 내 경우에는 직접적인 소통을 선호하고 사람 중심으로 일하는 것을 좋아한다. 이 책을 읽고 있는 당신은 어떤 특징을 갖고 있는가?

두 번째는 자기 힘의 중심이 어디에 있는지를 알아보는 것이다.

이는 자신이 기본적으로 무엇에 집착하는 존재인가를 아는 것이다. 힘의 중심은 선천적 성향과 주어진 환경, 처한 상황의 경험을 통해 3~4세에 주로 형성되며, 어른이 되어서도 바뀌지 않는다. 이는 자신이 가진 힘의 중심을 부정하고 다른 힘의 중심으로 살려고 하는 경우 정신적인 문제를 일으킬 수 있을 만큼 강력한 것이다.

예를 들어 힘의 중심이 외향적이며 성공에 초점을 맞춘 여성이 있다고 가정해 보자. 이 여성이 집안살림만 하기를 원하는 남성과 결혼한다

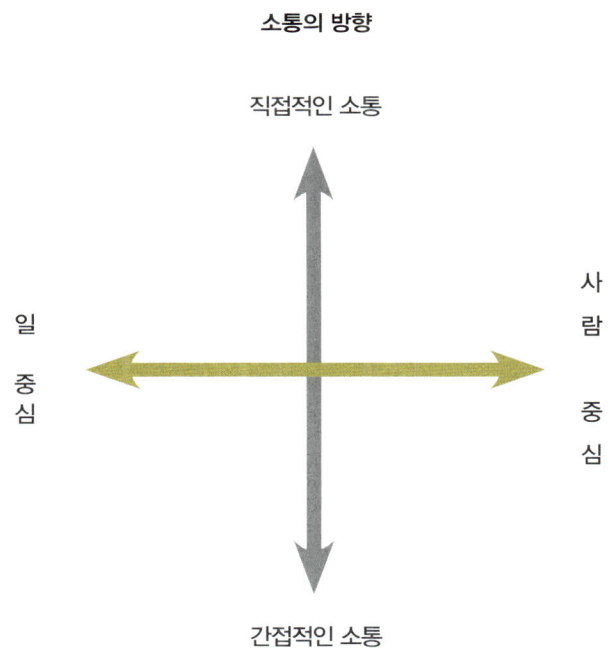

소통의 방향

직접적인 소통

일 중심   사람 중심

간접적인 소통

면 원래 자신이 가진 힘의 중심으로 살아가기가 어렵다. 그래서 결코 행복한 삶을 살아갈 수 없다는 것이다.

힘의 중심은 크게 3가지로 나뉜다.

첫째, 힘Power에 관심을 가지는 본능형(장형)

둘째, 관계에 관심을 가지는 감정형(가슴형)

셋째, 미래의 안전에 관심이 많은 사고형(머리형)

장형의 밑바탕에는 억압에 대한 분노나 강박 충동이 있고, 가슴형은 관계의 거절에 대한 히스테리를 가지고 있으며, 머리형은 안전을 확보하지 못할지도 모른다는 두려움과 공포를 가지고 있다.

어떤 힘의 중심을 갖는다는 의미는 사람들 모두가 3가지 힘을 사용하기는 하지만, 그중에서 특별히 한 가지에 더 얽매이는 것을 말한다. 즉 자신이 얽매인 부분에서 자유롭지 못하고 집착한다는 뜻이다. 감정형에 속한다고 해서 더 예민하고 감성적이라고 말하거나, 사고형이라고 해서 더 지적이라고 말할 수는 없다.

우리는 늘 그래 왔기 때문에 그것이 문제이고 집착이라는 사실을 인식하지 못한 채 다른 사람들도 나처럼 생각하고 느끼고 행동할 거라고 여긴다. 하지만 성숙한 사람은 자신의 집착을 직시하고 그것을 수용하고 극복함으로써 우리 안에 존재하는 3가지 힘을 상황에 맞춰 적절하게 쓸 줄 아는 지혜를 가졌다.

힘의 중심, 장형

첫 번째는 본능에 끌리는 장형(본능 중심)이다. 이 유형에 속한 사람들은 환경을 통제하려고 하며, 공격과 억압에 관련된 문제들을 갖고 있다. 즉 힘으로 밀어붙이는 성향이 강하다. 무의식적으로 힘과 정의에 관심을 가지며, 외적으로는 체격이 다부지고 강인한 인상에 도전적이고 당당한 느낌을 준다. 웬만한 것에는 흔들리지 않는 묵직한 무게감을 가지고 있으며 담력도 세다. 또한 태연자약하고 진지해 보이며 무심한 듯한 분위기를 풍긴다. 사람들의 눈치를 보거나 상황이 맞는지 전혀 개의치 않고 본인이 옳다고 생각하면 밀고 나간다. 보통은 기존 규율을 따르지만, 그것에 동의하지 않고 자신이 기준을 세우면 그 기준에 따라 모든 것을 판단한다. 단도직입적이고 공격적으로 보이며, 자기 영역(자기 권한, 자기 물건, 자기 책임 등)을 중요하게 생각해 이것을 건드리면 아주 싫어한다.

장형의 본능은 과거의 경험을 통해 형성되는데, 이런 이유로 과거에 얽매여 쉽게 빠져나오지 못한다. 욕심도 많고 정욕도 강하다. 이 유형은 본능적으로 다른 사람으로부터 그다지 영향을 받지 않고 세상일에 직접 뛰어들어 다른 사람들에게 영향을 미친다. 건강할 때는 외부 세계와 내부 세계의 균형을 이루면서 영향력을 발휘한다. 반면에 외부 세계만 고집하거나 내부 세계에만 집착하면 파괴적인 성향을 보일 수 있다.

장형의 리더십 유형은 힘의 리더라고 말할 수 있다. 이들은 자신의 분노를 숨기지 않으며 거침이 없고 열정과 명확성, 집중력을 가지고 어떤 일을 추진해 나간다. 카리스마가 넘치고 강한 리더십을 보여 주며 담력이 세고 객관적 시각을 가졌으며 원칙을 고수한다. 상황에 대한 직관력이 탁월해 진행 중인 일과 냉혹한 현실을 조율하여 신속하게 업무를 처리하고, 질서를 회복하기 위해 본능적으로 대응한다. 이 유형은 결정을 내릴 때 개인적인 감정을 배제한 채 자신이 생각하는 원칙과 공정성만 중요하게 여긴다.

장형(본능 중심)을 좀 더 세분화해 구체적으로 살펴보면 또다시 3가지 유형으로 나눌 수 있다. 힘의 중심이 어디에 있는지를 유형별 자아이미지와 특징, 집착, 함정, 근본적으로 느끼는 죄의식, 추구해야 하는 내적 변화와 행동 변화 등을 통해 좀 더 구체적으로 살펴보자.

장형의 도전자: 도전자 유형(보호주의자)

이 유형은 '나는 강해서 무엇이든 할 수 있으며, 누구와도 맞설 수 있는 정의로운 사람'이라는 자아 이미지를 가진다. 묵직한 힘과 강한 이미지를 풍기는데, 이들이 없다면 세상에는 큰 변화가 일어나지 않을 것이다.

강한 카리스마와 리더십이 있으며 단호한 성격 때문에 이런 유형의 사람들한테서 간혹 위압감이 느껴질 때도 있다. 정직하고 솔직한 성격에 현실을 파악하는 능력이 뛰어나다. 권위를 지닌 지도자로서 자신감이 넘치고, 결단력과 추진력이 있으며, 매사에 용감하다. 투철한 정의감으로 불의에 항거할 줄 알며, 공정성과 정의를 지키기 위해 놀라운 의지력과 활동력을 보여 줌으로써 세상에 좋은 영향력을 미칠 수 있다. 정의를 위해 끊임없이 싸우는 전사 스타일이다. 직접적으로 부딪치면서 직관적으로 문제 해결의 본질을 파악하는 능력이 탁월하다. 긍정적일 때는 관대하고 보호본능이 강해 자기의 울타리 안에 있는 사람들을 끝까지 책임진다.

이 유형은 힘에 집착한다. 삶이 위협적이고 적대적이라고 믿으며, 모든 일을 통제하면서 자신의 책임 아래 놓여 있기를 원한다. 즉 자신이 주도권을 잡고 있어야 만족하는 스타일이다. 자기주장이 강하고 직설적이며, 상대에게 겁을 주는 식으로 맞서기도 한다. 위협적인 상황이거나 스트레스가 많을수록 거칠고 공격적인 성향을 드러내는데, 도전이 주는 강렬함과 흥분을 즐긴다.

정의를 위한 투쟁과 불의에 대한 복수심이 오히려 자신의 함정일 수 있다. 자기한테 손해를 끼치거나 도전하는 사람에게는 반드시 앙갚음을 하는데, 자칫 하면 거만해 보일 수도 있다. 그런데 이들은 나쁜 사람은 벌을 받아야 한다고 생각해 '정의'라는 명분을 내걸고 맞선다. 이때 '정의'가 누구나 공감할 수 있는 객관적 정의가 아니라 자기의 지배욕을 지키려는 주관적 판단에 기준한다는 것이 문제다.

이 유형에 속한 사람들은 나약함을 회피하려고만 한다. 인간은 누구나 나약한 부분이 있다는 사실을 인정하지 않고, 힘 없고 나약한 사람을 보면 경멸하고 무시한다. 타인과 친밀한 관계를 맺고 사랑을 나누는 것에 약한 모습을 보인다.

자신의 나약함과 약함을 인정하지 않으려는 방어기제를 가지고 있으며, 자신의 뜻에 맞지 않으면 모든 것을 부정하고 거부한다. 또한 혼자 판단하고 행동하고 해결해야 한다는 압박감에서 오는 외로움으로 정욕 등에 빠지기 쉽다.

스스로 정의롭지 못하거나 자신의 약함이 드러났을 때 죄의식을 느긴다. 정의롭지 않다는 생각이 들면 그냥 지나치지를 못한다. 이 유형은 어린 시절부터 생계를 책임져야 하고, 위험하거나 거친 환경에서도 꿋꿋하게 살아남은 경우가 많다. 항상 자신이 강해야 하며 스스로를 보호할 줄 알아야 한다는 생각을 갖고 있어 생존 문제를 우선순위에 두는 경우가 많다. 부드럽고 약한 것을 거부하는데, 강하지 않으면 배신을 당하거나 고통받게 될 거라고 생각할 만한 경험을 가졌을 수도 있다. 그리고 억압받거나 매정하게 취급당한 경험을 오랫동안 기억하는 경향이 있다.

이 유형의 사람이 성숙해지려면 자신의 힘을 드러내는 것이 자신의 약함을 감추기 위한 위장 수단임을 인정해야 한다. 또한 강한 힘을 가졌다면 기다려 주고 다른 이들의 말에 귀 기울일 줄도 알아야 한다는 것을 직시할 필요가 있다. 자기 내면에 의외로 부드럽고 섬세한 감정이 있음을 인정하고 느껴 볼 기회를 가진다. 또한 어떤 행동을 취하기 전에 기다리고 경청하는 습관을 훈련해야 한다. 타인을 받아들이고 용서하는 자애로운 연민을 가져 관대해질 수 있는 기회를 갖는 것도 중요하다.

장형의 평화주의자: 평화주의자 유형

이 유형은 '나는 느긋하고 안정된 상태이며 흔들리지 않는다'라는 자아 이미지를 가진다.

겉으로 드러난 이미지는 매사에 편안해하고 침착하며 평화로워 보인다. 남들 앞에 잘 나서지도 않고 잘난 체하지도 않으며 겸손하다. 수용적이며 가식이 없고 다른 사람에게 따뜻한 위안을 안겨 준다. 관대하고 인내심이 많으며 아량이 넓다. 공정한 중재자로 편견 없이 사람을 대한다. 자족하고 남들의 의견에 잘 동의하지만 은근히 고집이 세다. 타인을 너그럽게 받아들이고 수용하는 등 타인을 잘 이해해 주는 스타일이다. 거시적인 안목을 가지고 전체를 보는 능력이 있다. 잘 움직이지 않지만 한번 움직이면 전체를 인식하고 있다가 핵심을 찌르는 능력을 가졌다. 에너지가 발동하면 높은 집중력을 보일 뿐 아니라 힘이 느껴진다. 가능한 한 적을 만들지 않으려고 하지만 일단 마음먹고 움직이면 아무도 막을 수 없다.

이 유형은 안정과 평화에 집착하는 반면 문제나 위기를 과소 평가하는 경향이 있다. 평화를 위해서는 사서 고생할 준비가 되어 있다. 다른 사람의 말을 잘 따라 주기는 하지만 내면에 고집스러움과 저항의식이 있다. 이 유형은 차선을 잘 바꾸지 않는다. 웬만하면 긍정적인 대답을 해서 겉으로 봤을 때는 다정해 보이지만 실제로는 사람에게 큰 관심이 없다. 그 사람 뒤에 있는 평화를 중요시할 뿐이다.

평화를 지키기 위해 자꾸 자신을 누르다 보니 스스로를 과소 평가하는 경향이 있다. 자신이 특별할 것이 없다고 생각해 삶에 적극적으로 뛰어들지 않고 뒤로 한 발짝 물러나 있기도 한다.

이 유형은 갈등을 피하기 위한 방편으로 회피를 선택한다. 그래서 다른 사람의 요구를 잘 받아 주고 남들이 하자는 대로 따르다 보니 결단이나 선택을 잘 하지 못하고 일의 우선순위를 정하지 못해 우유부단한 태도를 보이는 경우가 종종 있다. 의견을 물어보지만 결국에는 자기 생각대로 결정하는 편이다. 특별한 자기 의견이 없으면 타인의 의견에 눈과 귀를 의지하는 경향이 있어 팔랑귀라는 별명을 갖게 된다.

현실 도피의 수단으로 중독(스포츠, 카드놀이, 비디오 시청, 골동품 수집, 식탐 등)에 빠지는 방어기제를 갖고 있다. 강력한 내면의 에너지를 누르고 있다 보니 쉽게 스트레스를 받는다.

내면의 안정감과 평화를 유지하지 못하고 갈등 상황이 벌어질 때 죄의식을 느낀다. 그래서 어떻게든 평화를 유지하거나 갈등 없는 상황을 만들려고 노력한다. 근본적으로는 나태함(게으름)이 문제인데, 세상 일에 뛰어들어 활기 넘치게 사는 게 아니라 안일하게 살려고 한다. 잠이 많은 편이고 할 일을 자주 미룬다.

이 유형의 단점을 극복하는 방법은 내면으로부터 자신의 가치를 인정하는 것이다. 모든 형태의 중독과 현실을 회피하지 말고 직면해 불안정함과 변화를 삶의 일부로 수용하고 갈등을 받아들여야 한다.

삶의 변화를 통해 성숙한 삶을 살고자 한다면 확고한 신념으로 목표를 설정하고 그것을 이루기 위해 과감히 행동하며 타성에 젖은 습관을 인정한 뒤 이를 개선하려는 행동적 변화를 꾀할 필요가 있다.

장형의 완벽주의자: 완벽주의자 유형(원리 원칙형)

이 유형은 원칙에 충실하고 도덕적인 면에서 자신에게 철저한 완벽주의 기질을 가진다. 정직하고 솔직하며 말과 행동에 일관성이 있다. 자신의 감정을 자제하는 능력이 뛰어나고 이성적이며 자존감이 강하다.

그래서 성숙한 단계에 들어서면 온유한 모습을 보인다. 정의감이 강해 개인적 이득보다 옳고 그름의 관점에서 일을 처리하고, 정의와 개혁에 관심이 많다. 근면 성실하고 신중하며 일을 정확하게 처리해 다른 사람들에게 신뢰감을 심어 주고 매사에 노력하는 유형이다.

이 유형은 완벽함과 옳은 일을 해야 하며 성실해야 한다는 것에 집착한다. 강한 의무감으로 모든 상황을 개선하는 게 자신이 해야 할 일이라고 여겨 일을 끝내야 비로소 휴식을 취한다. 항상 긴장 상태에서 많은 짐을 짊어진 채 살아가며, 항상 심각하고, 편안하게 휴식을 취하지 못한다. 자연스러운 본능(성과 배설)도 더럽고 부끄러운 것으로 여겨 지나치게 감추려고 한다.

이 유형은 완벽에 대한 높은 기대감으로 매몰차게 자신과 남을 비판한다. 심판자나 잔소리 대장이라는 소리를 듣는데, 세상을 바로잡아야 한다는 생각에 세세한 부분까지 신경 쓰다가 큰 것을 놓치기도 한다.

문제는 분노를 회피한다는 것이다. 분노를 느낀다거나 표출하지 않은 채 항상 억누르려고 한다. 그렇다 보니 얼굴 표정이 딱딱하고 긴장되어 있다.

방어기제로는 분노에 대해 태연한 척한다. 자신을 공정하고 이성적이고 객관적인 사람이라고 생각한다. 하지만 다른 사람들에게는 완고하고 융통성 없고 독단적이며 지나치게 비판적으로 보일 수 있다.

자신이 올바르지 못한 말과 행동을 했을 때, 자신이 해야 할 일을 잘해 내지 못했을 때 죄의식을 느낀다. 평소 분노가 쌓여 있기 때문에 사소한 일에 갑자기 화를 낼 수도 있다. 억압된 분노가 많은 부작용을 불러일으키는 것이다.

이런 유형이라면 자신에 대해 판단하지 말고 일단 받아들이고 삶을 수용하도록 내면의 변화를 꾀하는 것이 좋다. 분노를 인지하고 분노로부터 자신을 떼어놓고 이 감정을 객관화시키는 과정이 필요하다고 하겠다. 자신이 항상 옳고 정당하다고 생각하지만, 객관성이 결여된 판단일 수 있음을 늘 기억하라.

자신의 감정적 필요를 사람들에게 말하는 습관을 길러야 한다. 때로는 완벽하지 않은 자신의 모습을 고치려고 노력하기보다 있는 그대로의 자신을 받아들이고, 일부러 완벽하지 않게 행동하는 등 변화를 꾀하는 것도 좋다.

힘의 중심, 가슴형

두 번째는 사람들 사이의 관계에 초점을 맞추고 인정받고 사랑받고자 하는 본능적 욕구를 가진 가슴형이다. 이 유형의 사람들은 다른 사람들로부터 상처를 잘 받는다. 내면의 자신과 외부 사람, 사물의 경계를 민감하게 인식하며 그 경계를 넘어 외부 세계에 영향을 미치고 관계 맺기를 갈망하면서 살아간다. 그리고 그것이 잘 되고 있는지 아닌지를 계산하듯 명확하게 인식하고 있다. 이들에게 세상을 살아가는 목적은 '사랑'과 '인정'이다. 다른 사람들에게 보여지는 '자신의 이미지'를 중요하게 생각해 멋진 모습을 보이기 위해 많은 노력을 기울인다. 다른 사람과의 관계나 외적 환경을 통해 인정받으려고 하는 경향이 강하다.

가슴형은 동글동글한 체격에 전체적으로 부드러운 이미지를 지녔으며, 매력적인 미소를 갖고 있다. 다른 사람과의 관계 상황을 파악하는 데 직관적이다. 주관적인 감각의 세계에서 살려고 하며, 촉각과 미각이 발달한 사람이 많다. 자기 내면 세계에서 외부 세계와 접촉하는 방식은 사람과의 관계를 통해서다.

이 유형은 관계의 리더십을 잘 사용할 줄 알아서 다른 사람을 지지하고 응원하는 것을 잘한다.

가슴형을 좀 더 세분화하여 구체적으로 다루면 또다시 3가지 유형으로 나눌 수 있다. 힘의 중심이 어디에 있는지 유형별 자아 이미지와 특징, 집착, 함정, 근본적으로 느끼는 죄의식, 추구해야 하는 내적 변화와 행동 변화 등을 통해 좀 더 구체적이고 깊이 있게 살펴보자.

가슴형의 돕는 자: 돕는 자 유형(도움형)

동정심이 많고 남을 잘 배려하며 관대하고 따뜻해서 양털 코트 같다. 이들의 따뜻한 미소와 손길은 다른 이들에게 쉽게 마음을 열도록 만든다. 진지하면서 자신의 감정을 드러낼 줄 알며 사람들의 기분을 잘 이해해 준다.

이 유형의 사람들은 쾌활하며 열정적으로 삶을 즐길 줄 알고 자유로운 성향을 가졌다. 정이 많고, 애정과 관심으로 사람들에게 생기를 불어넣어 주는 등 격려를 잘해 준다. 이들은 어떤 모임이나 어느 장소에 가든지 분위기 파악을 잘하고, 도움과 섬김이 필요한 사람이나 부분이 한눈에 들어온다. 상대에게 관심을 표현함으로써 빠른 시간에 친밀감을 형성한다. 또한 그렇게 관계를 맺은 사람들을 계속해서 챙길 줄 아는 열정적인 성격이다.

이 유형은 남을 도와야 한다는 것에 집착한다. 남이 좋든 싫든 상관없이 남들이 필요한 것을 신경 쓰고 돌봐 주어야 마음이 편하다. 부탁을 받으면 거절하지 못하고 부탁하지 않은 일도 앞장서서 도와준다. 또한 모든 사람을 똑같이 대해야 한다고 여긴다. 모든 친구에게 특별히 중요한 사람이 되기를 원해서 사람에 대한 소유욕과 독점욕이 강하다. 남들에게 해 주는 것이 충분하지 않다고 느낄 때면 사람들에게 호감을 얻으려고 기분을 맞춰 준다.

이 유형의 함정은 남을 지나치게 돌보는 것과 아첨하는 것이다. 관심을 표현함으로써 빠른 시간에 친밀감을 형성하지만 되돌려 받기를 원한다는 점에서 문제가 생긴다. 또한 자신의 욕구를 부정하고 회피하며, 자기 내면을 들여다보는 것을 두려워한다.

자기 내면의 상처와 억누른 감정들을 표현하지 못하고 욕구를 간접적으로 표현하는 방어기제를 쓴다. 자신의 부정적인 감정을 억누르려는 경향이 있으며, 자신을 돌보지 않고 계속 타인을 위해 희생하다 보니 갈수록 건강이 나빠지고 다른 사람들과의 지속적인 관계에도 나쁜 영향을 미치게 된다. 그래서 관계에 대한 불편함 때문에 기분이 나쁠 때는 자신의 감정을 노골적이고 공격적으로 드러내어 상대방이 다가오지 못하도록 만들기도 한다.

타인을 도와주지 못하면 남들에게 사랑받지 못한다고 느낀다거나 자신의 욕구를 충족시키는 것에 대해 죄의식을 느낀다. 더 깊숙이 들어가 보면 마음속에 교만(자만심)이 자리하고 있는데 '자신은 주는 사람으로 도움을 받을 필요가 없다.'고 생각한다.

내면의 변화를 원한다면 무엇보다 내가 아니면 안 된다는 생각을 버려야 한다. 마음에서 우러나와 타인을 돕는 것이 아니라 도운 것에 대한 감사를 기대하며 돕고 있음을 직시해야 한다. 진정한 사랑과 섬김의 관계를 위해서는 내면에서 자신의 정체성을 찾는 경험이 필요하다. 타인에게도 선택의 자유가 있으며 도와주는 게 때로는 방해가 될 수도 있음을 기억해야 한다.

행동의 변화를 꾀하려면 자신도 남으로부터 도움이 필요한 존재임을 인정하고 필요할 때면 도움을 요청할 줄 알아야 한다. 다른 이들을 먼저 생각할 것이 아니라 자신의 삶을 보호하고 내 생각과 의견을 갖는 것이 중요하다. 내 호의를 다른 사람이 거절할 수도 있음을 이해하고 받아들이면 한층 성숙해질 것이다.

가슴형의 성과주의자: 성취자 유형(성과주의자)

이 유형의 자아 이미지는 '잘 적응하고 효율적이다'라는 것이다.

사고가 유연하고 적응을 잘하며 자기 이미지에 관심이 많다. 사회적 관점에서 긍정적으로 받아들여지는 좋은 자질을 자기 것으로 만드는 능력이 탁월하다. 최선을 다하도록 타인을 격려하거나 동기부여를 할 줄 알고, 의욕과 자극을 불어넣어 주어 팀의 사기를 높인다. 일할 때 추진력이 있고 유능하며 일을 빠르고 효율적으로 완수한다. 매력적인 인상에다 창의적이고 자신감이 넘치며 활동적으로 보인다. 사회 정의와 올바른 세상, 부의 공정한 분배 등에 관심이 많다. 조직생활과 개인생활의 대인관계에서 각기 다른 모습을 보이기도 한다.

이 유형은 성공에 집착한다. 자신감 넘치고, 활동적이며, 목표지향적이고, 성취감을 느끼기 위해 일에 매진하는 스타일로 과정보다 결과를 더 중요시한다. 가정일이든 공동체의 일이든 성공이라고 정의될 만한 모든 일을 성취하고 싶어 한다. 이 유형은 정신적으로 건강하지 않으면 성공의 틀을 다른 사람들의 인정이나 평가에 따라감으로써 사회적 명분 등에 얽매이게 된다. 그래서 자신이 어떻게 보이고, 어떤 평가를 받는지 늘 궁금해하고, 이런 이야기를 의도적으로 잘 물어보고 대화의 주제로 삼기도 한다. 남과 비교해 최고가 되고 싶어 하며 경쟁심이 강하다. 항상 무엇인가를 시도하다 보니 바쁘게 생활한다. 자기 확신이 강하고 자기 자랑과 잘난 척이 심하다. 화술이 좋아서 상황에 따라 자신을 연출할 줄 알며, 상대방 위주로 말과 행동을 한다. 매사에 실리를 추구하고 잇속에 밝다.

이들의 함정은 효율성을 중시하며 성공에 몰입한다는 것이다. 아무런 성과도 없는 활동에 시간을 투자하는 것을 싫어한다. 마음의 갈등이나 혼란, 인간관계에 문제가 있더라도 성공을 위해서는 무시하고 억누른다. 또한 드러내 놓고 무능한 동료를 무시하거나 싫어한다. 이 유형이 정신적으로 건강하면 회사의 인정이나 평가와 상관없이 자신이 스스로 목표를 세우고 성공의 틀을 만든다.

이 유형은 실패하는 것을 두려워한다. 실패했을 때 쉽게 패배를 인정하지 못하고 일단 남의 탓으로 돌리려고 한다. 실패한 일은 자신의 기억에서 지워버리고 성공한 일만 떠올린다. 힘든 상황에 몰리면 슬픔과 두려움 등을 보려 하지 않고 마음을 닫아 버린다.

훌륭한 역할과 성공한 사람을 자신과 동일시하는 방어기제를 가지고 있다. 인기 있는 단체나 영향력을 가진 모임에 끼는 것을 좋아한다.

이 유형은 실패했을 때 절망감과 무력감에 사로잡혀 죄의식을 느끼며 실패를 받아들이거나 인정하지 않으려고 한다. 성공에 집착한 나머지 자기와 남을 쉽게 무시하고, 자기 기만이 마음 깊숙한 곳에 자리하고 있을 수도 있다. 이것이 지나치면 남에게 보여 주기 위해 허영심에 빠질 수 있다.

이 유형의 사람들이 성숙해지려면 인간은 이룬 업적이 아니라 인간이라는 존재 그 자체로 가치가 있다는 것을 깨달아야 한다. 칭찬과 인정을 내려놓고 자기 자신에 대해 인정하고 자신의 실패도 인정하는 연습이 필요하다. 사람이 없는 곳에서 명상의 시간을 가지는데, 가면을 쓴 채 다른 사람들을 속이는 자신의 모습을 직시하는 자기만의 명상을 통해 자신의 내적 변화를 꾀할 수 있다.

궁극적으로 일 이외의 개인적인 즐거움을 찾는 것이 좋다. 성취와 성공에 따른 즐거움이 아니라 과정 그 자체를 즐기는 기쁨을 맛보는 것이다. 자기 내면을 들여다보는 침묵 기도와 내면의 깊이를 갖도록 도와주는 독서가 필요하다. 리더의 위치보다 뒤에서 사람들을 응원하는 위치에 서 보고, 자기 자신의 헬퍼가 되어 보는 것도 좋다.

가슴형의 낭만주의자: 심미주의 유형(낭만주의자, 개인주의자)

이 유형의 자아 이미지는 스스로 낭만적이고 세련되고 특별한 자기만의 세계가 있다고 생각해 자신을 독창적이고 매력적이라고 인식한다는 것이다.

특징으로는 고상한 취미, 우아한 태도, 귀족적이고 세련되고 신비로운 면모를 가진다. 또한 매력적이고 창조적인 개성을 가진다. 고통을 아름다움으로 승화시키는 능력이 있다. 예술적인 것에 가치를 두며, 타인의 내면에 있는 깊고 섬세한 감정을 이해하는 능력을 가져 훌륭한 상담자가 될 수 있다. 감수성이 예민하기 때문에 공감 능력과 교감을 통한 깊이 있는 의사소통이 가능하다. 우수에 차 있고, 은밀한 슬픔이 있는 듯 보인다. 개인사나 내면 세계, 가족사 등에 대해 특별한 이야기를 가지고 있다. 의미 있는 행동을 통해 현실과 관계를 맺고 자신의 일을 통해 다른 사람과 연결되면서 자신을 알아간다. 남다른 재능의 소유자로 민감하며 독특한 힘으로 유능함을 표출한다. 이 유형에는 소설가, 음악가 등이 많으며, 이들은 마음속에 일어나는 내면의 감정을 생생하게 느끼며 살아간다.

이 유형의 사람들은 남과 다르고 특별하며 독특한 자기만의 세계를 추구하고 특별한 존재가 되려는 것에 집착한다. 깊은 감동을 갈망하고 희로애락의 감정을 강하게 느낄 때 살아 있음을 느낀다. 느낌이 없는 것에는 생명력이 없다고 여긴다. 자신을 존중하는 마음이 낮아서 실제 자신이 가진 능력을 계발하지 않고 환상 속의 자아를 계발하는 것으로 대신하려고 한다. 미적이고 감각적인 것을 통해 자신의 감정을 유지하기도 한다. 자신이 사용하는 물건이나 자신이 속한 환경에 대해서도 아주 까다롭고 강박적인 태도를 보인다. 주위 환경과는 대조적인 감정을 느끼며 그 가운데서 자신의 정체성을 느낀다. 내적으로 두 자아가 충돌하면서 변덕스럽게 보일 수도 있다. 인간의 어두운 부분(상실, 이별, 고통)에 흥미를 가지는데, 특히 죽음의 매력에 깊이 빠져 있다.

감수성이 예민해 자신의 섬세함이나 민감함을 알아주지 않는다거나 무시당하거나 거절당할 때 분노하고 상처를 받아 의기소침해지고 우울해진다. 외로움을 많이 느끼고 상상 속에서 깊은 감정을 느낀다. 이른 나이에 결혼하지 않으면 독신으로 사는 경우가 많다.

이 유형의 함정은 독특함과 특별함에 끌리고, 특별한 존재가 되고자 하며, 자주 우울한 상태에 빠진다. 뭔가 부족하다는 생각에 자주 상실감을 느끼다 보니 불운에 지나치게 민감하고, 과거의 감정에 묶여 비극적인 기억을 두고두고 되씹는다(비극적 낭만주의자, 자기연민). 감정이 가라앉지 않거나 우울할 때는 자기 방종에 빠져 감정의 양극단을 넘나들면서 자기 기분대로 변덕스럽게 행동할 수도 있다. 깊은 상실감에서 오는 정서적 기복이 심한 편이다.

이 유형의 사람들은 관례적인 것, 품위 없는 것, 피상적인 대화(정치와 경제 이야기) 등 평범한 것을 꺼린다. 남들과 똑같아지는 것에 공포를 느끼며, 평범한 것을 아주 싫어한다. 사회 규칙을 지키는 것에 얽매이지 않고, 다른 사람들이 강제로 시키는 일에 심한 저항감을 드러낸다. 또한 반복되는 지루한 일상을 참기 힘들어한다.

인위적으로 승화시키는 것에 대해 방어기제를 갖고 있다. 느낌을 직접적으로 표현하지 않고 간접적으로 자기 표현을 한다(슬픔, 고통, 거부의 공포를 완화시킴). 멀리 떨어져 있는 사람이 자신에게 관심을 가져주기를 원한다. 고상한 취미를 갖고 있으며, 자신을 드라마틱하게 연출할 줄도 알고, 표현이 독창적이다. 관계에서는 거리 두기나 정서적 거리 두기를 싫어한다.

자신이 독창적이지 않고 민감하지 못하며 남과 똑같다고 느낄 때 죄의식을 느낀다. 더 근본적인 부분은 시기와 질투다. 이는 특별한 것을 선망하는 데서 나온다. 성공하면 관심을 원하고, 관심을 얻으면 고독을 얻고 싶어 한다. 그래서 만족하지 못하는 삶을 산다. 현실 생활이 만족스럽지 못하다 보니 삶에 주어진 축복을 알아차리지 못할 때가 많고, 자신이 갖고 있지 않은 것을 추구한다.

이런 함정을 극복하기 위해 내면의 변화를 꾀하고자 할 때는 자기 내면을 살피고 내면의 중심을 발견해야 한다. 감정 폭발이나 우울증은 우리 마음이 닫혀 있다는 증거다. 종교나 명상을 통해 존재 그 자체로 깊은 안정감을 느껴 보는 훈련을 하는 것이 좋다.

신뢰할 만한 친구를 만나 공감대를 형성하고 행동의 변화를 꾀할 필요가 있다. 자기 함몰에 빠지려고 할 때 자신이 보지 못하는 부분에 대해 직설적으로 말해 줄 사람이 필요하다. 자신과 다른 평범한 사람들을 보며 가치 없다고 거부하지 말고 넓은 세상과 관계를 맺고 사랑하는 법을 배워 나가야 한다. 감정적 동요에도 꾸준히 행동을 유지하는 훈련을 하고, 자신의 아름다움과 특별함, 독특함을 세상을 위해 사용한다면 세상 사람들에게 큰 선물이 될 수 있음을 깨달아야 한다. 이런 삶을 살기 위해서는 규칙적으로 운동하고 맑은 공기를 마시며 건강한 음식을 먹어야 한다.

힘의 중심, 머리형

세 번째는 본능적으로 불안감에 관심을 가지고 끊임없이 자신이 안전할 수 있도록 일에 매달리는 머리형이다. 관찰, 분석, 비교, 대조의 사고 과정을 통해 상황을 파악하고 이해하려고 한다. 머리형은 자신의 경계선 안에 서서 세상을 관찰하고 그 안에서 자신을 보살피고 보호하는 것을 당연하게 여기기 때문에 자신의 안전이 보호받는 선에서 다른 사

마흔과 예순 사이
행복한 잡테크

람에게 다가갈 것인지, 언제 다가갈 것인지를 선택하는 경향이 있다.

이 유형의 사람들은 결정 과정에서 그 판단이 논리적이고 이성적이고 타당한지, 권력을 가진 사람과 자신이 속한 단체가 자신을 받아들이는지에 관심이 많다. 또한 미래의 안전에 대한 욕구가 강하다 보니 자주 불안감에 휩싸이고 의미 없고 배울 것이 없는 모임은 답답하다고 느낀다. 부끄러움을 많이 타고 소심한 편이며, 자신의 내부 세계에 있는 것을 편안해한다. 비전 리더로서 정보와 자료를 바탕으로 비전을 제시하고 영향력을 발휘하는 리더십을 가진다.

머리형을 좀 더 세분화하여 구체적으로 살펴보면 또다시 3가지 유형으로 나눌 수 있다. 힘의 중심이 어디에 있는지를 유형별 자아 이미지와 특징, 집착, 함정, 근본적으로 느끼는 죄의식, 추구해야 하는 내적 변화와 행동 변화 등을 통해 좀 더 구체적이고 깊이 있게 살펴보자.

머리형의 탐구자: 탐구 자유형(관찰자)

이 유형의 자아 이미지는 '스스로 지적이고 현명한 사람'이라고 생각한다는 것이다.

지적이고 냉철한 관찰자로서 정확하게 의사결정을 내리고 이해력과 통찰력이 있다. 호기심이 많고 독창적이며 창의적이고 박학다식한 사람이 많다. 뛰어난 정보수집력을 가지고 있으며 절약 정신도 강하다. 요약 정리에 뛰어나고 주제 없는 이야기나 모임을 싫어해 모임에서는 말수가 적다. 신중하고 사려 깊으며 탁월한 유머감각으로 주변 분위기를 부드럽게 만드는 재주가 있다. 깊이 있게 탐구하며, 분석적이고 창의적인 아이디어를 통해 문제의 핵심을 파고드는 재능이 있다.

지적 호기심이 강해 다방면에 관심을 가진다. 이 유형을 한데 모아두면 모임에서는 침묵이 흐른다. 결혼해도 자기 방이 필요하며, 스킨십을 좋아하지 않는 경향이 있다. 그래서 부부간에 정서적으로 외로움을 느끼기도 한다.

이 유형은 모든 것을 알고 싶어 할 뿐 아니라 전체를 파악하는 데 집착한다. 항상 미래를 예측하고 대비하고자 노력하는데, 모든 것을 알면 삶을 보장받을 수 있다고 생각하기 때문이다. 현실에서 얻은 정보를 정리하기 위해 혼자만의 시간과 공간이 필요하다. 사람들 앞에 나서거나 주목받는 것을 별로 좋아하지 않는다. 관찰자적 위치에서 사람들을 바라보는 것을 선호한다.

지식에 대한 탐욕으로 "지식이 곧 힘이다."라고 믿는 함정에 빠지기 쉽다. 물질적으로 큰 욕심이 없지만 시간과 에너지, 자원에 대해서는 욕심이 많으며, 지식과 전문성을 향상시킬 수 있는 방법에 대해 욕심을 부린다. 자신이 가진 지식과 정보에 근거한 지적 오만과 편견이 강하다. 봉사하는 것을 꺼리는 경향이 있다.

이 유형은 내적 공허감을 회피하려고 하며, 이 공허감을 채우기 위한 훌륭한 도구가 지식이라고 생각한다.

이 유형의 방어기제는 정서적 거리 두기다. 정서적인 문제에 휘말리면 판단에 영향을 주기 때문에 거리를 두려고 한다. 이런 거리 두기가 습관화되어 신체적인 접촉을 싫어할 수도 있다. 문제가 발생하면 긴장해서 자기 감정을 억제하는 게 습관화되어 표현하는 데 어려움을 겪는다. 또한 감당할 수 없는 상황에 처하게 되면 그냥 멍해진다.

자신이 무언가를 이해하지 못하고 잘 알지 못해 쓸모 없고 무능한 사람이라는 생각이 들면 죄의식을 갖고 두려움을 느낀다. 더 깊은 내면으로 들어가면 자기 자신에 대한 인색함이 자리하고 있다. 나누면 마음이 텅 빈 것 같아서 남에게 베푸는 데도 인색하다. 자신도 잘 모르는데 어떻게 남을 가르칠 수 있느냐고 생각한다.

이 유형이 내면의 변화를 꾀하려면 우선 아무리 써도 내면의 자원과 에너지가 고갈되지 않는다는 사실을 알아야 한다. 그러므로 쌓아 놓지만 말고 타인과 세상을 위해 사용해야 한다. 다른 사람과의 거리 두기 탓에 타인과의 소통 기회를 스스로 놓쳤다는 사실을 기억하고 자기 생각 속에서 빠져나와 행동해야 한다. 또한 외부 세계에 의해 무기력해지고 침몰할 수 있다는 것을 자신이 두려워한다는 사실을 인정하고 받아들여야 한다.

그러려면 행동의 변화를 시도해야 한다. 이 유형은 내부로 움츠러들어 지나치게 분석하기보다는 외부를 향해 나아가서 활동에 적극적으로 참여해야 한다. 삶으로부터 초연해지지 말고 자신의 감정을 느끼고 적극적으로 개입하여 관계 속에서 감정을 체험하는 것이 좋다. 또한 나눔의 연습이 필요하다. "나는 지적인 속물이다"라고 고백한 뒤 자신의 이야기나 시간, 지식, 돈, 정보, 물건 등을 나누게 되면 집착하는 문제를 해결할 수 있다. 이를 위해서는 운동도 하고 맑은 공기도 마시고 좋은 음식을 섭취해야 한다.

머리형의 충실 추구자: 충실 추구형

이 유형의 자아 이미지는 '나는 책임감이 강하고 순종적이며 확실한 것을 좋아한다'라는 것이다.

자신이 믿는 신념에 가장 충실한 유형이다. 꾸준한 노력을 통해 자신이 목표한 바를 이룬다. 공동의 이익을 위해 자신을 내세우지 않고 성실하게 일하며 협동심이 강하고 법과 규칙, 규범을 중요시하며 정당한 명분이 있으면 충실히 따른다. 타인에게 폐 끼치는 것을 아주 싫어한다. 사고가 분명하고 위험을 감지하는 능력이 탁월해 사람들과 미래 계획을 세울 때 거시적 안목과 분별력을 발휘한다. 상냥하고 인정이 많으며 약자의 입장에 잘 공감한다. 충성은 다하지만 반드시 주고받는 관계가 제대로 이루어져야 한다.

이 유형의 사람들은 언제나 모든 일이 완벽하고 확실해야 하며, 믿음과 안전에 대한 갈망에 집착한다. 매사에 자신감이 없어 자기 의지대로 행동하는 것을 두려워한다. 소속 집단에는 충실하지만 외부인에게는 경계심이 많다. 타인에게 충실하며 매사에 책임 있는 사람이 되려고 애쓰지만, 일이 실패하면 질책을 당할까 두려워 남의 탓으로 돌릴 때가 많다.

이 유형은 안전에 대한 끊임없는 갈망이라는 함정에 쉽게 빠진다. 위험을 감지하는 데 민감하고 끊임없이 문제가 있는지를 살핀다. 즉 안전

제일주의다. 성실하고 조용하지만 안전을 끊임없이 걱정하면서 야망에 시달리기도 한다.

이 유형에 속한 사람들은 조금만 정도에서 벗어나도 극단적으로 대처하는 등 고발자, 비난자, 경계자가 되기도 한다. 생활이나 단체에서의 일탈(불순종), 불확실성, 특별함을 회피한다. 갑작스러운 변화나 모험, 도전을 별로 좋아하지 않는다. 예측할 수 없다거나 준비가 되어 있지 않으면 움직이지 않는다.

방어기제로 책임 전가(투사)를 꼽을 수 있다. 문제를 느끼면 밖에서 원인을 찾는다. 위험한 상황에 빠지면 비겁하게 행동하거나 열등감을 드러내는데, 이는 내적 자아가 약하기 때문이다.

이 유형의 사람들은 자신에게 맡겨진 일에 충실하지 못했을 때 견디기 힘들어하며 죄의식을 느낀다. 더 근본적으로는 두려움(공포)을 갖고 있다. 미래의 불확실성에 대한 두려움으로 평소 걱정과 근심이 많다. 사소한 걱정과 불필요한 의심으로 두려움에 시달리곤 한다.

이들이 내면의 변화를 꾀하려면 세상의 불확실성과 불안정이 자연스러운 현상임을 마음으로 받아들여야 한다. 내면의 공포와 두려움의 실체를 바라보고 상상 속의 공포임을 인식하는 것이 중요하다. 지나친 충성심과 독단을 근절하고 조화로운 삶과 자기 감정에 충실하도록 노력하는 것이 중요하다. 자신이 신뢰하는 것이 무엇이고, 어떻게 결정을 내리는지 살펴보는 훈련이 필요하다. 조용한 장소에서 자신을 돌아보는 시간을 가지며 최악의 상황을 염두에 두고 현 상황을 직시한다.

이런 부분을 극복하기 위해서는 남에게 의존하려는 생각이 있음을 인정하고 그런 생각을 떨쳐 버린 뒤 자기 확신을 가지고 적극적으로 행동에 나섬으로써 자신의 결정을 신뢰하도록 노력한다. 목표를 성취했을 때는 그것을 즐겨야 한다. 아직 일어나지 않은 일에 대해 걱정하지 말고 목표를 달성했을 때 느낀 자신감을 기억 속에 저장해 둔다. 가치 없는 일에 지나친 충성심을 보일 위험이 있으므로 주의해야 한다. 변화에 대한 두려움에 맞서 위험을 감수하고 과감한 방법을 시도해 보라. 자신에 대한 가치와 신념은 자기 안에 있음을 잊지 말고, 진정한 용기와 안정도 자기로부터 비롯된다는 것을 기억하라.

머리형의 낙천주의자: 낙천 추구형(열정주의자)

이 유형의 자기 이미지는 '재미있고 모험심이 강하고 열정적이다.'라는 것이다.

매사를 긍정적으로 받아들이고 낙천적으로 바라보며, 어떤 것도 심각하게 여기지 않는다. 몸놀림이 가볍고 동작이 민첩하며, 성격이 밝고 명랑하고 쾌활하며 활기가 넘친다. 놀기를 좋아해서 분위기 메이커 역할을 한다. 한마디로 아이디어 뱅크다. 호기심이 강하고 상상력이 풍부하며 다양한 아이디어를 제시하는 등 다재다능하다. 아무 생각 없이 지내는 것 같지만 끊임없이 머리회전을 하며, 뛰어난 순발력과 통찰력의 소유자다. 이 유형이 성숙하면 상상이나 재미 추구를 통해 기쁜 것이 아니라 삶 자체를 통해 기쁨과 충만함을 체험하게 된다. 폭넓은 인간관계를 자랑하지만 깊이는 얕은 편이다.

이 유형의 사람들은 행복해야 한다는 생각에 집착하며, 모든 일을 쾌락과 재미로 판단한다. 구속당하는 걸 싫어하고 자신은 에너지를 주는 사람이라고 정의한다. 고통스러운 상황에 닥쳤을 때는 회피하려고 하며, 항상 마음이 급하고, 머릿속이 여러 가지 생각으로 가득 차 있다. 매사에 밝은 면만 보려 하고, 피상적이고 표피적인 것만 추구해 삶의 깊이와 진지함이 부족해 보일 수 있다. 타인의 감정을 무시하고 자기 위주로 행동하며, 나이 먹는 것을 싫어한다.

이 유형이 빠지기 쉬운 함정은 이상주의를 추구하는 것이다(낙원, 죽음 없는 유토피아 등). 과거의 고통스러운 경험으로부터 벗어나고자 고차원적인 생각이나 이상에 빠져들기도 한다.

육체적·심리적 고통을 외면하려고 하다 보니 고통을 안겨 주는 감정적인 문제들을 제대로 처리하지 못하는 경향이 있다. 어두운 현실을 외면한 채 즐겁게만 지내려고 한다.

방어기제로는 모든 종류의 고통을 느끼거나 보지 않으려고 자기합리화를 하거나 쉽게 공상에 빠진다.

이 유형의 사람들은 낙천적으로 생각할 수 없거나 자신이 멋지지 않고 행복하지 않을 때 죄의식을 느낀다. 이들의 근본적인 문제는 폭음이나 폭식, 방종, 무절제다. 흥분과 자기도취를 유지하기 위해 더 기쁘게 해 주는 것을 요구하다가 쾌락에 빠져들게 된다.

이를 극복하기 위해 도모해야 할 내면의 변화는 고통을 피하지 말고 정면으로 받아들이라는 것이다. 모든 고통은 견딜 만한 것이고 경험해 봐야 결실을 맺을 수 있다는 것을 깨달아야 한다. 미래의 즐거움과 행복은 지금 이 순간에서 시작되며, 미래의 행복을 보장받기 위해서는 현재의 상황에 집중하는 노력이 필요하다. 또한 늘 특별한 것만 추구하지 말고 평범한 것에서 즐거움을 찾아야 한다.

추구해야 할 행동의 변화는 한 가지 일을 완수할 때까지 그 일을 지속적으로 수행하는 것이다. 새로운 자극에 집착하는 자신을 직시한다. 행복을 추구하는 것은 좋은 일이고, 세상을 살아가는 동안에는 그런 밝음과 즐거움이 필요하며, 이들에게는 세상에 희망을 나눠 줄 수 있는 능력이 있다. 하지만 이때 '구체적이고, 근거 있는 희망'을 제시해야 의미가 있다.

지금까지 힘의 중심을 바탕으로 9가지 유형으로 나눠 살펴보았다.

이들 유형 가운데 자신이 어느 유형인지 알겠는가? 자신을 한 가지 유형으로 규정 지을 필요는 없다. 주 유형과 부 유형이 있다. 우리는 여러 가지 유형의 특징을 한꺼번에 갖고 있는데, 그 가운데 우선적으로 발현되는 것이 자신의 주 유형이다. 어떤 행동을 하는 동기를 생각해 보면 훨씬 쉽게 찾을 수 있다.

자신의 유형이 가진 집착, 방어기제, 근본적으로 느끼는 죄의식 등을 알고, 그에 따른 함정을 회피하려 하지 말고 맞서라. 그러면 절대 인정하고 싶지 않은 부분이 드러나고, 부끄러움에 얼굴이 화끈 달아오르기도 할 것이다. 하지만 괜찮다. 계속해서 몇 번이고 시도한다면 결국에는 그 끝과 마주하게 된다. 첫 대면에서는 자신을 토닥거리면서 깊이 내재된 것을 인지하고 그것과 직면하도록 노력한다.

자신과 마주한다는 것은 결코 쉬운 일이 아니다. 하지만 고민을 거듭하면서 자신의 내적 변화에 집중하면 행동의 변화를 꾀할 수 있다. 이런 과정을 통해 우리 인간은 성숙한 삶을 살게 되고, 진정한 의미의 자유를 누리게 된다.

자기탐색 없는 진로 설정, 모래성과 같다

차지호 씨는 은퇴 후에 한동안 "나는 누구인가?"라는 질문에 매달렸다. 직장을 다닐 때도 문득 그런 생각이 떠오르긴 했지만 바쁘게 살다 보니 진지하게 생각해 볼 겨를이 없었다. 눈앞에 닥친 실적이나 목표 달성이 늘 목을 죄고 있었기 때문이다. 그런데 사실 더 솔직하게 표현하면 그럴 만한 마음의 여유가 없었다. 직장생활을 하는 동안 동료들에게 둘러싸여 큰 문제 없이 지냈던 것처럼 자신의 내면을 무시하고 살아도 별 문제 없이 살아지리라고 믿었던 것은 아닐까? 차지호 씨는 "사춘기 때나 하는 고민을 지금 하고 있으니 한심하죠?"라고 말했다. "나는 누구인가?", "지금 잘살고 있는가?" 등의 고민은 평생 해야 하는 것으로, 이는 나를 들여다보는 연습이다. 그는 이렇게 중요한 질문에 한 번도 진지하게 접근해 보지 못한 것이 너무 후회스럽다고 했다.

　좀 늦은 감이 있기는 하지만 지금이라도 자신에 대해 집중하는 시간을 가져야 한다. 믿어라! 지금은 후회하고 있지만 지금의 나로부터 다시 출발할 수 있다는 것을.

　은퇴 후 전문 강사가 되고 싶었던 한우섭(60세) 씨는 직장생활 동안 높은 직급으로 인해 늘 사람들 앞에 서서 발표하고 직원교육도 시켰다. 그래서 별 무리 없이 전문 강사를 할 수 있으리라고 생각했다. 그동안의 경력도 있고, 조금만 더 노력하면 전문 강사는 충분히 가능한 일이라고 판단한 것이다. 수백만 원이나 하는 전문 강사 교육 과정에도 참가하고, 강사로서 부족함이 없도록 트레이닝도 받았다. 2년여 동안 준비했고 몇 군데 추천을 받아 본격적으로 전문 강사로 나서게 되었다. 그런데 강의가 지속적으로 이어지지 못하고 번번히 1회성으로 끝나고 말았다. 상황이 이렇게 되자 2년간의 비용과 시간을 낭비한 것 같아 전문 강사 교육을 받았던 기관에 원망스러운 마음까지 들었다. 이때 그의 아내가 돕겠다고 나섰는데, 남편의 강의를 들어보더니 이렇게 말했다.

　"당신의 강의는 너무 지루해요. 고저가 없는 말투보다는 차라리 사투리를 사용하는 것이 낫겠어요."

　그 무렵 우연히 필자의 강의를 들은 한우섭 씨가 컨설팅을 의뢰해 왔다. 그의 희망사항은 '이 시점에서 다시 배워서 하는 것 말고 지금 가진 것을 중심으로 자신의 직업을 설계했으면 하는 것'이었다. 그가 전문 강사로 방향을 정한 것은 그동안 습득된 스킬을 활용할 수 있어 그다지

218

무리가 없어 보였지만, 자신에 대한 이해 없이 진로를 설정한 것이 문제였다.

한우섭 씨의 자기진단 결과와 컨설팅을 통해 그가 '분석적인 사람'임을 알아낼 수 있었다. 머리형의 탐구자 유형으로, 소극적인 소통을 하고 지적 욕구가 높으며 냉철한 관찰자로 활동하기를 즐기는 사람이었다. 이런 유형은 사람들과 직접적인 소통이나 새로운 직업에 도전하는 것에 어려움을 느낀다. 데이터에 근거하여 이해하고 설득하고 시스템을 만들어 가는 타입이다. 즉 기업 전반의 살림살이를 잘 꾸려 가는 유형인 것이다. 한우섭 씨의 희망대로 강사가 되고 싶다면 전문 강사보다는 연구 결과를 기반으로 하는 강의가 더 잘 맞는다.

최근에는 빅데이터를 바탕으로 한 사회과학 쪽의 연구 결과를 필요로 하는 곳이 많다. 한우섭 씨의 경력이라면 이런 연구에 도전해 볼 만하고, 그런 결과를 필요로 하는 관련 기관에 강의하는 것이 낫다는 판단이 섰다. 이 유형은 정보수집력이 뛰어나고 지적 욕구가 강해 다른 유형보다 연구 결과에 대한 결론도 쉽게 추론해 낼 수 있다. 전문 강사는 명확한 주제를 가지고 프로 세계에 뛰어들어야 하고, 유머를 포함한 높은 수준의 강의 스킬이 필요하다. 그런데 사회 연구는 연구 결과를 바탕으로 강의하기 때문에 강의 스킬보다는 내용에 더 집중할 수 있어서 한우섭 씨에게 더 적합하다.

이렇듯 부지런하고 성실하게 준비하는 것도 중요하지만 방향 설정이 무엇보다 중요하다. 자기탐색은 경력 목표 설정을 위한 기초 중의 기초다. 그래서 자신을 중심으로 미래가 설계되지 않으면 모래성과 같다는 말을 하는 것이다.

자신의 일(경력)을 중심으로 커리어에 집중해야 할 때가 있고, 자신의 소질(재능)을 중심으로 한 강점 계발에 집중해야 할 때가 있다. 제2의 인생을 준비하는 중·장년층이라면 내면의 자기탐색을 중심으로 장기적인 목표를 설정하고, 단기적으로는 경력 중심의 진로를 먼저 설정하는 것이 현명하다.

사회적 성공으로도 채울 수 없는 공허

"내 삶은 어떤 의미가 있는가? 나는 왜 사는가?"

우리는 세상 사람들이 인정할 만한 뛰어난 능력으로 성공했을 때 자신이 의미 있는 존재라고 믿는다. 혜민 스님은 다른 사람으로부터 자신의 가치를 자꾸 인정받고 싶어 하고 검증 받고 싶어 하는 욕망이 우리에게 있다고 했다. 그래서 더 인정받기 위해 성공에 매달리고, 더 많이 이루어야 한다는 강박관념 때문에 힘들어진다는 것이다.

젊었을 때 사람들은 자신의 행복보다 타인의 시선에 신경 쓰며 나를 만들어 간다. 하지만 인생의 본질을 다른 사람들한테서 찾는 것은 옳지 못한 태도다.

중년에 들어서면 본질적인 자신의 내면에 자꾸 귀를 기울이게 된다.

자신의 가치는 남이 아닌 스스로 부여하는 것이다. 자신 그 자체로 존귀하다는 것을 알아야 스스로를 귀하게 여기고 존중하며, 그래야만 그 삶이 성숙되고 풍요로워질 수 있다.

우리의 가치는 남들이 부러워할 만한 돈이나 명예 혹은 가족의 성공으로 결정되는 것이 아니라 자신이 조금씩 배우고 성장하면서 더 풍요로운 존재가 되고 있는지, 자신에게 소중한 사람들이 얼마나 사랑받고 있는지를 느끼게 해 주는 일로 결정된다. 다시 말해 세상의 평가가 아니라 자신에게 끊임없이 다가가려는 시도가 나의 가치를 만든다.

나는 '내가 시도하는 그 무엇'이다. 그 시도는 언제나 보잘것없이 작게 이루어진다. 그러므로 우리는 하루하루 좀 더 나은 존재가 되어 간다는 현실에 행복을 느껴야 한다. 인간의 행복은 무언가를 이루어 어느날 갑자기 느끼는 것이 아니라 아주 조금씩 가랑비에 젖어가듯 작은 긍정적인 기쁨을 얼마나 자주 느끼느냐에 따라 좌우된다.

지식생태학자 유영만 교수가 쓴 『청춘경영』에 보면 "아무리 남보다 잘해도 전보다 못하면 성취감을 느낄 수 없다. 전보다 잘하려는 노력이 전보다 나은 자기 자신을 만드는 원동력이다."라는 글이 나온다.

인생의 풍요로움은 물질적 소유가 아니라 경험에서 나온다. 소유물은 잃어버릴 수도 빼앗길 수도 얻을 수도 있지만 경험은 우리 안에 고스란히 남아 있다. 우리는 수많은 경험을 통해 배우고 성장함으로써 풍요로운 삶을 누릴 수 있다.

나를 성숙하게 만드는 사회봉사활동

중년이 된 사람들 가운데 대부분은 자원봉사활동 등 사회적으로 도움이 되는 일을 해야 한다는 생각을 갖고 있다. 하지만 정작 어디서부터 시작해야 하며, 무엇을 하고 싶은지 잘 모른다.

자원봉사는 의무감이 아닌 자발적으로 행하는 활동이다. 즉 스스로 원해서 하는 활동이 자원봉사다. 자원봉사의 기본 정신은 자아실현성, 자발성, 무보수성, 사회성, 공동체성, 복지성, 민주성, 개척성, 지속성을 기본 바탕으로 하고 있다. 사회봉사의 경우 이런 기본정신에 의무감과 실비성, 공공성, 지속성, 투자성이 더해진다.

현대사회에 나타난 여러 가지 사회문제는 정부나 몇몇 사회단체, 소수 엘리트의 노력만으로 해결되는 것이 아니라 시민 대다수가 참여하여 해결해야 한다. 미국의 경우 자원봉사가 국가의 경쟁력이다. 사회활동은 각 사회 분야별 현황에 대한 지식뿐 아니라 정보와 법규를 배울 수 있는 기회인 동시에 사회계층 간의 거리감을 좁혀 준다. 또한 주인의식을 갖게 해서 공동체 의식과 공감대도 높여 준다. 이로써 사회문제에 대한 공동 대처가 가능해진다.

사회봉사활동은 건강한 사회를 만들며 사회발전과 변화를 주도하기도 한다. 그리고 공공 복지기관과 민간 복지기관의 부족한 인적·물적 자원을 보충해 줌으로써 사회비용에 대한 개인의 부담을 줄여 준다. 따라서 사회봉사활동은 궁극적으로 복지사회 실현의 원동력이 되며, 주인의식과 공감대를 통한 문제해결을 가능하게 해준다. 이는 개인과 사회 발전으로 이어지고, 결국 봉사자 자신을 위하는 것뿐 아니라 사회적으로도 그 가치가 크다.

우선 자기에게 적합한 봉사활동 분야를 찾는 것이 중요하다. 다음에 나온 5가지 요소를 살펴보자.

체크 요소	내용	나의 특징
나의 관심사는 무엇인가?	자신이 가장 선호하는 봉사 대상이 누구인지 생각해 본다.	
내가 잘할 수 있는 것은 무엇인가?	자신의 특기와 장점 등을 생각해 본다.	
내가 하고 싶은 것은 무엇인가?	그동안 배우고 싶었던 것이 무엇인지 생각해 본다.	
어떤 사람들과 함께하고 싶은가?	지금 머릿속에 떠오르는 사람과 함께할 수 있을지 생각해 본다.	
내가 투자할 수 있는 것은 무엇인가?	나눌 수 있는 시간과 재능, 물질적인 것을 생각해 본다.	

*봉사 대상자 : 고령자, 장애인, 아동, 청소년, 여성, 기타(종합, 의료, 환경, 문화 등)

봉사활동 타입은 크게 5가지로 나눌 수 있다(『쉽게 배우는 자원봉사』, 경북외국어테크노대학).

1. 묵묵한 타입: 주어진 일을 꾸준히 처리하는 유형

2. 활동파 타입: 스포츠 활동이나 놀이상대 역할, 외출 등을 돕는 유형

3. 신중한 타입: 우선 자원봉사활동에 대해 공부한 뒤 실행에 옮기는 유형

4. 함께하는 타입: 자원봉사 회원들과 함께하는 시간을 즐기는데, 자신의 특기를 살려 공연이나 합창 등 사교적인 활동에 어울리는 유형

5. 리더 타입: 친구, 직장 동료 등과 동아리를 직접 만들어 동아리 활동의 리더 역할을 하는 유형

위의 내용을 참조하여 자신에게 가장 적합한 봉사활동의 유형을 고른 뒤 실행에 옮겨 보자.

봉사활동 분야

1. 사회복지 분야

· 활동하는 곳: 보육원이나 영아원, 양로원 등 사회복지시설, 지역사회 종합사회복지관, 노인복지관, 장애인복지관, 청소년수련관, 쉼터, 노숙자시설, 편모생활시설, 재가복지봉사센터 등

· 활동 내용: 상담이나 교육, 사무 보조, 가정 방문, 나들이 지원, 음식 제공, 이·미용 등 노력봉사, 미술과 음악 등을 통한 심리치료 등

2. 문화체육 분야

· 활동하는 곳: 문화재, 고궁, 박물관, 미술관 등 문화시설이나 사회복지시설 등

· 활동 내용: 문화공연, 문화시설 안내, 문화행사 도우미, 관공서 안내(문화재 해설가), 생활체육활동 지원 등

3. 교통질서

· 활동하는 곳: 집 주변이나 거리
· 활동 내용: 안전 지킴이, 기초질서 캠페인(초등학교 등·하교 지도)

4. 환경보호

· 활동하는 곳: 공원, 하천, 산, 골목 등
· 활동 내용 : 환경정비활동, 환경 캠페인, 환경교육활동, 재활용운동(아나바다운동, 아름다운 가게 등)

5. 보건의료 분야

· 활동하는 곳: 지역 종합사회복지관(어르신이나 장애인), 사회복지시설, 무의탁 노인가정, 병원 등
· 활동 내용: 진료, 건강교육, 건강 증진 캠페인, 호스피스 활동, 사무 보조와 안내

6. 국제기관

· 활동하는 곳: 입양기관, 비영리기관과 사회복지기관, 공공시설, 국제 NGO 단체 등
· 활동 내용: 통역이나 번역활동, 외국어 홈페이지 번역, 민박 봉사활동, 서적 번역 등(외국인 한글교실, 멘토 등)

7. 공공기관

· 활동하는 곳: 지방자치단체와 주민센터, 사회복지기관 등 공공시설
· 활동 내용: 행정과 사무 보조, 안내와 홍보(에너지 절약), 주민자치활동 지

원, 방범활동 지원

8. 재난재해구호 분야

· 활동하는 곳: 재난재해 선포 지역, 재해 지역 등

· 활동 내용: 예방활동과 복구 지원

9. 교육활동

· 활동하는 곳: 유치원, 초등학교, 지역 교육기관(주민자치센터, 사회복지
관, 아동복지센터, 평생학습관, 도서관) 등

· 활동 내용: 강의, 방과후 교실, 도서관 업무 지원

10. 소비자 보호

· 활동하는 곳: 녹색소비자연대, 서울 YMCA 시민중계실, 소비자 문제를
연구하는 시민 모임, 한국소비자연맹 등

· 활동 내용: 피해를 당한 소비자 상담과 권익 보호를 위한 모니터링 활동,
시장조사활동 등

11. 기타

· 활동하는 곳: 각종 시민단체, 개인적 봉사활동 커리어 계발에 따른 조직
체 등

· 활동 내용: 시민단체활동, 개발된 봉사활동 커리어에 따른 일체의 활동

자원봉사에 참여하고자 한다면 각 시도별 자원봉사센터를 찾으면 된다. 1365
자원봉사(www.1365.go.kr)를 방문하면 봉사활동 지역과 분야 등을 선택할
수 있다.

그 외에도 다음과 같은 사이트가 있다.

- 엘고어 NGO 단체 기후프로젝트 www.sgf.or.kr

- 초록우산 어린이재단 www.childfund.or.kr

- 전국천사 무료 급식소 www.1004n.co.kr

- 함께하는 사랑밭 www.withgo.or.kr

- 서울 자원봉사 www.volunpia.or.kr

- 서울시 자원봉사센터 포털시스템 http://volunteers.seoul.go.kr

- 굿네이버스 www.goodneighbors.org

- 유엔난민기구 한국 공식 사이트 www.unhcr.or.kr

- 꽃동네 www.kkot.or.kr

중년의 의무, 사회적 리더의 역할

그동안 우리나라는 고도성장을 이루기 위해 중화학산업을 거쳐 첨단 산업을 일궈 왔다. 뒤를 돌아볼 사이도 없이, 주변을 살펴볼 여유도 없이 무조건 앞만 보고 달리다 보니 어쩔 수 없이 소홀히 다루었던 부분이 많다. 이는 국가정책적인 부분에서 해결해야 할 문제도 있지만 개인의 관심과 열정으로 하나씩 일궈 나가야 하는 부분도 있다. 미처 챙기지 못한 문화유산, 성과 위주의 일등주의에 매달려 OECD 국가들 가운데 자살률 1위, 왕따·학교폭력·청소년 성매매 문제, 환경 문제, 지역이기주의 성향 팽배 등이 그렇다.

이런 문제점은 상황을 개선시키려는 의지를 가진 사람들이 중심이 되어 양적인 부분이 아닌 질적인 부분에 신경을 써야 한다. 특히 인생의 아픔과 시련을 먼저 겪은 중·장년층이 중심이 되어 문제를 해결하고자 한다면 훨씬 성숙한 결과를 이끌어 낼 수 있다. 이미 어려운 숙제를 풀기 위해 앞장선 사람들이 있다. 그런 사람들에게 힘을 보태거나 굳은 의지를 가지고 정책에 참여한다면 오늘보다 좀 더 나은 미래를 만들어 나갈 수 있지 않을까. 좀 더 많은 인생을 살아낸 어른들이 젊은 시절의 무모함을 딛고 일어나 성숙한 사회적 어른으로서 여러 가지 문제를 해결하고 이끌어 나가야 한다.

얼마 전 텔레비전 프로그램에서 청소년 범죄에 대한 주제를 갖고 열띤 토론이 벌어졌다. 사건을 직접 접한 형사들은 청소년 범죄가 어쩌다가 여기까지 왔는지 탄식하기에 바빴다. 길거리에서 담배를 피우는 청소년을 보면 어른으로서 훈계하는 것이 마땅하지만 못 본 척하고 지나치는 사람이 대부분이다.

62세 중년의 아저씨가 지하철 역에서 담배 피우는 학생들을 보고 훈계했다가 그 학생들이 한꺼번에 달려들어 구타하고 계단에서 밀쳐 사망한 사건이 발생했다. 그렇다 보니 청소년 범죄를 다루는 형사들도 청소년 훈계가 쉽지 않다고 한다. 또한 학교에서 학생들이 선생님을 폭행했다는 뉴스도 심심찮게 들려온다. 10대들의 인터뷰도 가히 충격적이다. 그리 놀랍다거나 심각한 표정 없이 그저 자주 일어나는 일인 양 무덤덤한 반응을 보인다.

2013년 〈세상을 바꾸는 시간, 15분〉이라는 프로그램에 나온 청년 유니온 조사에 따르면 학교폭력이 심각한 수준에 이르렀다는 사실을 알 수 있다. 한 반에 왕따 학생 1.3명, 학교폭력 교내 발생 61.6퍼센트, 2012년 한 해 학교폭력 자살자 20명 등 가장 안전한 울타리라고 여겼던 학교에서 우리 아이들이 영영 돌아오지 못하고 있다.

그런데 이런 일은 아이들의 문제라기보다는 어른들이 낳은 부산물이다. 어른이 만들어 준 사회와 학교, 그 프레임 안에서 일어난 일이다. 학생들의 문제가 아니라 어른들이 타인을 존중할 줄 모르고 폭력적이고 이기적인 아이를 만들었다고 해도 과언이 아니다. 우리 어른들이 폭력에 입을 다물고 이기적으로 행동하고 서로를 존중하지 않고 정의롭게 살고 있지 않기 때문에 우리 아이들이 이런 잘못을 배운 것일지도 모른다. 그렇다면 바뀌어야 하는 것은 학생들이 아니라 우리 어른들이며, 어른들이 주축을 이룬 사회의 책임이 크다. 나와 달라도 상대의 개성을 인정하고 존중해야 하는데 비난부터 하는 경우가 많다. 이제부터라도 공공의 책임과 올바름, 공동체의 이익과 사회적 정의를 고민하고 선택하는 사회적 분위기를 만들어야 한다.

정의로운 사회를 만들고 싶다면 아이들을 인격적으로 존중하고 인정하며 합리적이고 공평한 시각을 갖도록 공공의 책임과 올바름, 공동체의 이익과 사회적 정의에 대해 고민할 기회와 시간을 주어야 한다. 그리고 어른들은 인내하고 기다려야 한다. 청소년들에게 잘잘못을 따지고 꾸중으로 몰아세울 것이 아니라 그들을 인격적으로 대하고 다양성을 인정해 주며 공평하고 정의로운 문화 속에서 성장하도록 이끌어야 한다.

어른으로서 대우를 받으려고만 할 것이 아니라 청소년들이 잘못된 방향으로 가면 바른 길로 인도해 주고, 그래도 안 되면 혼을 내고 어루만져 주고 품어 주어야 한다.

우리 어른들은 먼저 그 시기를 지나왔으므로 청소년 시기를 누구보다 잘 알고 있다. 청소년들이 답답해하거나 방황하거나 하면 이를 해소할 수 있는 공간과 멘토를 지원해 주고, 아이들이 큰 소리로 웃고 떠들고 소리 지를 수 있는 안전한 공간을 제공해 주는 것이 어른들이 해야 할 일이다.

이런 사회와 문화 속에서 성장한 청소년들이 만들어 갈 사회는 분명 희망적이고 긍정적일 것이다. 어른이란 정신적 지주이며, 사회가 어렵고 혼란스러울 때 이를 직시하고 올바른 길로 가도록 이끌어 주는 사람이다. 따라서 한 시대의 어른이라면 다음 세대를 이끌어 나갈 청소년들에게 롤모델로서 보다 나은 사회와 국가를 위한 비전을 제시해 줄 의무가 있다.

청소년 문제뿐 아니라 이제 우리 사회에서 꼭 필요하다고 판단되는 부분이 있다면 망설이지 말고 앞장서서 이를 해결해야 한다. '누군가 하겠지'라는 소극적인 자세보다 이제는 상사 눈치 볼 일 없는 중장년들이 앞장서서 더 건강한 세상을 만들어 가야 할 것이다.

사회봉사활동을 통한 자기완성

함주길 씨(54세)는 초등학교 5학년이 되던 해에 부모님을 여의고 남동생과 둘만 남게 되었다. 어린 나이에 생활고와 외로움으로 견딜 수 없을 만큼 힘들었지만, 홀트아동복지회로부터 경제적·정신적으로 많은 도움을 받았다. 어려움 속에서도 '크리스마스가 되면 어김없이 카드와 선물이 도착했을 때 친구들의 부러움을 샀던 기억' 등 아름다운 유년 시절의 추억도 있다고 회상한다.

"그때부터 제가 어른이 되면 반드시 누군가를 돕는 사람이 되어야겠다는 생각이 가슴에 자연스럽게 녹아들었어요."

함주길 씨는 봉사활동은 선택사항이 아닌 사회 구성원으로서 반드시 해야 할 일이라고 했다. 그는 주변의 도움으로 건강하게 성장해서 가정을 이루었고, 어느덧 퇴직할 때가 되었다. 퇴직 시점이 다가올수록 '지금까지는 소극적인 봉사활동을 해 왔는데 이제는 좀 더 본격적으로 사회봉사활동을 해야겠다'고 마음먹었다.

그런데 그동안의 봉사활동 경험을 통해 알게 된 것은 전문성을 갖춘 사회봉사활동이 필요하다는 것이었다. 봉사활동이라고 해서 준비 없이 무조건 시작하는 것이 아니라 대상자별 특징에 따른 전문성을 갖추고 지원해야 한다. 그래서 그와 관련된 공부를 시작해야겠다고 결심했다. 이런 장기적 설계를 하기 위해서는 기본적으로 해결되어야 하는 것이 있었다. 퇴직을 언제 할 것인가에 대한 결정이었다.

함주길 씨는 회사 입장과 가족 그리고 자신의 꿈을 고려해 심사숙고 끝에 54세쯤 퇴직하기로 마음먹었다. 그래서 52세 때부터 사회봉사활동 관련 자격증을 하나씩 준비하게 되었다. 사이버대학에 입학해 사회복지사, 레크레이션 지도자, 심리상담사, 보육교사, 요양보호사, 건강가정사 등 사회복지 관련 분야를 꾸준히 공부하고 있다.

지금 함주길 씨는 요양원과 고아원에서 주기적으로 봉사활동을 하고 있다. 그는 "이런 모습을 지켜본 아들딸도 자연스럽게 사회봉사활동에 참여하고 남을 배려할 줄 아는 성숙한 시민으로 자란 것 같아 뿌듯합니다"라고 말한다.

그는 자신이 지금까지 잘 살아온 것은 국가와 국민으로부터 도움과 혜택을 많이 받았기 때문이라고 했다. 그리고 이제는 돌려줄 때가 되었고 더 늦어지면 후회할 것 같다고도 했다. 그의 이런 긍정적인 마인드는 힘찬 미래를 설계하는 기초가 되고 있다.

함주길 씨가 강조하는 봉사활동은 이웃이나 지역의 문제를 자신의 문제로 인식하는 것에서 시작된다. 그 문제를 해결하기 위해 함께 고민하고 활동하면서 그 문제해결 과정에서 자기성장을 경험하게 되는데, 이를 통해 삶의 즐거움을 얻게 된다는 것이다.

사실 자원봉사는 타인으로부터 자신의 존재가치를 인정받고 사회로부터 가치 있는 사람이라는 평가를 받기 때문에 인간이 가지고 싶어 하는 내적 욕구를 충족시켜 준다. 게다가 지속적인 자원봉사활동을 하기 위해서는 새로운 지식과 기술을 익혀야 하기 때문에 그로 인해 자기발

전의 기회도 얻게 된다. 그리고 다양한 직종, 성별, 연령을 가진 타인과의 만남으로 새로운 지식이나 정보를 얻을 수 있고 의사소통 훈련까지 할 수 있어 인간관계도 넓어진다. 궁극적으로 자원봉사활동을 하게 되면 주변으로부터 칭찬을 많이 받게 된다. 그로 인해 스스로가 나는 참 괜찮은 사람이라는 인식을 하게 되어 자존감이 향상될 뿐 아니라 인간의 원시 본능에 존재하는 서열 본능과 영역 본능도 높아져 만족스러운 삶의 주인공이 된다.

함주길 씨는 3년 전부터 아프리카의 아이티 어린이 2명을 지원하고 있다면서 사진을 꺼내 보여 주었다.

"우리 딸입니다. 어때요? 이제는 제 딸들을 만나러 가는 것이 꿈입니다. 10년 안에는 만나러 갈 겁니다. 그래서 월 10만 원씩 따로 적금을 붓고 있어요."

그는 이런 이유로 자신에게는 꼭 직업이 필요하다고 했다.

지금 함주길 씨는 R기업에서 '경영지원 총괄'을 맡아 바쁜 나날을 보내고 있는데, 봉사활동을 하던 것이 계기가 되어 요양원에서 함께 일할 것을 제의해 오기도 했다. 그러나 퇴직하면 지인의 회사인 R기업에서 함께 일하기로 한 선약 때문에 거절할 수밖에 없었다.

퇴직과 동시에 함주길 씨는 R기업으로부터 재취업 제의를 받았다. R기업의 대표는 10년간 함께 봉사활동을 하며 그를 지켜보았던 터라 퇴직 후 회사를 함께 꾸려가 보지 않겠느냐고 제안했던 것이다. 봉사활동을 통해 그는 인간관계를 넓히고, 그로 말미암아 또 다른 열매로 일자리까지 얻게 되었다.

행복 물질, 도파민과 세로토닌

우리가 풍요롭고 행복함을 느끼는 순간은 멋진 옷을 샀을 때, 인정받았을 때, 승진했을 때, 자격증을 땄을 때, 맛있는 요리를 먹을 때, 운동경기에서 상대를 이겼을 때 등이다. 이때 도파민이라는 호르몬이 나온다. 도파민은 우리가 무엇인가를 '성취'했을 때 분비되는 호르몬으로, 즐거움과 쾌감을 가져다준다. 그동안 우리는 성취에 기반을 둔 행복, 즉 도파민적 삶에 매달려 왔다.

그런데 도파민은 한 번 반응한 자극에는 더 이상 분비되지 않는다는 것이 문제다. 이것이 동일한 성과가 주는 기쁨이 오래가지 못하고 잠시 머물다가 사라지는 이유다.

결국 도파민으로 행복해지기 위해서는 좀 더 큰 성공을 '지속적으로' 달성해야 한다. 더 큰 성취, 더 큰 기쁨을 맛보지 않고는 행복하다는 생각이 들지 않기 때문이다. 이런 이유로 우리는 GNP 2만 달러를 달성하고도 '위기론'을 내세우며 앞만 보고 계속 달려가고 있는지도 모른다.

그런데 우리가 행복을 느끼는 또 다른 방법이 있다. 숲 속을 거닐 때, 마음이 평온할 때, 눈을 감고 명상에 잠길 때, 따사로운 햇살 아래 있을 때, 다른 사람을 도울 때 우리는 나른하고 여유로운 행복감을 느낀다.

이 때 세로토닌이라는 호르몬이 나오기 때문이다. 더 많이 성취하고 더 많은 물질을 갖게 될 때 분비되는 도파민적인 삶보다는 자신이 가진 것에 만족하고 감사하는 삶을 통해 세로토닌적인 삶을 사는 것이 덜 고단하고 더 큰 행복감을 맛볼 수 있다.

더욱 환상적인 것은 도파민적인 삶과 세로토닌적인 삶이 조화를 이룰 때다. 성취와 감사가 조화롭게 균형을 이룰 때 인간은 진정한 행복감을 느낀다.

마음을 평화롭게 다스리는 데는 여러 가지 방법이 있겠지만 명상이나 종교를 통해 나를 찾고 겸손한 삶을 사는 건 어떤가? 명상할 때는 깊고 고요한 호흡, 들이마실 때의 호흡이 아니라 내쉴 때의 호흡에 집중해 길고 고요하고 가늘게 천천히 조용하게 숨을 내쉰다. 그러면 몸에 들어찬 병의 기운, 탁한 기운, 마음의 병까지도 몰아내고 고요하게 자신의 내면을 들여다볼 수 있다. 이것이 명상의 출발이다.

명상 훈련을 통해 마음 쓰는 법을 배우면 그동안 들리지 않던 소리들이 마음에 남는다. 가장 먼저 자연의 소리가 들리고, 다음에는 자기 자신의 내면의 소리가 들린다. 궁극적으로는 영혼의 소리까지 들을 수 있는데, 이 순간 마음이 진정으로 평온해진다.

명상을 하면 혈액순환이 원활해져 혈액이 잘 돌고, 혈관이 튼튼해져 심장에 부담이 덜하다. 혈액이 잘 돌아야 산소와 영양을 제때 공급해 피로감이 덜 쌓이고, 경직된 근육과 흥분된 신경을 달래 줄 수 있다. 마음도 차분해지고 경직되었던 모든 세포가 안정을 찾는다. 긍정적인 생각은 몸의 면역력을 높여 주고 뇌의 활동도 활발하게 만든다. 마음이 고요함 속에 머물러 있으면 긍정적인 마인드가 생겨 가족관계, 인간관계까지도 건강하게 만들어 준다.

종교 이야기를 하면 신이 존재하느냐 아니냐 하는 것에 대한 논란이 많다. 하지만 그것을 따지기 전에 종교가 주는 장점을 먼저 생각했으면 한다. 종교는 나 자신보다 높은 곳에 있는 신을 믿음으로써 겸손을 알게 해 준다. 그리고 이를 통해 무엇이든 억지로 되지 않는다는 사실도 깨닫게 만든다. 이처럼 진정한 마음의 평화는 자기 자신을 낮추고 겸손해지는 데서 비롯된다.

사는 동안 고집과 아집을 내려놓고, 불편함과 작은 불만에 연연해하지 않으며, 매사에 겸손하고, 어제보다 나은 내일이 되기 위해 노력하면서 그 결과는 신의 손에 맡겨 보자. 그리고 자신이 가진 작은 것을 다음 세대에게 전하고, 그들의 꿈이 실현되도록 돕는다면 더 나은 미래를 기대할 수 있지 않을까? 자기 중심의 꿈을 이루고자 노력하는 삶보다 좀 더 나은 사회가 되도록 자신의 영향력을 발휘하는 삶이 진정 행복한 인생이다.

7장

환경 탐색,
행복한 인간관계
만들기

"부부로서 함께 살 때는 서로에 대한 소중함을 느끼지 못했어요."

그런데 이혼한 후 평일에는 바빠서 남편의 부재를 느끼지 못하다가

주말 오후가 되면 적막감이 찾아왔다.

"심지어 텔레비전에서 다정한 부부의 모습을 보면 열등감에 휩싸이곤 했어요."

그건 그녀의 남편도 마찬가지였다. 그래서 이 부부는 어렵지 않게 재결합할 수 있었다.

"함께한 지난 세월과 추억이 있어서인지 다른 남자보다는 남편이 훨씬 더 편해요."

지금 두 사람은 거의 다투는 일 없이 잘 지낸다.

"만약 이혼해 보지 않았다면 지금도 남편 흉을 보며 원수같이 지냈을 거예요.

헤어져 보니 남편의 존재가 얼마나 귀하고 소중한지 알겠더라고요".

사람이 사람을 이해한다는 것

사람은 누군가가 자신의 가치를 알아주고 관심과 우정 등 호의를 가지고 있다는 사실을 알았을 때 진정으로 행복감을 느낀다. 모든 사람이 부러워하는 부와 권력을 가졌다고 해도 아무도 관심을 가져 주지 않으면 그 사람은 불행할 것이다.

이채 시인의 〈마음이 아름다우니 세상이 아름다워라〉에 보면 "밉게 보면 잡초 아닌 풀이 없고 곱게 보면 꽃 아닌 사람이 없으되 내가 잡초 되기 싫으니 그대를 꽃으로 볼 일이로다."라는 구절이 나온다. 사람을 이해한다는 것은 이처럼 상대를 바라보는 마음에 달려 있다.

심효정 씨는 대화만 하려면 입을 닫아 버리는 남편 때문에 진이 빠진다고 했다. 남편이 자신을 무시하는 것 같아 자존심이 상해서 "말 좀 하고 살자", "당신 생각을 말해 봐!", "왜 그렇게 했는데?"라며 다그치듯 물어보지만 남편은 침묵으로 일관한다는 것이다.

"신혼 때를 빼고 이런 대화를 20년간 계속했어요."

남편과 대화가 되지 않는다는 생각에 포기하기를 수십 번. 하지만 평생을 함께할 남편이기에 완전히 포기할 수가 없었다. 그래서 남편의 속마음을 알고자 상담소를 찾은 것이다.

심효정 씨의 남편은 남편대로 자신의 입장이 있었다. 그는 아내가 대화 좀 하자고 하면 겁부터 난다고 했다.

"시작부터 따지는 듯한 말투로 은근히 몰아가며 자신의 논리를 펴는데 하나도 틀린 말이 없어요. 그런데 사람이 어떻게 원리원칙대로만 살겠습니까! 때로는 감정이 이성을 앞서기도 하는데 그런 것을 전혀 고려하지 않고 자기 입장만 내세우니 말문이 막히고 맙니다. 결혼 초에는 나름 논리적으로 반박해 보기도 했지만, 집사람은 듣긴 하는데 제대로 귀를 기울이지 않아요. 그렇다 보니 대화를 해도 제자리를 맴돌기 일쑤고, 결국에는 큰소리가 오가며 서로에게 상처만 남기는 것 같아 차라리 입을 닫는 게 낫겠다고 생각한 거죠."

입장 차이는 개인이 인식하는 정도나 환경에 따라 그 크기가 다르기 때문에 대화와 소통을 통해 그 차이를 줄여 나가야 한다. 일상생활에서 서로의 입장 차이는 울고 웃는 것만큼이나 흔한 일이다.

어느 날 퇴근해 집으로 돌아온 남편이 아무 말도 하지 않은 채 저녁을 먹고 나서 잠시 텔레비전을 보는 둥 마는 둥 하더니 어두운 표정으

240

로 잠자리에 들었다고 가정해 보자. 남편의 이런 태도에 아내는 '오늘 회사에서 무슨 일이 있었나?'라고 생각하기보다 '내가 무엇을 잘못했나? 혹시 실수한 게 있나? 혹시 어머니께서 뭐라고 하셨나?'라며 저녁 내내 마음이 불편하다가 급기야 우울해진다. 사실 남편은 오늘 회사 승진에서 누락되었다는 사실을 알게 되었고, 다른 직원들은 모두 승진자의 회식에 참석했는데 자신만 핑계를 대고 집으로 돌아왔던 것이다. 그런데 이런 얘기를 해 봤자 회사 돌아가는 사정을 잘 알지 못하는 아내가 마음 상할까 봐 말을 하지 않았던 것이다. 하지만 회사에서 일어난 일을 모르는 아내는 남편의 어두운 표정이 자기 잘못 때문이라고 지레짐작하면서 상처를 받는다. 만약 남편이 집에 들어서면서 "여보! 오늘 회사에서 일이 좀 있었는데 빨리 쉬고 싶어."라고 말했다면 아내는 크게 걱정하지 않았을 것이다. 왜냐하면 미리 알려 주었으니까!

"침묵은 금이다."라고들 하지만 부부 사이에서 침묵은 절대 금이 아니다. 표현하는 것이 사랑이고 배려다. 화가 났으면 화가 났다고 표현하는 것, 힘들면 힘들다고 표현하는 것이 배려다. "지금 말을 하면 화가 나서 언성이 높아질 것 같으니 나중에 이야기해"라고 말로 표현해야 한다. 이것이 서로에 대한 예의이고 사랑이다.

대부분 서로의 입장 차이에서 갈등이 생긴다. 상대의 입장에서 들어 보면 이해하지 못할 일이 별로 없다. 그런데 우리는 상대의 입장을 들어 보지도 않고 자신의 기분과 상황을 주장하기에 급급하다.

앞서 언급한 심효정 씨의 경우처럼 "말을 해야 무슨 일인지 알 것 아니야. 그러니 말 좀 해 봐.”라고 보채거나 계속 따지고 든다면 남편은 심리적으로 위축되어 거부감을 갖게 된다. 말을 하지 않는 남편의 마음속에는 지난 상처가 아물지 않고 남았을 수도 있다. 이야기해 봤자 해결되는 것이 없다는 경험 말이다. 이런 경우라면 남편의 마음속에 ‘내 입장을 이야기했을 때 아내와 소통이 되더라. 아내가 내 이야기에 귀를 기울여 주고 공감하더라’는 좋은 기억을 만들어 주는 것이 중요하다.

심효정 씨는 먼저 완벽하고 논리적이어야 한다는 자기 생각부터 고민해 볼 필요가 있다. 세상은 항상 이성적이고 정의롭지만은 않다. 그녀가 먼저 남편의 입장을 이해하도록 노력하면서 침묵으로 일관하는 남편이 대화에 나서도록 유도해야 한다. 사람은 누군가가 품어 주고 안아 주면 그 속으로 들어가 안정감을 느끼기 때문이다.

심효정 씨의 남편도 말해 봐야 별 소용이 없다는 생각을 갖고 있었다. 이때는 휴대전화 문자나 이메일을 이용하는 것도 한 가지 방법이다. 그러면 속상한 마음이 한 번 걸러지고 자신의 입장과 진심이 글로 정리되어 아내에게 전달되므로 상대방을 예전보다 쉽게 이해할 수 있다. 그리고 ‘아! 그래서 저 사람이 그랬구나’라고 감정이 정리되면 그때 가서 대화를 시도해도 늦지 않다. 심효정 씨가 먼저 “여보, 이렇게 말로 표현해 주니까 당신을 이해하는 데 도움이 되었어요. 화를 내도 좋으니까 앞으로는 당신의 생각을 말해 줘요.”라고 부탁해 보라고 조언했다.

“중년 부부, 군중 속의 고독”이라는 말을 들어 본 적이 있을 것이다.

수십 년간 남편들은 일과 직장을 중심으로 생활해 왔고, 아내들은 아이들과 함께 가족 중심으로 생활해 왔다. 사회생활에 올인 했던 남편이 이제 퇴직하고 집으로 돌아온 것이다. 그동안 가족과 함께하지 못한 시간이 미안해서 남편은 가족들과 함께 지내려고 하지만 이미 성인이 된 아이들은 자기 스케줄과 생활이 있고, 아내는 아내대로 자신의 영역을 구축해 둔 상태다. 분명히 가족이지만 함께하지 못한 시간이 길다 보니 공감대 형성이 잘 안 되고 함께하는 시간이 오히려 불편할 때가 많다. 이때 남편들은 세상에 혼자 남겨진 기분이 드는 것이다.

한편 아내의 입장은 다르다. 아내들은 그동안 남편이 직장에 나가고 없는 환경에 적응해 자신만의 생활을 구축해 놓았다. 그런데 자신의 영역에 갑자기 남편이란 존재가 나타나서 사사건건 간섭하니 부담스러울 수밖에 없다. 게다가 남편은 직장에서 자신이 고수했던 사고방식이나 경험을 가정으로 그대로 가져와서 따를 것을 요구하니, 이런 가장의 모습에 아내나 아이들은 당황하지 않을 수 없다.

그러나 가만히 생각해 보면 남편은 그동안 돈을 벌어 가족을 부양하기 위해 밤낮으로 바쁘게 살아왔다. 아침저녁으로 출퇴근 길에 사람에게 시달리고 차에 시달리고 이리저리 눈치 보느라 고단한 시간을 보낸 남편이 안쓰럽기도 하고 연민도 생길 것이다. 남편들은 남편들대로 꽃다운 나이에 시집와서 아이들과 씨름하며 적은 돈으로 자식들 공부시키고 가정을 이만큼 꾸려 온 아내가 고마울 것이다. 함께한 지난 세월의 고단함을 남편과 아내 말고 또 누가 알아주겠는가.

젊은 시절에 만나 결혼해 어느덧 아이들도 모두 성장했고, 이제 둘이

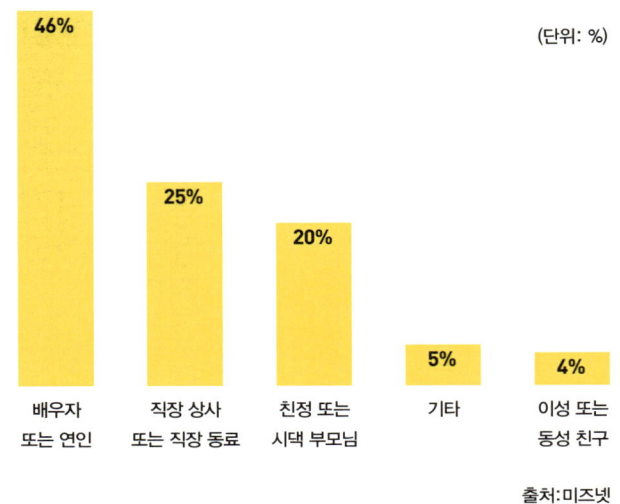

최근 나를 가장 힘들게 했던 사람은?

(단위: %)

46%

25%

20%

5%

4%

배우자
또는 연인

직장 상사
또는 직장 동료

친정 또는
시댁 부모님

기타

이성 또는
동성 친구

출처:미즈넷

함께 늙어 가는 일만 남았다. 부부는 처음부터 잘 맞아서 살아온 것이 아니라 살다 보니 서로에게 맞춰진 것이다. 이제는 서로에게 익숙해져 가장 편안한 관계가 되었으니 누릴 일만 남았다.

다음 미즈넷에서 조사한 설문 결과를 보면 "최근 나를 가장 힘들게 했던 사람은 누구인가?"라는 질문에 절반 정도가 배우자 또는 연인이라고 대답했다. 왜 힘들었는지 그 이유를 묻는 질문에 대해선 대부분 "말투와 매너"라고 답했다. 이 통계에서 보듯, 많은 사람이 사랑하는 사람들의 언행에 상처받고 괴로워한다는 것을 알 수 있다.

행복한 부부가 되기 위해 꼭 지켜야 할 대화 에티켓이 있는데, 이를 실천에 옮겨 진정 아름다운 부부로 거듭나기를 희망한다.

마흔과 예순 사이
행복한 잡테크

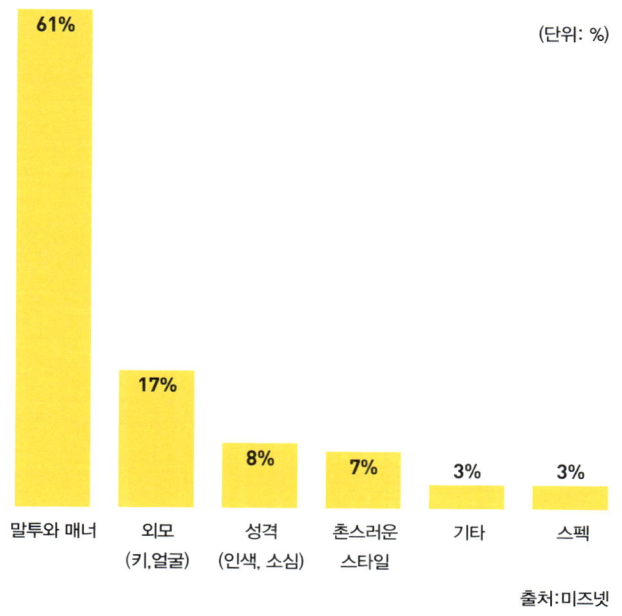

그 사람 때문에 힘들었던 이유는?

(단위: %)

- 말투와 매너: 61%
- 외모 (키,얼굴): 17%
- 성격 (인색, 소심): 8%
- 촌스러운 스타일: 7%
- 기타: 3%
- 스펙: 3%

출처:미즈넷

행복한 부부를 위한 14가지 대화법

1. 말하지 말고 대화하라

사람들은 상대방이 자신의 이야기를 들어 줄 때 대화를 나눈다고 생각하고, 들어 주지 않을 때 대화가 안 된다고 여긴다. 대화는 서로 소통하고 나누는 것이지 일방적으로 말하거나 들어 주는 게 아니다. 내 말을 귀담아들어 주기를 바라는 것 이상으로 상대의 이야기에 귀 기울이고 맞장구를 쳐 주어야 한다. 특히 여자에 비해 속마음을 털어놓는 데 익숙하지 않은 남자들은 대화하는 방법을 잘 모르고 의외로 외로움도 많이 탄다. 무슨 이야기든 진심으로 들어 주고 마음을 열면 이해하지 못할 일이 없다. 그렇다고 해서 무조건 듣기만 하고 자신의 생각과 감정을 표현하지 않으면 역효과를 낳게 된다. 상대방의 말에 자신의 의견을 적절히 말해야 효과적인 대화를 나눌 수 있다.

대화가 끊기는 이유 가운데 대부분은 서로가 다르다는 것을 인정하지 않은 채 상대방의 이야기를 들어 주기보다 서로가 틀렸다고 지적하기 때문이다. 이렇게 자신의 기준에서 상대방을 해석하는 태도는 애정과 신뢰감 형성에 걸림돌이 된다. 사람들은 저마다 다르다. 세상에 같은 사람은 하나도 없으며, 평범한 사람도 없다. 우리 모두가 독특하고 특별한 존재다.

진정한 대화는 마음으로부터의 대화이고, 우리가 나눠야 할 진짜 대화는 감정을 교류하는 것이다.

2. 표현하라

남편의 무뚝뚝한 말투나 표현하지 않는 것 때문에 상처를 받는 아내가 많다. 결혼 전에는 과묵함이 매력이었는데 결혼해 살다 보니 답답해 죽을 지경이라는 것이다. 그런데 타고난 성격은 쉽게 바뀌지 않는다. 이때는 차라리 인정해 버리는 것도 한 가지 방법이다. 말을 많이 하라고 강요하지 않으면 다툼은 줄어들겠지만 아기자기한 재미는 없을 것이다. 인생의 재미는 주고받는 사소한 대화에서 생겨나는데, 그때마다 작은 기쁨과 행복을 느끼곤 한다. 그런데 남편들은 이런 이유로 아내가 남편과의 대화를 포기하지 못한다는 사실을 모르니 문제다.

아내들은 자신이 어떤 이유로 화를 내는지 말하지 않아도 남편이 알아주길 바라는데, 이는 남편들도 마찬가지다. 그런데 말하지 않으면 알 수가 없다. 표현하지 않으면 아무도 모른다는 사실을 명심하라.

3. 강한 말투와 언어 사용은 피하라

"너!", "밥 줘" 혹은 따지는 듯한 말 등 아랫사람을 부리는 듯한 말투는 평소엔 그냥 넘어갈 수 있지만 그것이 계속되거나 기분이 좋지 않을 때는 신경을 건드리게 된다. 특히 부부싸움을 하다가 자신의 주장을 내세우기 위해 욕이나 과격한 언어를 사용하는 사람이 있는데, 그런 말투는 또 다른 갈등의 빌미를 제공할 뿐 좀처럼 화해하기 힘든 상황을 불러올 수 있다. 그러니 이왕이면 친밀감이 느껴지는 고운 말을 사용하기 위해 노력하라.

4. 충고하는 듯한 말이나 잔소리는 피하라

아내들은 생활 습관과 관련해 잔소리를 끊임없이 늘어놓는다. 매번 지적해도 남편이 고치려는 노력을 하지 않는다고 느끼기 때문이다. 배우자로부터 "바가지 좀 그만 긁어!"라던가 "잔소리 좀 그만해!"라는 소리를 들었다면 대화 방법을 바꿔 보라. 대화할 때 상대방을 배려해 존중하는 말투를 쓰는 것이 분위기를 한결 차분하고 부드럽게 만들어 준다.

"당신 도대체 왜 그래?"가 아니라 "당신이 좀 정리해 주면 좋겠어, 부탁할게."라고 부드럽게 말해 보라.

5. 인신공격성의 말은 삼가라

부부생활은 두 사람의 문제뿐 아니라 시댁 문제, 처가 문제 등 수많은 일이 한데 얽혀 있다. 그렇다 보니 갈등이 생기거나 싸움으로 이어져서는 안 될 심한 말이 오갈 수도 있다. 하지만 아무리 화가 나고 감정이 격해져도 할 말이 있고 하지 말아야 할 말이 있다. 상대의 가슴에 비수를 꽂고 나면 결국 그 칼끝이 자신을 향하게 된다. 인신공격성 발언이나 상대방의 약점을 들춰 내는 것은 좋은 관계에 치명타를 날리게 된다. 그러므로 상대방의 어떤 점을 꼬집기보다는 문제 중심으로 이야기를 나눠야 한다.

마음이 격해져 감정 조절이 어려웠던 경험이 있다면 만약의 사태에 대비해 '절대 하지 말아야 하는 말'이라고 목록을 적어 놓고 벌금이나 벌칙을 정하면 쉽게 고칠 수 있다.

6. 갈등을 불러온 논제로 대화하라

어떤 싸움이든 싸움에는 그 원인과 이유가 있다. 그런데 부부싸움을 하다 보면 상대방의 잘못을 들추기 위해서나 비슷한 사건이 기억나서 상관없는 일이나 과거의 일까지 모두 끄집어 내어 공격하는 경우가 있다. 특히 아내들은 현재 일어난 사건을 갖고 이야기하는 것뿐 아니라 과거의 사건까지 굴비 엮듯 줄줄이 꿰어 따지는 경우가 많다. 이때 남편들은 귀를 닫고 입을 다물고 만다. 아내는 그 일로 상처를 받았고, 그 일에 대해 진정 어린 사과를 받지 못했거나 상대가 잘못을 인정하지 않았기 때문에 비슷한 사건만 터지면 끄집어 내는 것이다. 그런데 남편은 이번 일에 지난 일까지 들춰 내어 따지는 아내가 도무지 이해되지 않는다. 어쩌면 남편이 할 말이 더 많을 수도 있다.

어찌 됐든 간에 과거의 사건을 들춰 내기만 해서는 아무것도 해결되지 않는다. 오히려 문제 해결과는 거리가 더 멀어지게 된다. 갈등이 생겼다면 그 문제에 집중하고, 그 문제 자체를 해결해야 한다.

7. 부부 대화도 전략적으로 하라

직장에서는 전략적으로 대화하려고 노력하면서 갈등 해소를 위해 최선을 다한다. 그런데 유독 가정에서의 대화는 노력도 하지 않고 불쑥 시작하는 경우가 많다. 가족끼리의 대화는 유대관계가 형성되어 있기 때문에 조금만 노력하면 효율성을 높일 수 있다. 스트레스가 많고 의기소침해 있는 상대에게 먼저 따뜻한 말과 위로를 건넨 뒤 시작한다면 어떤 내용의 대화도 쉽게 풀릴 것이다. 감정이 이끄는 대로 반응하는 대신 먼저 상대의 기분을 읽어 낼 줄 알아야 한다. 충분히 공감대가 형성되었다고 느껴지면 그때부터 자신이 무엇을 봤고 느끼고 원하는지 솔직하게 표현한다.

8. 상대방의 말을 끝까지 듣고 난 뒤 잠시 생각하고 나서 말하라

감정이 격해졌거나 화가 났을 때는 내 말을 하느라 상대방의 말을 들으려고 하지 않는다. 상대의 말이 변명이나 핑계처럼 느껴져 말을 중간에 잘라버리고 자기 입장만 이야기하는 경우가 많다. 그러면 상대는 "말하고 있는데 왜 중간에 말을 잘라?" 하고 더 크게 화를 낸다.

부부싸움을 할 때는 상대방의 말을 끝까지 들어 주는 것이 중요하다. 화가 나서 감정이 격해진 상태라도 끝까지 상대의 말을 들어 주어야 한다. 만약 들어 주기가 어렵다면 "조금 쉬었다가 다시 대화하자"라고 분위기를 전환시키기 위해 잠시 그 자리를 떠나라. 그러는 사이에 감정을 누그러뜨릴 수 있고, 상황을 객관적으로 바라볼 수 있는 여유도 가질 수 있다.

말을 잘 들어 준다는 것은 그만큼 상대를 배려한다는 뜻이다. 그런데 상대방이 이야기하는데 딴 곳을 쳐다보는 등 관심을 갖지 않고, 자신이 불리한 상황일 때 상대방의 말을 끊고 자신의 말만 한다면 대화를 이어가기가 어렵다. 대화 중에 머리를 끄덕이거나 제스처로 긍정적인 메시지를 주는 것도 잊어선 안 된다. 배우자가 말할 때 잘 들어 주면 부부간의 대화가 긍정적으로 변한다는 사실을 잊지 마라.

부부 사이의 대화는 서로를 연결시켜 주는 고리 역할을 한다. 그러므로 상대방을 충분히 배려하며 조심스럽게 말하도록 노력하라. 내 입장에서는 화가 나고 대화가 필요한데, 상대 입장은 어떨까 먼저 생각해 보라. 그런 경우 상대가 더 화가 났을 거라는 생각이 들 때도 있다. 역지사

지의 자세가 부부생활에서도 녹아들면 이해하지 못할 일이 없다. 그리고 자신이 어떤 말을 했을 때 상대방이 어떻게 받아들일지 먼저 생각한 뒤에 말하는 것이 중요하다.

9. 감정을 읽어 주는 대화가 필요하다

퇴근하고 돌아온 남편에게 아내가 "여보, 나 오늘 집안일을 하느라 어깨가 아파"라고 했을 때 남편이 "날마다 하는 일인데 뭐가 그리 힘들어?"라고 되받는다. 하지만 그보다는 "응, 오늘 힘들었어?"라고 감정을 읽어 주는 대답을 한다면 무난히 대화를 이어 갈 수 있지 않을까?

늦게 들어온 남편에게 아내는 "당신 왜 매일 늦어?"라고 타박하듯이 말하지 말고, 남편은 "조금 늦은 걸 가지고 뭘 그래?"라고 짜증스럽게 대답하지 말고 이렇게 대화하라. 아내는 "당신이 늦어서 걱정했어"라고 말하고, 남편은 "아, 걱정했구나"라고 대답하며 서로의 감정을 읽어 주는 것이다.

대화에서는 방어나 변명이 아니라 자신의 감정을 있는 그대로 표현하고 상대의 감정을 받아 주는 것이 필요하다. "나를 이해해 줘서 고마워"라는 피드백을 잊지 말고 전달하라.

꼭 사리분별, 원리원칙, 논리적이라는 잣대로 평가하지 말고 그 당시의 감정을 읽어 주라. 그러면 따뜻한 감정이 생기고 서로를 더욱 존중하고 서로의 제안을 더 많이 수용하면서 긍정적인 부부관계로 발전하게 될 것이다.

10. 죽고 사는 문제 아니라면 이해하라

배우자가 나에게 어떤 배필이기를 바라는가? 나의 잘못을 지적해 주는 배우자이기를 바라는가? 아니면 내가 잘되기를 돕는 배우자이기를 바라는가? 대답은 분명히 내가 잘되기를 돕는 배우자일 것이다. 그렇다면 나 역시 배우자에게 내가 바라듯 잘되기를 돕는 배우자가 되어야 한다. 죽고 사는 문제가 아니라면 한 번쯤은 그냥 이해해 주라.

11. 이기려고 하지 마라

부부싸움도 싸움이니까 이왕이면 이기고 싶고, 내 주장이 더 맞는 말임을 인정받고 싶을 것이다. 그런데 부부싸움은 서로의 입장을 몰라 시작하는 경우가 많다. 궁극적으로 나보다 상대방의 입장을 이해하고자 하는 생각이 중요하다. 상대가 나보다 높다거나 낮다고도 생각하지 마라. 그 순간 서로를 무시하게 되고 큰 다툼으로 이어져 대화 내용이 격해진다. 내가 그 배우자를 선택한 것은 두 사람의 수준이 같기 때문이다. 항상 서로의 눈높이에 맞춰 대화하고, 상대의 감정을 이해하도록 노력해야 한다.

12. 먼저 화해를 청하라

사소한 문제로 싸운 뒤 대화 없이 지내다 보면 오해와 갈등이 더 깊어진다. 부부싸움 후에 가장 힘든 것이 화해다. 심하면 각방을 쓴다거나, 아내들은 아침상을 차려주지 않는다거나 해서 자신의 감정을 사사롭게 표현한다. 이때는 욱하는 마음에 이혼할 것이 아니라면 먼저 화해를 청하라. 먼저 손을 내미는 것이 쑥스럽고 자신이 지는 거라는 생각이 들어 쉽지 않을 것이다. 하지만 먼저 손을 내미는 것이 더 멋져 보인다. 남자니까, 여자니까 하는 것을 따지지 마라. 자존심은 이겨서 지켜질 때가 있지만, 지는 것으로 지켜질 때도 있다. 때로는 비굴하다고 느껴질 정도로 매달리는 것이 자존심을 지키는 길이 될 때도 있다. 솔직하게 툭터놓고 쉬운 말로 감정을 내비치고 조용히 대화하면 이해하지 못할 것이 없다. 차분하게 대화를 이어 가다 보면 서로 오해한 부분도 있고 심하게 말한 부분도 있어 저절로 반성하게 된다. 부부싸움은 적어도 그날 밤 잠들기 전에 대화를 통해 화해로 끝맺음하는 것이 좋다.

13. 부부싸움 후 뒤처리를 잘하라

부부싸움을 하고 난 뒤 시간이 지나 자연스럽게 화해하거나 '종종 있는 일이니 별일 아니다'라고 쉽게 생각하고 넘어가기도 한다. 하지만 부부싸움 후에는 뒤풀이 자리를 마련하는 것이 좋다. 함께 영화를 보러 가거나 드라이브를 가는 등 부부싸움 뒤에는 적절한 후속 조치를 취하라. 그래야 부부 사이가 더욱 돈독해진다. 비 온 뒤에 땅이 더 굳어진다는 표현은 이를 두고 하는 말이다.

14. 부부가 함께하는 취미를 만들어라

전시회, 영화 관람이 취미인 아내와 스포츠광인 남편은 취미와 관심사가 달라서 주말을 거의 따로 보냈다. 그러다 보니 자연스럽게 대화가 줄어들었다. 자녀들이 어릴 때는 아들은 아빠, 딸은 엄마를 따라다녀 주말마다 가족이 뿔뿔이 흩어졌다. 온 가족이 모여 의논 끝에 일주일씩 번갈아 가며 서로의 취미와 관심사를 존중해 주자는 결론을 내렸다. 한 주는 영화나 음악회를 가고, 다음 주는 자전거 타기나 축구경기 관람을 하며 시간을 보냈다. 매주 정해진 계획대로 하니, 같이하는 시간이 많아져 대화하는 시간도 자연스럽게 늘었다. 또한 남매 사이가 돈독해져 아이들의 정서에도 도움이 되었다.

현실 치료를 창시한 심리학자 윌리엄 글래서$^{\text{William Glasser}}$는 인간에게 필요한 5가지 욕구가 있다고 했다. 첫째는 생존^{Survival}의 욕구, 둘째는 사랑과 소속$^{\text{Love, Loving sex \& Belonging}}$의 욕구, 셋째는 힘^{Power}의 욕구, 넷째는 자유^{Freedom}의 욕구, 다섯째는 즐거움^{Fun}의 욕구다. 남자는 생존의 욕구에 초점을 맞춰 살고, 여자는 사랑과 소속의 욕구에 초점을 맞춰 산다고 한다. 이들 욕구가 차례대로 해결되면 최종적으로는 '즐거움의 욕구'를 추구한다는 것이다.

부부는 나이가 들수록 친구처럼 지내게 된다. 친구로 살기 위해서는 여가생활을 함께하는 것이 좋다. 이처럼 같이 사는 친구를 갖기 위한 충분한 작업이 선행되지 않으면 '빈 둥지 증후군'을 앓게 될 가능성이 높다. 자녀들이 모두 출가한 뒤 부부만 남게 되었을 때 함께 놀아 본 적이 없으니 즐길 줄도 모르는 것이다. 그러니 지금부터라도 함께 즐기는 여

254

가활동을 만드는 것이 좋다. 저녁 7시부터 8시까지는 부부가 함께 산책을 하거나 걷기 운동을 하는 시간으로 정하는 등 생활에서 사소한 것부터 시작해 보라. 그 시간을 통해 차츰 대화와 소통이 이루어질 것이다.

부부 프로그램

두 사람의 노력만으로 대화가 어렵다면 부부 프로그램의 도움을 받아 보라. 최근에는 민간단체나 지자체에서 부부학교나 부부캠프, 부부 상담 등 다양한 프로그램을 운영하고 있으니 적극적으로 찾아보기 바란다.

· 힐리언스 선마을(부부캠프, 1588-9983)
· 나우미(가족문화연구원, 02-2168-2668)

대기업의 여성 임원인 이성경 씨는 이혼했다가 최근에 남편과 재결합했다.

"부부로서 함께 살 때는 서로에 대한 소중함을 느끼지 못했어요."

그런데 이혼한 후 평일에는 바빠서 남편의 부재를 느끼지 못하다가 주말 오후가 되면 적막감이 찾아왔다.

"퇴직 후 혼자가 되었을 때 곁에 아무도 없을 것 같고, 두런두런 대화를 나눌 사람조차 없겠구나 하는 생각이 들자 갑자기 외로워졌어요. 이혼한 후 3년까지는 그저 홀가분하고 편했어요. 사사건건 간섭하는 사람도 없고, 늦게 퇴근하는 날이면 먼저 집에 돌아와 있는 남편을 신경 쓰지 않아도 돼서 마음속으로 '얼마나 다행이야'라고 생각하곤 했지요."

그러던 어느 날부터 다정하게 걸어가는 부부를 보면 돌아보게 되고, 월요일 아침 출근해서 주말에 가족들과 시간을 보낸 직원들의 이야기를 들으면 은근히 부러운 생각이 들었다.

"심지어 텔레비전에서 다정한 부부의 모습을 보면 열등감에 휩싸이곤 했어요."

그건 이성경 씨의 남편도 마찬가지였다. 그래서 이 부부는 어렵지 않게 재결합할 수 있었다.

"함께한 지난 세월과 추억이 있어서인지 다른 남자보다는 남편이 훨씬 더 편해요."

지금 두 사람은 거의 다투는 일 없이 잘 지낸다. 이혼 전에 그렇게 싸웠던 사소한 일들이 이제는 정말 아무것도 아닌 하나의 이야깃거리처럼 느껴질 정도다. 그리고 남편을 얕잡아보던 마음이 감사함으로 바뀌었다. 서로 이해하지 못할 것이 없고, 자존심 싸움을 할 이유가 없어진 것이다. 집안일도 서로가 먼저랄 것도 없이 시간 나는 사람이 하고, 무슨 일이든 상대를 배려하는 마음으로 하게 되었다.

"만약 이혼해 보지 않았다면 지금도 남편 흉을 보며 원수같이 지냈을 거예요. 헤어져 보니 남편의 존재가 얼마나 귀하고 소중한지 알겠더라고요".

이성경 씨가 남편을 되돌아보게 된 결정적인 계기가 또 하나 있었다.

"회사에서 임직원들을 위한 부부 프로그램을 제공했는데, 이혼한 사실을 회사에 알리지 않았기 때문에 함께 참여하게 되었어요. 그 프로그램 도중에 '여러분은 어떤 배우자입니까?'라는 질문을 받고 곰곰이 생각해 볼 시간을 갖게 되었어요. 그때야 저는 남편을 응원하고 지지하는 아내가 아니라 남편을 탓하고 원망하며 저의 채워지지 않는 욕구가 남편의 무능함 때문이라는 얄팍한 마음을 갖고 있다는 사실을 알게 되었어요."

부부란 진정으로 배우자가 잘되기를 지지하고 응원하고 배려해야 한다는 사실을 새삼스레 깨닫게 되었던 것이다.

"그동안 남편을 쉽게 보고 가볍게 바라본 자신이 너무 부끄러웠어요."

그녀 스스로 인식이 바뀌게 되니 모든 것들이 달리 보였다. 물론 아직도 남편의 입장을 모두 이해하는 것은 아니지만 이제는 따지고 싶지 않다고 한다. 갈등 속에서 지내던 불편한 시간이 지나가니, 평온한 하루하루가 감사하다고 했다.

가족들과의 의사소통

사위 또는 며느리와의 소통

장가 간 아들이 사이 좋게 사는 모습을 보니 기특하고 며느리가 예쁘

기만 했다. 마침 며느리 생일이 다가와 시어머니가 물었다.

"생일 선물을 하고 싶은데 갖고 싶은 것 있니?"

그러자 며느리는 시어머니가 어려운지 이렇게 대답했다.

"필요한 것 없어요."

그런데 그 모습이 너무 예뻐 무리를 해서라도 명품 가방 하나를 선물해야겠다고 마음먹고 일요일에 아들 집을 찾았다. 함께 외식도 하고 선물도 사 줄 생각으로 말이다. 외식하러 나가기 전에 며느리에게 다시 한 번 물었다.

"갖고 싶은 물건이 있니?"

그러자 며느리는 결심한 듯 말했다.

"어머니께서 하도 물어보시니까 말씀드리는 건데요, 솔직하게 대답해도 돼요?"

시어머니가 말없이 고개를 끄덕이자 며느리는 망설이는 듯하더니 마침내 입을 열었다.

"어머니, 필요한 물건은 없는데 원하는 것이 있어요. 솔직히 말하라고 하시니까 드리는 말씀인데요, 저희 집에 자주 오시지 않았으면 좋겠어요."

언젠가 《좋은 생각》이라는 잡지에서 본 에피소드다. 시어머니의 입장에서 이 상황은 기가 막힐 노릇이다. 며느리의 말을 듣는 순간 어이가 없고 자기 생각을 솔직하게 말하는 며느리가 서운하고 미운 감정도 들었을 것이다. 당황스러운 나머지 말문까지 막혀 요즘 말로 멘붕 상태가 되고 말았을 것이다.

그런데 며느리는 그저 자신의 영역을 보호받고 싶다는 생각을 그렇게 표현했을 수도 있다. 그 속뜻을 알면 크게 화낼 일도 아니다.

며느리 입장에서는 시어른이 어려운 건 당연한 일이고, 사위도 장인과 장모가 어렵긴 마찬가지다. 물론 한참 어린 사위나 며느리가 살갑게 다가오고 부족하면 부족한 대로 드러내면 좋겠지만, 우리 젊은 날을 생각해 보면 그렇게 하는 것이 어디 쉬운 일인가.

그런 사위나 며느리에게 미운 정 고운 정이 들기까지는 무조건 칭찬하고 응원해 주는 일 외에 다른 할 일은 없다. 손자, 손녀, 며느리, 사위, 자식들 모두에게 나누어 줄 것은 사랑밖에 없다. 이제는 그들이 날개를 펴도록 지지하고 응원해 주어야 한다. 그래야 자식들이 우리에게 마음의 문을 열고 편하게 기댈 수 있다.

자녀와의 대화, 아름다운 소통

우리는 세대 간의 소통에 대해 많은 걱정을 한다. 자녀 세대인 20대와 부모 세대인 50~60대의 시각차는 생활 곳곳에서 드러난다. 특히 우리나라의 경우 그럴 수밖에 없는 특별한 이유가 있다.

사람들은 세상을 저마다의 가치를 통해 바라보고 판단한다. 사회심리학자인 헤이르트 홉스테이더^{Geert Hofstede} 박사는 역사적 연구를 통해 4개 차원의 내재 가치 측정 도구를 개발했는데, 가치는 태어나서 10세 전후까지 형성된다고 보았다. 10세 전후는 우리 뇌의 구조가 완성되는 시기다. 이때 형성된 가치를 통해 우리는 의사결정을 내리고 자신의 가치관을 만들어 간다는 것이다.

신세대인 20대와 산업혁명기를 거친 50~60대의 가치관은 분명히 다르다. 당연한 일이다. 북한을 바라보는 시각만 해도 세대 간의 차이가 난다. 현재 우리나라를 이끌어 가는 50~60대는 그들의 나이 10세 전후, 즉 40~50년 전의 시대 상황을 보며 자랐을 테니 6·25전쟁이 막 끝난 혼란스러운 시기에 가치관이 형성되었을 것이다. 그래서 북한을 우리의 생명을 위협하는 존재로 인식하고 있다.

그렇다면 지금의 20대는 어떠한가? 그들의 가치관이 형성된 2000년에는 먹을 것이 넘쳐나고 물질적으로 풍족했다. 반면 2000년 북한은 헐벗고 못 먹은 사람들이 굶어 죽지 않기 위해 목숨을 걸고 탈북을 시도하고 있다. 그래서 가난한 동포들이 사는 북한을 도와줘야 하고 응원해 줘야 하는 불쌍한 존재로 인식하고 있다.

처한 환경에 따라 형성된 가치관으로 바라본 '북한'은 50~60대에게는 우리 목숨을 위협하는 존재로, 20대는 우리가 도와줘야 하는 불쌍한 동포로 인식된다. 똑같은 사안을 놓고도 세대 간의 관점은 이렇게 다른 것이다.

서로 다른 환경에서 자라고 다른 가치관이 형성되어 세대 간의 소통이 쉽지 않은 일이긴 하지만 각자가 그런 생각을 하는 이유를 알고 대화를 나누다 보면 세대차이를 좁혀 나갈 수는 있다. 서로 다른 가치관을 가진 우리는 미래 세대인 젊은이들의 가치관을 이해하기 위해 노력하

260

고, 젊은 세대들은 지금의 어른들이 가진 가치관을 고정된 시각으로 바라보지 말고 소통을 위해 노력해야 할 것이다. 한 가족인 우리도 20대의 자녀와 50~60대의 부모가 공존하고 있다. 그러므로 누가 먼저랄 것 없이 먼저 손을 내밀고 응원하고 지지해 줘야 한다.

중년의 인간관계

그동안 받은 명함을 한 번 정리해 보는 시간을 가져 보라. 이름만 봐도 반가운 사람이 있는가 하면 명함을 아무리 들여다봐도 기억나지 않는 사람이 있고, 이름을 보는 순간 이맛살을 찌푸리게 되는 사람도 있다. 이를 구분하여 함께하고 싶은 사람들은 한쪽에 잘 정리해서 연말이나 명절 외에 1년에 한 번이라도 만남을 통해 그 끈을 이어가도록 한다.

가족도 혈연도 아닌 관계를 지속적으로 유지하기 위해선 조건이 따른다. 만나면 재미있거나 도움이 되거나 지식과 정보를 공유함으로써 함께 성장할 수 있어야 한다는 것이다. 재미만 추구하는 만남은 자주 보게 되면 싫증이 난다. 항상 재미있을 수만은 없기 때문이다. 그러면 만나는 횟수를 줄이거나 자신이 좋아하는 어떤 활동을 포함시켜 의미를 부여하는 것이 좋다. 오랜만에 학교 동창을 만나면 반갑고 즐겁지만, 자주 만나면 학교 시절의 에피소드만으로 만남을 유지해 나가기엔 한계가 따른다.

모임을 갖고 돌아올 때 무의미하다고 느껴지거나 허탈하다는 생각이 들면 과감히 정리하고 자신이 가치 있다고 생각하는 모임에 집중한다.

만남은 자신이 가치 있다고 생각하는 활동을 함께하거나 지식을 쌓고 공유하는 성장 모임일 때 지속된다. 여기서 말하는 지식은 인문학일 수도 있고, 자전거 튜닝일 수도 있다. 그 관심 영역은 개인마다 차이가 크기 때문에 우선 자신의 흥미를 찾는 것이 좋다.

모임의 구성원들과 좋은 관계를 유지하려면 먼저 베풀어라. 지식이든 미소든 정보이든 무엇이라도 좋다. 먼저 베풀고 상대의 말을 귀 기울여 듣고 공감하라. 자신의 목소리를 내기보다 타인의 말을 잘 들어 주는 마음자세가 필요하다. 우정이 쌓이면 어떤 어려움도 헤쳐 나갈 수 있고, 결코 외롭지 않다. 이들과 함께 풍요로운 노년생활을 보낼 수 있다.

좋은 친구 만들기

그동안 여러 가지 공적인 업무를 핑계로 소원했던 관계들을 회복해야 할 때가 되었다. 특히 은퇴한 뒤 친구는 새로운 세계라고 해도 과언이 아니다. 과거에 친했던 친구도 중요하지만 취미생활을 통해 자주 보게 되는 사람들과도 친구가 될 수 있다. 이들은 취미와 흥미가 비슷하다 보니 자주 만나게 되고 당연히 공감대가 늘게 된다.

오래 살기 위해서는 보험에 드는 것보다 친구를 잘 사귀는 것이 낫다고 할 만큼 친구는 격려자이자 정신적 지지자다. 고독감과 외로움에서 벗어나게 해 주는 소중한 관계인 것이다. 친한 친구를 만나면 우리 뇌에서 뇌내모르핀이 분비되어 긍정적인 뇌파가 발생하고, 이로써 즐겁고 흥분된 감정을 느끼게 된다. 친한 친구와 함께하면 평소보다 30배 이상 많이 웃는다는 연구 결과(심리학자 바버라 프레드릭슨과 런던대학 엘리자베스 마인스의 실험)를 통해서도 알 수 있듯 공감이나 유머 공유, 편안함 등을 느끼게 된다는 것이다.

좋은 관계를 유지하려면 이익을 얻겠다는 생각보다는 내가 도움이 되어야겠다는 생각을 먼저 해야 한다. 그리고 모임에 나갔을 때도 스스로 소개하기보다는 다른 사람들이 나를 알아서 주변에 소개해 주면 좋다. 신뢰를 바탕으로 진지하고 도움이 되는 사람이라고 자신을 브랜드화하는 가장 자연스러운 방법은 첫째 관심, 둘째 칭찬, 셋째 이해, 넷째 존중의 순서로 상대를 받아들이는 것이다. 이 순서를 좀 더 자세히 살펴보도록 하자.

첫째, 그 사람에게 관심을 표현한다. 그 사람의 관심사에 같이 공감하고 관심을 가져 주는 것이다.

둘째, 상대방을 칭찬한다. 아무리 사소한 것이라도 그 자리에서 구체적으로 칭찬하되 진심이 담긴 말이어야 한다.

셋째, 그 사람의 입장에서 이해한다. 사람들은 누구나 자신의 입장에서 세상을 바라보지만, 간혹 상대의 입장에서 바라보면 이해하지 못할 일이 없다. 예를 들어 내가 오른쪽에 있는 컵을 가져오라고 말하면 맞은편에 있는 사람은 왼쪽에 컵이 있다고 대답할 것이다. 그러므로 우리는 좀 더 구체적이고 정확하게 설명해야 한다. 이것이 소통이다. 그 사람의 입장이 되어 보지 않으면 결코 그 사람을 알 수 없기 때문에 어떤 일에 대해 진심으로 그 사람의 입장이 되어 보는 것이다.

넷째, 존중해 주라. '존중'받지 못하고 있다는 생각이 들면 '무시'당하고 있다는 느낌이 들어 상처를 받게 된다. '존중'의 기준은 내가 아니라 상대방이 되어야 한다. 상대방이 받고 싶어 하는 대로 해 주는 것이다. 상대방의 기준에 미치지 못하는 나의 반응은 상대방을 무시하는 무례한 행동으로 오해받을 수도 있다. 존중받기를 원한다면 상대를 존중해 주라. 예의 없거나 교만하거나 자신의 뜻을 굽히지 않고 관철하는 사람은 결코 상대를 존중하지 않는 것이다.

다음은 '좋은 친구 만들기 10계명'이다.

1. 친구하고 싶은 사람에게 관심을 기울여라. 관심을 끌려고 애쓰는 1년보다 관심을 보이는 1개월이 더 많은 친구를 얻을 수 있다.

2. 잘난 체하지 마라. 특히 현역 시절 얘기는 하지 않는 것이 좋다. 보통은 현재가 만족스럽지 않기 때문에 과거를 자랑하는 것이다. 이는 스스로 초라하다고 광고하는 것이나 다름없다.

3. 행사에 적절히 참석하라.

4. 회비 납부는 적극적으로 하라.

5. 적절한 빈도로 밥값을 내라.

6. 친구의 자존심을 세워 주라.

7. 생각의 차이를 인정하고 적절한 선에서 언쟁을 마무리하라. 나와 같은 생각을 가진

사람은 아무도 없다. 틀린 것이 아니고 다르다는 것을 명심하라.

8. 말은 적게 하라. 들어 주는 것과 말하는 것이 6대 4가 되도록 하라. 7대 3이면 더 좋다.

9. 뒷담화는 절대 하지 마라. 앞에서 못 할 이야기는 어느 자리에서도 하지 않는 것이 좋다.

10. 운동, 취미활동, 봉사활동 등을 같이하라.

여가 설계의 시작은 인식 전환에서부터

이제 진짜 인생이 시작되었다. 재미있고 흥미진진하고 행복한 진짜 인생 말이다! 그렇다고 해서 거창하게 미래 설계를 할 필요는 없다. 의미 있고 활기 넘치며 현실적으로 접근 가능한 일에서 출발하면 된다. 인생 후반기는 여가 설계에서 시작되는데, 요즘 이것은 선택이 아닌 필수 항목이다. 여가를 통해 행복한 인간관계가 만들어지고 자아실현이 가능하기 때문이다. 여가는 자신이 좋아하는 활동을 스스로 원해서 하는 것이므로, 그 활동을 즐기기 위한 조건도 스스로 결정해야 한다. 이것이 진정한 여가다.

평균 수명이 80세라고 했을 때 평생 사용하는 여가 시간은 32년(통계청, 2012년)이다. 생활을 이어 가기 위해 필수적으로 사용하는 34년(식사, 목욕, 수면, 은행 가는 시간 등)의 시간에 비해 결코 적지 않은 시간이다.

지금부터는 내게 주어진 여가의 시간을 어떤 여가를 선택해서 의미 있고 보람되게 즐길 수 있는지 알아보자.

우리나라 시니어들의 생활건강 조사(한국종합사회조사^{KGSS}가 조사한 결과, 2010년)에 따르면 60세 이상 장년층의 여가활동은 다양성이 부족하고 텔레비전, DVD, 비디오 보기에 편중되어 있다고 한다. 소극적인 여가활동을 즐기고 있는 것이다. 이 외에도 친구 만나기나 전화로 수다떨기 등으로 시간을 보내고 있다. 적극적인 여가활동의 제약 요인으로는 건강 문제, 나이, 장애, 돈 부족을 들고 있다. 젊은 시절 열심히 일해 가족을 부양하느라 건강관리는 뒷전으로 미루어 뒀다가 나이가 들어 보니 건강 악화와 돈 부족으로 여가활동을 제대로 즐기지 못하는 것이다. 그러나 한 해가 다르게 액티브 시니어의 사례가 늘고 있다.

선진국의 시니어들은 자신의 삶을 개척하려는 도전의식이 강해 자원봉사를 하면서 노년을 의미 있게 보내는 데 많은 관심을 가진다. 반면 우리나라 시니어들은 여가활동에 대한 인식이 부족하다. 여가를 적극적으로 개척하지 않고 여유 있는 사람들이나 하는 일이라고 생각하며, 무언가 생산적인 활동을 해야만 한다는 강박적 사고를 갖고 있다. 이는 즐거움을 통한 에너지 전달이나 타인에게 긍정적 영향을 주는 것, 정신적 긴장감을 풀거나 더 큰 성취감을 얻기 위해 필요한 활동이라는 여가의 장점을 인지하지 못하고 있기 때문이다.

여가생활은 단순히 취미나 오락, 놀이, 운동만을 의미하는 것이 아니라 봉사나 교육, 문화적 활동 등 사회참여적이며 생산적인 활동까지 그

범위를 넓혀 다양하게 접근할 필요가 있다.

개미와 베짱이의 우화도 시대에 발맞춰 인식의 전환이 필요한 것처럼 여가 역시 이런 인식 전환이 필요하다. 즐길 수 있는 여가활동이 동반되어야 인생이 더 풍요롭고 즐겁다.

우리나라 사람들은 여가를 인식하는 정도의 차이가 크다. 그 유형을 4가지로 구분할 수 있는데, 자신이 어느 부류에 속하는지를 살펴보면 도움이 될 것이다.

첫째는 슈퍼 에너지형이다. 여가에 대한 가치관이 형성되어 있으며, 여가활동을 행동으로 바로 옮길 수 있고, 여가를 즐길 준비가 끝난 사람이다. 여가는 준비된 자의 것이라고 해도 과언이 아닌데, 이 부류의 사람들은 이미 여가를 즐기고 있다.

둘째는 작심삼일형이다. 여가에 대한 인식은 어느 정도 형성되어 있지만 행동으로 옮기지 못하는 사람이다. 만약 자신이 이런 유형이라면 하나의 여가만 고집하지 말고 오랫동안 즐길 수 있는 여가를 몇 개 더 추가하도록 한다. 여가가 얼마나 중요한지 좀 더 분명하게 인식하기 위한 노력이 필요하다고 하겠다.

셋째는 시크형으로 여가에 대한 의지도 생각도 없고, 가치관도 형성되어 있지 않다. 즉 여가를 소비라고 여겨 돈과 시간이 있어야 즐길 수 있다고 생각한다. 이 유형의 경우 여가에 대한 인식이 먼저 정립되지 않으면 그 시간을 즐길 수가 없다. 우리나라 직장인들 가운데 대부분은 이 시크형에 속한다.

넷째는 귀차니즘형으로 여가에 대한 시간 활용법을 알지 못한다. 이 유형의 경우에는 상담이 필요한데, 삶에 대한 적극적인 의지도 에너지도 찾아보기 어렵다. 시크형과 귀차니즘형의 경우 여가에 대한 인식 전환이 이루어지지 않으면 노년에 무료한 일상을 보내거나, 소일거리로 하루하루를 연명하게 될 가능성이 높다.

자신에게 맞는 여가활동 찾기

자신에게 적합한 여가활동을 어떻게 찾을 것인가?

우선 자신의 성향에 맞는 여가를 찾는다. 그러기 위해선 자신이 어디서 즐거움을 느끼는지 알아야 한다. 우선 동적 활동을 좋아하는지 아니면 정적 활동을 좋아하는지, 혼자서 여가 즐기기를 선호하는지 아니면 여러 사람이 참여하는 그룹 활동을 통한 여가 즐기기를 선호하는지, 정신적 만족이 필요한지 아니면 신체적 만족을 필요로 하는지를 먼저 판단하는 것이 중요하다. 자신의 성향에 맞는 여가를 찾았다면 그다음에는 여가를 즐기고자 하는 동기가 무엇인지 알아본다.

주말에 시간이 주어질 때 무엇을 하고 싶은지를 생각해 본다. 운동을 하거나 산책을 하기 원하는지, 친구들과 술 한잔을 하면서 대화를 통해 즐거움을 찾고자 하는지를 알아본다. 예를 들어 공연을 보고 싶다면 어떤 공연일까? 자신이 좋아하는 가수 공연을 신청하고 함께 즐기는 쪽인지, 연주회에 가서 지적 활동을 즐기는 쪽인지 알아야 한다. 좋아하는 여가 파트너가 인라인 스케이트를 타고 자전거 하이킹을 즐기는 부류인지, 드라마나 영화를 함께 보고 수다를 떨며 스트레스를 푸는 부류인지 한번 곰곰이 생각해 본다.

움직이는 활동적인 것을 좋아하는 사람들은 신체적 만족을 즐기는 유형이다. 정적인 활동을 즐기는 사람은 정신적 만족을 즐기는 유형이라고 볼 수 있다. 이때 두 가지를 모두 즐기고 싶다면 굳이 구분하지 말고 즐기면 된다. 여가활동은 다양한 긍정적 효과를 가져다주기 때문에 원초적 즐거움의 뿌리를 찾는 것이 가장 중요하다. 그러므로 여가활동을 선택할 때는 자신이 중요하게 생각하는 가치를 중심으로 선택하도록 한다.

첫째, 지적이고 창조적인 활동을 하고 싶어 하는지

둘째, 사람들과의 만남을 즐기는 사회적 동기를 갖고 싶어 하는지

셋째, 뭔가를 성취함으로써 이루고 싶어 하는지

넷째, 동적인 활동이나 분주함이 싫어 생활의 속도를 늦추고 싶어 하는지

여가활동을 위한 정보 수집은 비용이 적게 들면서 활용하기 쉬운 것부터 시작하는 것이 좋다. 지역마다 지자체가 운영하는 시니어플라자(과거 노인복지관)가 있다. 그리고 구민회관, 주민센터, 백화점의 문화센터나 마트 등에서 운영하는 강좌나 대학의 평생교육원, 지역 도서관

등에서 운영하는 프로그램을 관심 있게 살펴보라.

여가활동이 직업으로 연결될 수도 있다는 것은 이미 이야기한 적이 있다. 여가를 통해 전문성을 갖췄다면 그것과 관련된 직업을 찾아보는 것도 좋다. 예를 들어 동화 구연을 배워 어느 정도 실력을 갖췄다면 어린이집에서 자원봉사를 할 수도 있다. 취미 삼아 시작한 뜨개질이 수준급에 도달했다면 전시회를 통해 작품을 소개하고 자신의 재능을 알릴 수도 있다. 인터넷 검색이 취미라면 자신의 블로그를 만든다거나 페이스북을 통해 커뮤니티를 만들어 본다. 화초 재배가 취미라면 관심을 확장시켜 숲 생태 해설가 등에 관심을 가져 보는 것도 좋다.

이렇게 취미가 생산적인 활동으로 거듭나게 되면 자아실현을 위한 기회를 얻게 된다.

마흔과 예순 사이
행복한 잡테크

여가활동을 위한 정보 사이트

운동: 국민생활체육회 http://www.sportal.or.kr/

박물관: 이뮤지엄 http://www.emuseum.go.kr/

생활 속 문화 탐방(향토문화마당 등):

한국문화원연합회 http://www.kccf.or.kr/

휴양, 문화, 산림보호 등:

산림청 http://www.forest.go.kr

국립공원관리공단 http://www.knps.or.kr

대한민국 구석구석 http://korean.visitkorea.or.kr

번호	직업	내용
앞으로 국가가 양성하는 직업 (2014.3. 고용노동부 발표)		
1	민간조사원	각종 위법행위·사고의 피해 확인, 원인·책임 조사, 실종자 및 분실자산의 소재 파악, 소송증거 수집 등을 수행(일명 사립탐정)
2	연구장비전문가	과학기술연구개발에 사용되는 전문장비에 대한 지식·기술을 갖추고 장비운용을 통해 데이터 산출·해석 및 연구개발 활동 지원
3	전직지원전문가	퇴직(예정)자에게 경력·적성에 맞는 일자리 또는 제2의 직업을 추천·알선하고 그에 맞는 교육훈련프로그램·컨설팅 제공
4	산림치유지도사	경관·향기 등 자연의 다양한 요소를 활용하여 인체의 면역력을 높이고 건강 증진 또는 각종 질병 치유프로그램을 개발·보급 및 지도
5	연구실 안전 전문가	연구실 특성에 맞는 안전점검 및 정밀안전진단을 수행하거나 연구실 안전에 관한 기술적인 사항을 지도 및 조언
6	온실가스관리 컨설턴트	온실가스 규제에 따른 경영자문, 회사 관련자 교육, 온실가스 배출 감소를 위한 대응방안 또는 해결책을 제안
7	화학물질 안전관리사	화학물질 등록 및 위해성평가 대행, 유독물질 취급시설의 관리계획서 작성 및 관리, 화학사고 예방 및 대응
8	협동조합코디네이터	협동조합 설립부터 경영·회계·인사·홍보 등 설립 이후 전 분야에 걸쳐 컨설팅을 제공하고 설립에 필요한 절차를 대행
9	소셜미디어전문가	기업의 SNS 계정을 개설·관리하여 기업의 마케팅 또는 고객관리를 실행하거나 고객의 의견수렴·분석을 통해 기업의 의사결정 및 전략설정을 지원
10	지속가능경영 전문가	경영에 영향을 미치는 환경문제, 사회문제, 기업 윤리 등을 종합적으로 고려, 기업의 지속가능성을 추구하기 위한 사업을 기획·개발·운영
11	녹색건축전문가	녹지 등 생태공간 조성·에너지효율·친환경자재 사용 등 녹색건축 인증기준에 적합한 건축물 설계·시공을 담당하는 설계자 또는 엔지니어
12	주거복지사	취약계층 상담을 통한 주거환경 개선 및 주거 복지 정보·서비스 연계 제공

13	문화여가사	여가생활 수요 파악 및 맞춤형 여가설계, 지역 문화자원의 종합적 활용·기획, 문화복지·여가 정보제공, 문화예술사업 컨설팅·기획 지원
14	인공지능전문가	뇌 구조에 대한 지식을 바탕으로 컴퓨터·로봇 등이 인간과 같이 사고하고 의사결정을 할 수 있도록 인공지능 알고리즘 또는 프로그램을 구현하는 기술 개발
15	감성인식기술 전문가	인간의 여러 감성들을 컴퓨터가 인식할 수 있는 유무선 센서기술과 감성신호의 피드백에 따라 각각의 상황에 맞는 적절한 처리능력을 부여하는 기술 개발
16	정밀농업기술자	농업 생산·관리에 GIS, GPS 등의 최신기술을 접목한 과학적 농업으로 관련 연구 및 기술개발, 기술 보급사업 진행, 기술 적용 등의 업무 수행
17	도시재생전문가	쇠퇴하는 도시를 지역역량 강화 및 새로운 기능 도입 등을 통해 도시의 정체성을 보존하면서 경제적·사회적·환경적으로 활성화시키기 위한 계획수립 및 사업시행 지원
18	빅데이터 전문가	빅데이터를 수집·저장 및 처리하고, 플랫폼을 개발·분석하여 의미 있는 결과 제공
19	홀로그램전문가	빛의 간섭효과를 이용한 3차원 입체영상 제작기술로서 홀로그램 기술 및 콘텐츠, 홀로그래픽 기술을 개발·운영하는 전문가
20	BIM 디자이너	건축물의 설계·시공·유지관리 단계에서 BIM(컴퓨터를 통해 시설물의 모든 정보를 3차원으로 구현, 필요한 산출물을 만들어냄)을 적용해 안전하고 친환경적이며 효율적인 시설물을 구현
21	임신출산육아전문가	임신·출산한 여성을 대상으로 임신·출산에 관한 상담·교육, 육아용품 및 관련 서비스 등에 대한 정보 제공
22	정신건강 상담전문가	• (자살예방전문요원) 지역사회 자살예방 상담 서비스 및 단기개입 서비스제공 • (약물·행위중독예방전문요원) 약물·행위 중독의 단기 치료·개입 및 상담서비스 제공
23	과학 커뮤니케이터	과학기술을 대중에게 쉽게 소통·이해시키는 과학문화 대중화 전문가로서 과학 콘텐츠의 생산·전달 등을 수행하며 과학 전시큐레이터, 과학 해설사, 과학 콘텐츠개발사, 과학 저술가 등을 통칭
24	동물간호사	수의사의 감독하에 소변검사·피검사 등 테스트를 진행하거나 진료 보조, 수의사가 수행하는 다양한 진단 및 시술을 보조

25	분쟁조정사	분쟁발생시 재판 전에 이를 중재·조정·알선하여 분쟁 당사자들이 스스로 해결책을 도출하여 분쟁이 해결되도록 도와주는 역할 담당
26	디지털 장의사	고객 또는 유족의 의뢰에 따라 고객 또는 고인이 남긴 인터넷 계정, 게시물사진 등을 삭제하는 서비스 제공
민간자생 직업 지원(고용노동부 발표)		
27	기업컨시어지	기업의 임직원이 근무시간 동안 일에 전념할 수 있도록 개인 사생활 관련 업무를 대행하는 서비스 제공
28	노년플래너	고객의 노후 건강관리법, 자손과의 인간관계, 노후 설계 등에 대해 상담 및 정보 제공
29	사이버평판관리자	온라인상의 개인·기업의 평판을 관리, 인터넷상의 악성 평판을 모니터 하여 긍정적인 분위기로 변화 유도
30	가정에코컨설턴트	가정의 에너지낭비요소를 파악, 절감방법을 조언하고 유해 환경물질 제거 및 실내공기 정화 등 서비스 제공
31	병원아동생활전문가	아동 환자 및 그 가족이 병원생활과 질병에 잘 대처할 수 있도록 두려움·불안 등 완화를 심리적 지원
32	기업프로파일러	현재 시장상황·기업의 전략·행동패턴 등을 분석하여 기업의 미래 행동을 예측하고, 새로운 기업정체성의 설정 및 시장 내 전략설정, 경쟁력 제고 전략 등 수립
33	영유아 안전장치설치원	가정을 방문, 집 내외부의 위험요소를 탐색하여 제거 하거나 안전장치·시설물을 설치 및 안전사고 예방 조언
34	매매주택연출가	주택을 좀 더 용이하고 높은 가격에 판매할 수 있도록 인테리어와 익스테리어 측면에서 컨설팅 및 연출
35	이혼상담사	이혼 과정에서의 심리 상담 및 법적 절차·고려 사항 등을 컨설팅
36	주변환경정리전문가	정리정돈부터 가구 배치·활용, 공간 활용 등을 통해 능률적으로 일할 수 있는 작업환경을 조성
37	애완동물행동상담원	애완동물의 문제적 행동의 본질과 원인을 분석하고 행동교정프로그램을 설계 및 훈련
38	신사업 아이디어 컨설턴트	소비자의 경향에 맞춰 새로운 사업 아이디어나 모델을 발굴하고 고객의 요구에 맞춰 컨설팅
39	그린장례지도사	유족에게 친환경 장례에 대해 설명하고, 장례식과 시신 매장을 친환경으로 진행 및 친환경장례물품을 사용

마흔과 예순 사이
행복한 잡테크

40	생활코치	사람의 대인관계·경력·건강·일과 삶의 균형·자신감 등의 분야에서 자신의 상황을 스스로 제어할 수 있도록 지원
41	정신대화사	외로움과 고독감을 느끼는 사람들을 대상으로 인생이 살아갈 가치가 있는 것으로 느끼고 보다 좋은 생활을 할 수 있도록 정신적으로 지원
미디어·IT·미래 트렌드로 세상을 열다		
42	3D 프린터 엔지니어	다양한 제품의 흐름도 분석, 제조의 거의 모든 분야가 3D 프린터로 대체되는 추세로 말미암아 수많은 3D 엔지니어가 필요해질 전망임
43	3D 프린터 소재 전문가	3D 프린터기의 재료, 소재, 물질 발굴 전문가
44	3D 프린터 잉크 개발자	3D 프린터의 잉크를 개발하는 사람
45	3D 설계 엔지니어	3D 프린터 설계 엔지니어
46	비용 추정가(Cost Estimators)	3D로 프린트했을 때 가격을 매겨 주는 사람
47	3D 비주얼 상상가	모든 것을 3차원으로 보는 능력을 가진 사람
48	3D음식 프린터 요리사	음식을 프린트할 수 있도록 3D식품 프린터를 생산하는 기술자. 즉, 어려운 수준의 수요와 어떻게 식품을 잘 보관하고 맛있게 프린트를 할 수 있는지 등 다양한 상황에서 입맛에 맞도록 연구하는 기술요리사
49	3D 의류패션디자이너, 옷감소재 전문가, 스타일리스트	3D 프린터로 만드는 옷에 대한 문제를 해결하고 개발하는 전문가
50	유지보수 관리자	3D 프린트를 수리하고 보수하는 관리자
51	3D 건축 재료 디자이너 3D 구조 엔지니어	윤곽, 굴곡세공 주택 등 건축재료설계인 안전하게 설계되기 위한 방법과 형태를 고안해 내는 사람
52	3D 사이트 플래너	집을 세우기 위한 최적장소를 찾는 기획자
53	3D 설치 팀	집을 설치하는 전문 인력
54	3D 건물 해체팀	3D 프린터 건물을 철거하는 전문팀
55	온라인 개인정보 보안관	온라인 공간에 돌아다니는 개인의 신상 정보를 보호하고 관리해 주는 일
56	SNS 미디어 컨설턴트	각종 소셜미디어를 효율적으로 활용하는 방법을 알려 주는 일
57	SNS 마케터	소셜미디어를 활용하여 다양한 마케팅을 할 수 있도록 방법을 개발하는 일

58	SNS 광고 전문가	소셜미디어에 접근하는 광고시장을 전문적으로 탐색하여 기획하고 실행하는 일
59	메가트렌드 전문가	현대사회에서 일어나는 시대적 조류를 예측하고 알려 주는 일
60	미래 트렌드 리더	미래의 변화를 읽고 각 분야의 전문가나 사회 지도층에게 비전과 철학, 미래의 전망과 예측, 대안을 제시하는 일
61	미래 직업 개척 전문가	미래에 일어날 트렌드를 읽고 새로운 직업을 전문적으로 발굴하여 알려 주는 일
62	책에서 앱으로 변환시키는 기술자(Book-to App Converters)	책을 앱으로 변환시켜서 앱으로 책을 읽을 수 있도록 해 주는 일
63	데이터 검색 전문가	미래에 있을 빅데이터를 관리하는 전문가
64	데이터 손상 제어 분석가 등	정보가 돈이 되는 세상에서 내 정보를 인질로 잡고 그 정보를 활용하지 못하게 하는 범죄가 발생하는 경우 데이터 인질을 가지고 협상할 수 있는 전문가가 필요함
	드론(무인항공기) 산업	
65	무인항공기 분류 전문가	무인항공기의 종류 및 성능에 따른 각기 다른 법률을 적용하고 드론의 종류를 분류하는 사람
66	무인항공기 표준 전문가	무인항공기의 제품 규격, 기준을 설계하는 사람
67	무인항공기 도킹 디자이너	드론 디자인 모형 개발자
68	무인항공기 조종 인증 전문가	무인항공기 운항 자격을 갖춘 조종사
69	드론 환경오염 최소화 전문가	소음감소 엔지니어, 영상미학 설계자
70	무인항공기 교통 최적화 전문가	드론 통행량을 분석하고 효율성을 높이는 대안을 만들어 내는 전문인
71	드론 자동화 엔지니어	드론에 사용되는 자동화 부품이나 제품을 설계하고 고안해내는 전문인
	크게 부상하는 일자리와 스킬	
72	팽창주의자(Expensionists)	성장 환경에 따라 적응할 수 있는 능력을 키워 주는 사람
73	극대화전문가(Maximizers)	프로세스, 상황, 기회를 극대화할 수 있는 능력을 가르쳐 주는 사람

276

74	최적화전문가(Optimizers)	더 나은 결과를 얻을 때까지 변수를 조정할 수 있는 기술과 지속성을 가르쳐 주는 사람
75	변곡점전문가(Inflectionists)	시스템에서 중요한 변곡점을 찾아 주는 전문적인 기술과 다음에 다가올 기술을 알려 주는 사람
76	현존산업종료가(Dismantlers)	모든 산업은 결국 종말을 맞는다. 그래서 질서정연하게 다시 일을 시작하거나, 사업을 확장하는 방법을 알고 인재육성이 가능하게 해 주는 사람
77	백래셔(Backlashers)	이제까지 나온 새로운 기술을 보완 또는 조정하거나 대안을 마련하고 거기에 따른 부작용을 해결 해 주는 사람
78	콘텍추얼리스트 (Contexualists)	응용프로그램과 통합지원프로그램 사이의 모든 새로운 기술을 운영할 수 있는 사람
79	윤리학자(Ethicists)	일부 점점 더 복잡한 상황에 인간의 도덕적인 품위를 적용하는 데 도움과 지침을 주고 표준화를 요구하는 사람
80	이론가(Theorists)	모든 새로운 제품, 서비스 및 산업에 대한 이론이 필요할 때 이론을 체계적으로 만들어 정립하는 사람
	대기 중 물 수확가	
81	물 수확 최적지 임대 관리자	미래는 물 전쟁 시대다. 공기 중에 거물망을 쳐서 식수를 수확하는 기술로, 물을 찾아 그 정보를 모으고 저장 임대를 전문적으로 하는 사람
	자연제어부분	
82	글로벌시스템 세계기구 구축가	한 국가의 시스템을 글로벌 시스템으로 전환하는 전문가. 즉, 새로운 글로벌 시스템을 구축하는 전문가
83	데이터 통합 관리자	나라뿐만 아니라 글로벌적으로 빅데이터를 수집, 관리하는 전문인
84	최적화된 정보제공자 (Inflectionists)	발생하는 지구촌의 변화를 최적의 시간에 최적 형태로 알려주고, 지구촌의 변화가 언제 어디에서 어떻게 일어날 것인지를 시간, 장소, 현상에 관한 정보를 정확히 파악 가능한 사람
	모든 곳에 상상할 수 없는 숫자의 센서가 장착되는 '센서시대'	
85	센서 발명가, 디자이너, 엔지니어	센서의 모양과 크기, 성능 등을 설계하는 전문인
86	데이터 흐름 분석가	센서에서 오고 가는 데이터를 분석하고 정보를 도출하는 전문인

87	데이터 계리사	전반적인 위험을 분석·평가·진단하며 상품개발에 대한 인·허가 업무를 보는 사람
88	증강현실 설계가	실세계에 3차원 가상물체를 겹쳐 보여주는 기술자
89	데이터 인터페이스 숙련자	데이터와 데이터간의 정보를 통합해주는 중간인
90	쓸모 없는 데이터 관리자	불필요한 복사본과 못쓰는 데이터를 제거하는 데이터 중복판단 전문가
91	컴퓨터 개성 디자이너	'개성패키지'를 다운로드 하여 특성 있는 컴퓨터목소리나 노랫소리 등을 들을 수 있도록 개성 있게 디자인 해주는 사람
	미래의 은행	
92	통화 환율 인터페이스 전문가	환율시장의 최적점을 찾아 주는 전문가
93	표준 개발자	미래 통화기준이나 암호화 된 기준에 대한 규정이나 법령 개발자
94	대출 전술가	기준의 변화로 인한 새로운 대출전략을 맞춤으로 세워주는 사람
95	개인정보보호 관리자	완벽한 개인정보보호를 해주면서 투명하게 균형을 유지시켜주는 개인정보보호 전문가
96	종자돈 마련 자본가	벤처창업가, 기업인들에게 초기자금 조달 옵션을 가져다 주는 전문가
97	대체 · 통화 은행가	차세대에 사용하게 되는 대체화폐, 전자화폐 등을 다루는 전문가
	마이크로 그리드(독자적 전력발전시스템)	
98	마이크로 그리드 전략가	원자력 같은 핵으로 전력을 생산하는 것은 한계가 있기 마련이다. 그래서 앞으로는 자체적으로 전력을 생산하고 그에 맞는 계획을 세워주는 사람이 필요함
99	효율 최적화 전문가	독자적 자체 전력을 사용함에 따라 그 효율성을 높이기 위해 연구 개발하는 전문인
100	대용량 에너지 저장 개발자	마이크로 그리드를 실용적으로 만들어줄 대용량 에너지 저장 시스템 개발자
101	전력 변환 전문가	각 가정이 스스로 태양광, 풍력 등 바이오 연료를 생산·저장하여 자신의 전기를 자신이 생산하여 사용하고, 이웃과 나누고 동네가 나누어 쓰는 마이크로 그리드 사회로 발전

		무인자동차
102	배달 택배자동차 전문가	택배 무인화로 인한 환경을 예측·분석하고 연구하는 사람
103	교통모니터링 시스템 플래너, 디자이너, 운영자	무인자동차 기술에 대한 전문인
104	교통 건축가 및 엔지니어	무인 자동차 전문 도로와 기계 설계인
105	무인 응급상황처리 대원	무인 운영시스템으로 인한 사고에 대비하는 전문가
		바이오 융합
106	나노 메딕 건강 전문가	나노 수준(단일세포)의 작업을 할 수 있도록 진단 시스템, 치료 및 모니터링 솔루션을 설계하는 건강 전문가
107	DNA 과학자	DNA를 개발, 발전시키는 연구 개발자
108	유전자 시퀀서	유전자를 동일하게 개발시켜 만드는 사람
109	치료 모니터	의료 치료상황을 상세히 모니터 하는 사람
		기술혁신
110	신체부위 및 인공관절 제조업체	신체부위를 제조하고 장기를 생산하는 전문가
111	인공장기 에이전트 (Organ Agents)	평균수명이 길어지고 인공장기 및 인공관절 등이 필요하다.이를 맞춤으로 생산하고 연결해 줄 수 있는 전문 에이전트
112	기억력 증강 치료사	기억력 증강을 희망하는 사람들을 도와주는 치료사
113	우주기반 전력시스템 디자이너	우주에서 태양광을 받아 지구로 전송하는 시스템을 다룰 수 있는 전문가
114	기상기후변화 전문가	비가 오지 않도록 혹은 비가 오도록 날씨를 조절할 수 있는 전문가
115	무거운 공기 엔지니어	공기의 흐름을 압축하여 주택난방, 교통시스템, 기후변화에 이용될 수 있도록 하는 전문가
116	기억상실증 외과의사	나쁜 기억이나 파괴적인 행동을 제거하는 의료진 또는 전문가(세월호 같은 고통스러운 기억 제거희망 등)
		심리 극복
117	배우자를 잃은 사람들을 위한 컨설턴트	심리적 문제, 생활 문제, 관계 회복 등 배우자를 잃은 사람들을 컨설팅해 주는 일
118	이혼 극복 컨설턴트 (이혼플레너)	이혼 전후로 겪게 되는 심리적·경제적·사회적 문제 등을 컨설팅해 주는 일

119	치유 말벗 전문가	실연을 당한 사람, 독거노인, 배우자나 연인을 잃은 사람, 자살을 고민하는 사람 등 외롭고 지친 사람들의 말벗이 되어 고통을 치유해 주는 일
120	스트레스 해소 컨설턴트	기업이나 개인에게 맞춤형으로 스트레스 해소 방법을 알려 주거나 관련 프로그램을 설계·운영해 주는 일
121	우울증 초기 진단가	기분이 가라앉거나 힘겨워할 때 등 우울증 검사를 통해 조기 발견으로 우울증 치유를 돕는 일
122	화병 치료사	우리나라 사람에게만 존재하는 증후군인 '화병'을 전문적으로 치유하는 일
123	자연 치유사	자연을 통해 심리적·육체적 건강 문제를 다양한 방법으로 연구하고 실천하여 치유하는 일
124	자살 예방 컨설턴트	자살을 예방하기 위해 전문적으로 활동하는 일
125	억울함 솔루션 제공 치료사	억울한 일을 당한 사람들을 위해 심리 치료를 돕고, 이를 극복하도록 실질적으로 지원하는 일
	시니어 직업	
126	라이프 스타일 주거 디자이너	시니어들에게 맞는 주거 스타일을 디자인 해 주는 사람
127	기념물,기념관 디자이너	기념하고 싶은 것들을 상품화된 형태로 만들어주는 사람
128	노화 전문가	나이에 맞게 늙어가는 것을 도와주는 전문인
129	자원봉사 코디네이터	개인별 특징과 어울리는 곳에서 자원봉사를 할 수 있도록 코디해 주는 일
130	시니어 살롱 운영자	지식 탐구, 자기계발, 자아실현 등에 관심이 많은 시니어를 위해 정보·지식·문화가 공존하는 공간을 운영하는 일
131	시니어 여행 전문가	시니어들이 지나온 인생 여정을 돌아보고 미래를 열어 갈 수 있는 여행을 기획하는 일
132	시니어 패션 디자이너	시니어 세대의 신체적 특징과 기능성 등을 고려하여 그들이 원하는 옷을 디자인하는 일
133	시니어 긴급 지원 활동가	자녀들을 대신해 부모님을 돌봐 드리거나 긴급 상황 발생 시 안전하게 보호하는 일(가족 여행, 외출, 긴급 상황 발생 등)
134	시니어 원거리 지원 활동가 (원거리 효 대행사 대표)	먼 지역에 계신 부모님께 필요한 지원을 대신해 주거나(병원 모셔 가기, 시장 보기 등) 바쁜 자녀들을 대신해 집안일이나 병원 방문, 여가활동 등 부모님의 일상을 돌봐주는 일

135	묘지 설계사	추모의 공간을 전문적으로 설계하는 등 묘지를 의미 있고 아름답게 꾸미는 일
136	장례 지도사	위급한 환자나 쇠약한 가족이 있는 경우 의뢰를 받아 장례에 대한 전반적인 상담(장례 시기, 절차 등)을 통해 미리 준비할 수 있도록 돕는 일
137	존엄사 작성 운동가	질병이나 사고에 따른 고통을 최소화하고, 죽음을 중환자실에서 혼자 맞이하지 않도록 서류를 남겨 조치를 취하는 일
138	유언 작성 운동가 (웰다잉 컨설턴트)	인생의 마지막 순간에 남길 유언을 준비하고, 정리하도록 응원하고 돕는 일. 죽기 전 살아온 인생 여정을 정리하고 소중한 사람들에게 꼭 해야 할 말들을 작성하고 실천하도록 돕는 일
139	황혼이혼 전문 상담사	황혼이혼을 선택할 수밖에 없는 사람들에게 전문적인 사항을 상담해 주고, 솔루션을 제공하는 일
청소년 · 어린이 대상 직업		
140	키즈 인문학교 세우기	풍요로운 삶을 위한 기초 작업으로, 어릴 때부터 인문학을 배워 삶의 폭과 깊이를 키워 줄 수 있는 인문학교를 세우는 일
141	키즈 인권 교육 전문가	타인을 존중하고 배려할 줄 아는 아이로 교육하는 일
142	나눔 실천 교육 전문가	미래의 주인공인 아이들이 나눔을 통해 품격 있는 훌륭한 리더로 성장하도록 교육하는 일
143	대학 · 학과 소개 투어 전문가	초 · 중 · 고 학생들과 학부모에게 대학과 학과를 전문적으로 알려 주는 투어 프로그램을 설계하는 일
144	청소년 문화 디자이너	인터넷이나 TV 중독에 빠진 아이들을 위해 건강하고 재미있고 의미 있는 놀이문화를 만드는 일
145	월드 청소년 교류 코디네이터	글로벌 리더로 성장하기 위해 전 세계 청소년들이 서로 교류하도록 관련 정보를 제공해 맞춤형으로 연결해 주는 일
146	현장학습 플래너	학교에서 필요로 하는 교과 과정에 맞추어 현장학습 장소와 강사를 섭외하고 맞춤형으로 교육 프로그램을 설계해 주는 일
147	청소년 캠프 밸런스 플래너	청소년들의 균형 잡힌 교육을 위해 인문, 운동, 관계, 글로벌 친구 사귀기 등 다양한 캠프를 계획하고 운영하는 일
148	부모 · 아이 소통 전문가	부모의 요구와 자녀의 요구를 하나로 이어 주는 효과적인 의사소통 방법을 습득하도록 돕는 일

149	사춘기 멘토링 전문가	질풍노도의 시기, 사춘기 아이의 갈등을 해결하고 미래에 대한 두려움을 극복하도록 도움을 제공하는 일
150	비행청소년 전문 치유사	비행청소년들이 방황하는 이유를 찾아내어 바른 길로 가도록 상담해 주고 치유해 주는 일
151	국제 인턴십 매니저	한국인들이 해외에서 편하게 지내도록 숙박 정보를 알려 주고 다양한 기관과 연결시켜 주며 기업들과 인턴십, 일자리 연결까지 지원해 주는 일
음식 · 건강 · 운동 등 전문 직업		
152	남성 뷰티숍과 남성 스타일 코디네이터	최근에는 남성들도 피부에 아주 관심이 많다. 남성의 외모를 가꿔 주는 뷰티숍을 운영하는 일. 그리고 개인의 피부에 적합한 옷 색깔과 취향에 맞는 스타일을 찾아 주는 일
153	장 소믈리에	한국의 장에 대해 연구하고 그 효과를 알려 주고, 음식의 기초인 장류에 관한 모든 것을 컨설팅해 주는 일
154	물 소믈리에	세계의 물맛과 기능, 선별법, 구입 방법, 마시는 방법 등에 대한 정보를 제공하는 일
155	장 백화점 CEO	세계의 온갖 장류를 수집하고 분류해 판매, 교육, 활용하는 방법 등을 알려 주는 공간을 운영하는 일
156	젓갈 소믈리에	젓갈의 종류와 맛, 향, 어울리는 식품을 소개하고 젓갈을 감별하여 원하는 사람들에게 추천해 주는 일
157	조미료 소믈리에	천연 및 인공 조미료의 모든 것을 연구 · 개발 · 평가하는 일
158	김치 소믈리에	다양한 김치의 맛을 전문적으로 감별하고 평가하는 일
159	떡 소믈리에	다양한 종류의 떡을 개발하고 발전시키는 일
160	밥(상) 소믈리에	밥을 건강 상태에 따라 어떤 종류, 어떤 음식과 함께 먹는 것이 좋을지 알려 주는 일
161	죽 소믈리에	다양한 죽을 체질과 몸의 상태에 따라 골라 먹게 도와주는 일
162	조청 식품 사업가	설탕 대신으로 우리 선조의 지혜가 숨어 있는 건강 음식인 조청을 개량하고 보급하는 일
163	유기농 과일 잼 제공자	흠집 난 과일을 싸게 구입하여 잼이나 주스 등으로 가공해서 파는 일
164	'우리 집 요리' 전문가 (모디슈머)	그 집안만의 자랑거리인 특별하고 독특한 음식의 레시피를 모아 책을 발간하거나 사이트를 운영하는 일

165	특별한 맛집 평가자	전국의 음식점을 돌아보고 특별한 음식이나 식당 인테리어, 주방장의 소신 등을 소개하거나 평가하는 일
166	음식 투어 여행 가이드	음식이나 맛집을 테마로 투어를 기획하고 음식에 대한 정보와 독특한 스토리를 제공해 주는 일
167	셰프 헤드헌터	전문 셰프를 고급 식당이나 희망 음식점에 소개하고, 맞춤 셰프를 구해 주는 일
168	장기 기증 · 이식 코디네이터	미래는 인공관절 등 사지를 제작하고 이를 필요로 하는 환자와 연결시켜 주는 일이 필요한데, 장기가 필요한 사람과 기증할 사람을 연결해 주는 등 합리적 비용과 적법한 절차에 따라 체계적으로 지원하는 일
169	아토피 치료사	아토피의 예방과 치유 방법을 찾기 위해 연구하는 일
170	채소 처방사	효과적인 채소 섭취를 위해 개인별 체질에 맞는 채소와 먹는 방법 등을 컨설팅해 주는 일
171	불치병 환자 전문 영양사	질병에 적합한 음식과 식이요법을 제공하고, 간편하게 음식을 관리하도록 노하우를 제공하는 일
172	워킹 코디네이터	다양한 걷기 코스를 개발하여 정보를 공유하고 걷기 공간을 확보하여 실천하도록 돕는 일
173	독일 소시지 전문점 운영	맛있는 독일 소시지 수백 종을 수입하여 전문적으로 판매하는 일
월드비전 활동 직업		
174	월드 사회활동 코디네이터	전 세계의 다양하고 훌륭한 시민사회 활동을 우리나라에 맞도록 재해석하여 공급하는 일
175	전 세계 물 전문가	물에 대한 정보를 수집하고 탐구하는 일로, 전 세계의 모든 물을 연구하는 것
176	국제행사 유치 전문가	국제 행사를 해당 지자체나 부처에 알선하여 유치를 진행하는 일
177	지방자치단체 국제사업 전문가	지자체와 해외 도시 간의 효과적인 교류 비즈니스를 설계하고 프로그램을 컨설팅하는 일
178	외국인 직업 컨설턴트	외국인이 관심을 가질 만한 직업을 발굴하고 신뢰도 높은 직업 정보를 제공하는 일
NGO · NPO · 사회공헌 · 윤리로 새로운 출발		
179	NPO 투어 코디네이터	학생들에게 NGO와 NPO 단체를 알려 주고, 봉사 현장을 체험하도록 연결시켜 주는 일

180	NPO 경영 전문 교육원	NPO 경영자에게 경영에 필요한 전문 지식과 갖춰야 할 자세, 스킬 등을 교육하는 일
181	사회공헌 지원 컨설턴트	개인이 사회공헌을 하도록 활동을 컨설팅해 주는 일
	우리나라 전통문화 보급	
182	우리나라 왕실 문화 보급가	우리나라 왕실 문화를 전문적으로 연구하고 이를 현대생활에 접목시켜 생활 속에 스며들게 하는 일
183	고전 번역가	아직까지 번역이 안 된 고전을 번역하는 일
	더 나은 사회를 위해	
184	아파트관리비 감시원	전문적 지식과 체계적 관리 및 감시로 아파트 관리회사에 컨설팅을 제공하는 일
185	협동조합 운동가	이웃들과 경제적 이익을 얻고, 공동체 의식까지 함께 공유할 수 있는 협동조합 모델을 발굴하고 전파하는 일
	행복과 인간관계학의 세계	
186	존경받는 시어머니 컨설턴트	존경받는 시어머니가 될 수 있게 컨설팅해 주는 일
187	국제결혼 전문 카운슬러	국제 결혼자를 위한 안내 가이드, 사전준비학교, 카운슬링을 진행하는 일
188	품격 있는 어른학교 운영자	성인이 해야 하는 역할과 어른으로서 알아야 할 것들을 가르치는 학교를 만들고, 미래에 닥칠 일들을 준비시키는 일
	건강한 사회를 위하여	
189	토론문화 정착 전문가	토론 방법을 교육하고, 건강한 토론문화가 정착되도록 돕는 등 민주주의를 꽃피우기 위해 필수적인 것이 토론문화임을 알리는 일
190	내 권리 알기 교육가	연령대에 맞는 시민으로서의 올바른 권리에 대해 가르치고, 자신의 책임감과 권리를 침해받지 않기 위한 방법을 교육하는 일
191	예산 감시 전문가	예산이 제대로 쓰여지고 있는지 감시하고 지키는 일. 지방의회, 정당 등이나 전문 단체를 통해서도 활동 가능함
192	국회의원 의정 분석 전문가	국회의원들의 활동을 전문적으로 분석하고, 합리적으로 따져 보고, 국민의 당연한 권리를 요구하는 일
193	금융기관 수익 추적원	금융기업이 공정하게 수익을 올리고 있는지를 객관적으로 평가하는 일

		사회적 요구에 따른 직업	
194	코하우징 전문가	협동주택(여러 세대가 공동시설을 마련해 함께 사는)을 전문적으로 설계하고 활용하는 일
195	도심빌딩 텃밭 농원 디자이너	빌딩숲 도시에 작은 농장을 설계하여 빈 공간의 활용도를 높이고, 시민에게 삶의 여유와 도시에는 생명력을 주는 일
196	에코 뮤지엄 기획 설립자	우리나라의 마을이나 지역을 그 자체로 재구성해 박물관으로 만드는 일
		사회적 약자와 함께하는 삶	
197	입양 사후관리사	입양아의 새 가족, 파양한 부모에게 전문적 지식과 조언을 제공하는 등 사후관리를 함
198	장애인 부모 학교	장애인을 돌보는 부모를 교육하는 학교를 운영하는 일
		시대의 트랜드, 새로운 일자리	
199	기프터 매니저	희망자가 원하는 합리적 가격으로 인상적인 선물을 하고 싶을 때 적절한 조언을 해 주는 일
200	최적 사무환경 컨설턴트	직원의 심리적, 물리적인 면까지 고려하여 사무실 공간을 배치하고 개선하고 디자인해 주는 일
201	자전거 지도 제작자	자전거 코스, 자전거 마니아가 즐겨 찾는 맛집, 자전거도로 휴게소, 자전거 수리센터를 표시한 지도를 만드는 일
202	자전거 벼룩시장 개설자	자전거를 수리하고, 기증받고 자전거를 재판매하는 등 자전거 전용 벼룩시장을 여는 일
203	풍력 터빈 수리전문가	대체에너지, 신재생에너지가 새로운 산업으로 부상해 이 분야에 수요가 점차 늘어나기 때문에 풍력 터빈 수리사가 많이 필요하리라고 예상됨
204	인공관절 기술자	인공 관절이나 신체의 일부분을 만드는 기술자
205	디자이너	3D 프린터가 보급되면서 각 상품별 디자이너가 인기를 끌 것으로 전망
206	부분 가발 기술자	고객의 머리결과 요구사항에 따라 가발을 맞춰 주는 전문 기술자
		새로운 미래의 관광	
207	한국 이색체험 관광상품 개발자	제사문화 또는 사찰음식 등 우리나라 이색문화를 체험하는 기회를 제공하는 일

208	캠핑카 제조 및 판매업자	숙박과 여행을 동시에 해결하는 캠핑카를 만드는 일
209	세계 역사 인물 중심 답사여행 전문가	미켈란젤로, 이순신, 콜럼버스, 마젤란, 연암 박지원 등 역사적인 인물들이 겪었던 길을 여행 코스로 개발하는 일
210	낯선 여행자를 위한 매니저	혼자 배낭여행을 온 외국인 여행자에게 한국을 안내하고 말벗이 되어 주는 일
211	대통령 유적 전문가	전·현직 대통령과 관련 있는 장소를 스토리텔링화하고, 그곳을 답사하는 프로그램을 만드는 일
212	개성시대의 여행 플래너	다양한 여행 코스를 개발하여 맞춤형으로 독특하고 흥미진진한 여행 계획을 세워 주는 일
213	터닝포인트 여행 가이드	인생의 터닝포인트가 필요한 사람들에게 인생의 전환점을 발견하도록 맞춤여행을 설계해 주는 일
	해외동포 · 이산가족	
214	해외동포 자녀 국내 연수 과정 기획사	정체성 혼란을 겪고 있는 해외동포 자녀들을 위해 국내 교육을 전문적으로 기획하고 주선해 주는 일
215	한인동포 한국 문화 코디네이터	한인 2~3세들에게 한국어와 한국 문화를 익힐 수 있는 정보를 제공하고 프로그램을 운영하는 일
216	입양아를 위한 활동가	해외에서 자란 입양아의 고통을 달래 주고, 국내 입양을 확산시키기 위한 운동을 주도하는 일
	농촌 · 자연과 함께하는 새로운 직업	
217	도시농업 경영자	특정장소가 아닌 가까운 도시에서 직접 야채(식량)를 재배하고 판매하는 경영자 (슈퍼마켓 지하에서 직접 재배하여 판매, 옥상에서 바로 따서 판매)
218	로봇 지렁이 드라이버	자동으로 매립지를 채굴하여 중요한 물질을 발굴해내고 고급 토양으로 만들어주는 로봇 지렁이를 다룰 수 있는 전문가
219	식물 교육자	공기정화식물, 암 정복식물 등을 만드는 일. 바이오 생명공학을 이용하여 유익한 식물을 만들어낼 수 있는 전문가
220	식물 심리학자 & 식물 치료사	식물의 '마음'을 다루면서 식물과 대화를 나눌 수 있는 기술을 가진 사람
221	핸드메이드 공방 민박 운영자	공방형 민박집을 운영하면서 전통과 문화가 공존하는 지역 특산물이나 핸드메이드 제품을 판매하는 일
222	재래시장 문화해설사	전국 수천 개의 재래시장들이 가진 옛이야기나 문화를 전하는 교육 프로그램을 계발하고 운영하는 일

마흔과 예순 사이
행복한 잡테크

223	농촌 일손 연결 운영자	도시의 여유 인력과 일손이 필요한 농가를 온라인으로 연결시켜 주는 일
224	고유 브랜드 기획전문가	농산물이나 가공식품 등 그 상품의 특징을 파악하여 꼭 맞는 각각의 고유 브랜드를 만들어 주는 일
225	팔도 지역 사투리 전문가/ 사투리 박물관 운영자	전국 팔도 사투리를 수집하고 연구해 교육으로 활성화시키며 기록 · 보존하는 일
226	구술 역사 채록 전문가	어르신들의 삶의 지혜와 경험, 기억 등을 기록하고 녹취하여 문화유산으로 남기는 일
227	마을 역사 연구가	마을이 가진 모든 사연과 역사를 생존자가 사라지기 전에 조사 연구하여 기록하는 일
228	친환경 상품 디렉터	소비자에게 세계 곳곳에 있는 친환경 상품 정보를 제공하고, 지방 생산자에게는 판로를 지원하는 일

* 『세상을 바꾸는 천 개의 직업』을 참조함.
* 『유엔미래보고서 2040』 『세상을 바꾸는 천 개의 직업』 「미래에 부상하는 일자리」 참조함.
* 기타 참조 사이트: http://www.indaily.kr, http://www.wfs.org, http://www.futuristspeaker.com, http://blog.naver.com, http://tipguide.tistory.com, http://www.careerplanner.com, http://www.futuristspeaker.com, http://mashable.com, http://www.smartplanet.com, http://www.businessinsider.com, http://blog.naver.com

마흔과 예순 사이, 행복한 잡테크

1판 1쇄 펴냄 2014년 12월 2일
1판 2쇄 펴냄 2017년 11월 29일

지은이 | 김명자
발행인 | 박근섭
펴낸곳 | ㈜민음인

출판등록 | 2009. 10. 8 (제2009-000273호)
주소 | 135-887 서울 강남구 신사동 506 강남출판문화센터 5층
전화 | 영업부 515-2000 편집부 3446-8774 팩시밀리 515-2007
홈페이지 | minumin.minumsa.com

㈜민음인은 민음사 출판 그룹의 자회사입니다.